॥ सङ्क्षिप्तनाट्यशास्त्रम् ॥

सङ्क्षिप्तनाट्यशास्त्रम्

राधावल्लभ त्रिपाठी

वाणी प्रकाशन

वाणी प्रकाशन

4695, 21-ए, दरियागंज, नयी दिल्ली 110 002

फ़ोन : +91 11 23273167 फ़ैक्स : +91 11 23275710

शाखाएँ

अशोक राजपथ, पटना 800 004, बिहार

कॉफ़ी हाउस कैम्पस, महात्मा गांधी मार्ग, इलाहाबाद 211 001, उत्तर प्रदेश

महात्मा गांधी अन्तरराष्ट्रीय हिन्दी विश्वविद्यालय, वर्धा 442 001, महाराष्ट्र

www.vaniprakashan.com
marketing@vaniprakashan.in
sales@vaniprakashan.in

Sankshiptnatyashastram
by Radhavallabh Tripathi

ISBN : 978-81-8143-911-6
Criticism

संस्करण 2008, 2015
तृतीय संस्करण 2023

मूल्य : ₹ 695

सिटी प्रेस, दिल्ली-110 095 में मुद्रित

वाणी प्रकाशन का लोगो मक़बूल फ़िदा हुसेन की कूची से

भूमिका

नाट्यशास्त्र भारतीय नाट्यचिंतन, कला और सौंदर्यशास्त्र का आगार और आकर ग्रंथ है। पर मूलतः यह नाट्यप्रयोग से जुड़े लोगों के लिए लिखा गया है। यह विडंबना है कि आज का रंगकर्मी भरत के नाट्यशास्त्र से पूरी तरह परिचित नहीं और नाट्यशास्त्र उसके लिए दुर्लभ है।

संक्षिप्त नाट्यशास्त्र का यह संस्करण मूल पाठ के और हिंदी अनुवाद के साथ इस दृष्टि से तैयार किया गया है कि नाट्यशास्त्र जिनके लिए रचा गया है, उन्हें सुलभ हो सके। मूल पाठ नाट्यशास्त्र के बड़ौदा संस्करण से लिया गया है।

—राधाबल्लभ त्रिपाठी

दूसरे संस्करण की भूमिका

संक्षिप्त नाट्यशास्त्र' का पहला संस्करण 1992 में निकला था। कुछ वर्षों से यह अप्राप्य था, तथा रंगकर्मियों और नाट्यशास्त्र के अध्येताओं के बीच इसकी माँग थी। प्रस्तुत नये संस्करण में भारत सम्मत नाट्यमण्डप, आंगिक अभिनय में हस्त, स्थानक और करणों के चित्र जोड़े गये हैं। स्थान (स्थानक) तथा कुछ अन्य महत्वपूर्ण विषयों पर भी नाट्यशास्त्र से मूल अंश और उनके अनुवाद जोड़ दिये गये हैं। भरत के नाट्यशास्त्र की सभी मूल अवधारणाओं, अभिनय व प्रयोग की प्रविधियों और रंगदृष्टि को संक्षिप्तनाट्यशास्त्र के द्वारा प्रामाणिक रूप में प्रस्तुत किया गया है। अंगहारों का निरूपण, हस्तों के विनियोग में विस्तार, छन्दों के भेदों के लक्षण व उदाहरण व वैशिक तथा ध्रुवाओं के भेद कुछ विषय मूल ग्रन्थ से ही अनुसंधेय हैं।

संक्षिप्त नाट्यशास्त्र में अध्यायों का क्रम 19वें अध्याय तक वही है, जो वडोदरा से प्रकाशित संस्करण में है। शेष अध्यायों में अध्याय 16 यहाँ 15 वाँ है। यह क्रम 22 से अध्याय तक है।

आशा है यह संशोधित परिवर्धित संस्करण अधिक उपादेय सिद्ध होगा।

—राधावल्लभ त्रिपाठी

॥ सङ्क्षिप्तनाट्यशास्त्रम् ॥

॥ अथ प्रथमोऽध्यायः ॥

प्रणम्य शिरसा देवौ पितामहमहेश्वरौ।
नाट्यशास्त्रं प्रवक्ष्यामि ब्रह्मणा यदुदाहृतम् ॥1॥

समाप्तजप्यं व्रतिनं स्वसुतैः परिवारितम्।
अनध्याये कदाचित् तु भरतं नाट्यकोविदम् ॥2॥

मुनयः पर्युपास्यैनमात्रेयप्रमुखाः पुरा।
पप्रच्छुस्ते महात्मानो नियतेन्द्रियबुद्धयः ॥3॥

योऽयं भगवता सम्यग् ग्रथितो वेदसम्मितः।
नाट्यवेदः कथं ब्रह्मन्नुत्पन्नः कस्य वा कृते ॥4॥

कत्यङ्गः किम्प्रमाणश्च प्रयोगश्चास्य कीदृशः।
सर्वमेतद् यथातत्त्वं भगवन् वक्तुमर्हसि ॥5॥

तेषां तु वचनं श्रुत्वा मुनीनां भरतो मुनिः।
प्रत्युवाच ततो वाक्यं नाट्यवेदकथां प्रति ॥6॥

भवद्भिः शुचिभिर्भूत्वा तथाऽवहितमानसैः।
श्रूयतां नाट्यवेदस्य सम्भवो ब्रह्मनिर्मितः ॥7॥

पुरा कृतयुगे विप्रा वृत्ते स्वायम्भुवेऽन्तरे।
त्रेतायुगेऽथ सम्प्राप्ते मनोर्वैवस्वतस्य तु ॥8॥

ग्राम्यधर्मप्रवृत्ते तु कामलोभवशं गते।
ईर्ष्याक्रोधादिसम्मूढे लोके सुखितदुःखिते ॥9॥

॥ पहला अध्याय ॥

पितामह (ब्रह्मा) और महेश्वर (शिव) को सिर से नमन कर मैं ब्रह्मा के द्वारा निरूपित नाट्यशास्त्र का विवेचन करूँगा (1)। बहुत पहले की बात है एक बार अनध्याय (अवकाश) के समय भरत मुनि जप समाप्त कर अपने पुत्रों से घिरे हुए बैठे थे, तब आत्रेय आदि जितेंद्रियबुद्धि महात्मा मुनि आए और उनके पास विनयपूर्वक बैठकर पूछने लगे (2-3)।

हे भगवन्, आपने यह जो वेदतुल्य नाट्यवेद सम्यक् रूप से निर्मित किया है, वह कैसे उत्पन्न हुआ है, किसके लिये है, इसके कितने अंग हैं, इसका प्रमाण[1] क्या है और इसका प्रयोग किस प्रकार होता है—यह सब यथातत्त्व आप कृपया हमें बतलाइए (4-5)।

उन मुनियों के वचन सुनकर भरत मुनि ने नाट्यवेद के विषय में उत्तर दिया—आप लोग पवित्र और एकाग्रचित्त होकर ब्रह्मा के द्वारा निर्मित इस नाट्यवेद की उत्पत्ति (का इतिहास) सुनिए (6-7)।

हे विप्रो, पहले की बात है। स्वायंभुव मनु के मन्वंतर[2] में सत्ययुग बीत जाने पर वैवस्वत मनु का त्रेतायुग प्रारंभ हुआ। लोग ग्राम्य धर्म में प्रवृत्त तथा काम और लोभ के वश में होकर ईर्ष्या, क्रोध आदि से दिग्भ्रांत और सुखी, दुखी रहने लगे (8-9)।

---

1. अभिनवगुप्त ने 'प्रमाण' का अर्थ नाट्य के अंगों के यथार्थ रूप को जानने का साधन या कसौटी माना है। पं. बा. ला. शुक्ल ने प्रमाण का अर्थ 'परिमाण' किया है, जो उचित नहीं है।
2. मन्वंतर चौदह माने गए हैं। ब्रह्मा का एक दिन एक कल्प के बराबर होता है तथा स्वायंभुव मन्वंतर कल्प का पहला मन्वंतर है। वैवस्वत मन्वंतर सातवाँ है, जिसमें हम लोग अब विद्यमान हैं (अभि.) एक मन्वंतर में 71 चतुर्युग होते हैं तथा एक चतुर्युग में 36 लाख मनुष्य वर्ष।

महेन्द्रप्रमुखैर्देवैरुक्तः किल पितामहः।
क्रीडनीयकमिच्छामो दृश्यं श्रव्यं च यद् भवेत् ॥10॥

न वेदव्यवहारोऽयं संश्राव्यः शूद्रजातिषु।
तस्मात् सृजापरं वेदं पञ्चमं सार्ववर्णिकम् ॥11॥

धर्म्यमर्थ्यं यशस्यं च सोपदेश्यं ससङ्ग्रहम्।
भविष्यतश्च लोकस्य सर्वकर्मानुदर्शकम् ॥12॥

सर्वशास्त्रार्थसम्पन्नं सर्वशिल्पप्रवर्तकम्।
नाट्याख्यं पञ्चमं वेदं सेतिहासं करोम्यहम् ॥13॥

एवं सङ्कल्प्य भगवान् सर्ववेदाननुस्मरन्।
नाट्यवेदं ततश्चक्रे चतुर्वेदाङ्गसम्भवम् ॥14॥

जग्राह पाठ्यमृग्वेदात् सामभ्यो गीतमेव च।
यजुर्वेदादभिनयान् रसानाथर्वणादपि ॥15॥

आज्ञापितो विदित्वाऽहं नाट्यवेदं पितामहात्।
पुत्रानध्यापयामास प्रयोगं चापि तत्त्वतः ॥16॥

भारतीं सात्त्वतीं चैव वृत्तिमारभटीं तथा।
समाश्रितः प्रयोगस्तु प्रयुक्तो वै मया द्विजाः ॥17॥

परिगृह्य प्रणम्याथ ब्रह्मा विज्ञापितो मया।
अथाह मां सुरगुरुः कैशिकीमपि योजय ॥18॥

यच्च तस्याः क्षमं द्रव्यं तद् ब्रूहि द्विजसत्तम।
एवं तेनास्म्यभिहितः प्रत्युक्तश्च मया प्रभुः ॥19॥

दीयतां भगवन् द्रव्यं कैशिक्याः सम्प्रयोजकम्।
नृत्ताङ्गहारसम्पन्ना रसभावक्रियात्मिका ॥20॥

दृष्टा मया भगवतो नीलकण्ठस्य नृत्यतः।
कैशिकी श्लक्ष्णनैपथ्या शृङ्गाररससम्भवा ॥21॥

अशक्या पुरुषैः सा तु प्रयोक्तुं स्त्रीजनादृते।
ततोऽसृजन्महातेजा मनसाऽप्सरसो विभुः ॥22॥

तब इंद्र आदि देवताओं ने पितामह ब्रह्मा से कहा—हम मनोविनोद का ऐसा साधन चाहते हैं, जो दृश्य भी हो और श्रव्य भी। यह वेद व्यवहार शूद्र जाति के लोगों को तो सुनाया नहीं जा सकता, इसलिए आप एक अन्य पाँचवाँ वेद रचिए, जो सभी वर्णों के लोगों के लिए हो (10-11)।

(ब्रह्मा ने चारों वेदों का स्मरण कर संकल्प किया)—मैं नाट्य नामक पाँचवें वेद की इतिहास सहित रचना करता हूँ जो धर्म, अर्थ तथा यश की प्राप्ति करानेवाला, (धर्म आदि पुरुषार्थों की प्राप्ति का) उपदेश देने वाला और उस उपदेश का अच्छी तरह ग्रहण करानेवाला, आने वाले संसार के सभी कर्मों का अनुदर्शन कराने वाला, सभी (कलाविषयक) शास्त्रों के (नृत्त, गीत, वादन आदि) तत्त्वों से संपन्न तथा समस्त शिल्पों का प्रवर्तक होगा (12-13)।

ऐसा संकल्प करके भगवान् ब्रह्मा ने सारे वेदों का अनुस्मरण करते हुए चारों वेदों के अंगों से उत्पन्न नाट्य-वेद का निर्माण किया। उन्होंने पाठ्य ऋग्वेद से, गीत सामवेद से, अभिनय यजुर्वेद से तथा रसों को अथर्ववेद से लिया। उस नाट्यवेद का ज्ञान मैंने पितामह से प्राप्त किया और फिर उन्हीं की आज्ञा से उसे अपने पुत्रों को पढ़ाया तथा तत्त्वपूर्वक उसका प्रयोग भी उन पुत्रों को बताया (14-16)।

हे ब्राह्मणो, मैंने भारती, सात्त्वती तथा आरभटी वृत्तियों[1] से समाश्रित प्रयोग प्रदर्शित किया। फिर (उस प्रयोग को) तैयार कर प्रणाम कर के ब्रह्मा को इसकी सूचना दी। तब ब्रह्मा मुझसे बोले—(इस प्रयोग में) कैशिकी वृत्ति और जोड़ दो तथा इस वृत्ति के लिए जो उपयुक्त द्रव्य (सामग्री) अपेक्षित हो वह बताओ। उनके ऐसा कहने पर मैंने भगवान् को उत्तर दिया—हे भगवान् कैशिकी वृत्ति जिससे संपन्न हो सके ऐसा द्रव्य दीजिए। नृत्त और अंगहारों से संपन्न तथा रस और भाव के अनुरूप व्यापार वाली, सुंदर नेपथ्य वाली तथा शृंगार रस से उत्पन्न कैशिकी वृत्ति मैंने भगवान् नीलकंठ (शिव) के नृत्य में देखी है। स्त्रियों के बिना (केवल) पुरुषों से उसका प्रयोग संभव नहीं है। तब महातेजस्वी और सर्वव्यापी ब्रह्मा ने मन के द्वारा अप्सराओं की रचना की (17-22)।

---

1. वृत्तियों के लिए देखिए सं. नाशा. 6.12 तथा अ. 19

ब्रह्मोवाच–

महानयं प्रयोगस्य समयः समुपस्थितः।
अयं ध्वजमहः श्रीमान् महेन्द्रस्य प्रवर्तते ॥23॥

अत्रेदानीमयं वेदो नाट्यसंज्ञः प्रयुज्यताम्।
ततस्तस्मिन् ध्वजमहे निहतासुरदानवे ॥24॥

प्रहृष्टामरसङ्कीर्णे महेन्द्रविजयोत्सवे।
पूर्वं कृता मया नान्दी ह्याशीर्वचनसंयुता ॥25॥

अष्टाङ्गपदसंयुक्ता विचित्रा वेदनिर्मिता।
तदन्तेऽनुकृतिर्बद्धा यथा दैत्याः सुरैर्जिताः ॥26॥

सम्फेटविद्रवकृता च्छेद्यभेद्याहवात्मिका।
ततो ब्रह्मादयो देवाः प्रयोगपरितोषिताः ॥27॥

प्रददुर्मत्सुतेभ्यस्तु सर्वोपकरणानि वै।
प्रीतस्तु प्रथमं शक्रो दत्तवान् स्वं ध्वजं शुभम् ॥28॥

एवं प्रयोगे प्रारब्धे दैत्यदानवनाशने।
अभवन् क्षुभिताः सर्वे दैत्या ये तत्र सङ्गताः ॥29॥

रङ्गपीठगतान् विघ्नानसुरांश्चैव देवराट्।
जर्जरीकृतदेहांस्तानकरोज्जर्जरेण सः ॥30॥

ततश्च विश्वकर्माणं ब्रह्मोवाच प्रयत्नतः।
कुरु लक्षणसम्पन्नं नाट्यवेश्म महामते ॥31॥

ततोऽचिरेण कालेन विश्वकर्मा महच्छुभम्।
सर्वलक्षणसम्पन्नं कृत्वा नाट्यगृहं तु सः ॥32॥

प्रोक्तवान द्रुहिणं गत्वा सभायां तु कृताञ्जलिः।
सज्जं नाट्यगृहं देव तदवेक्षितुमर्हसि ॥33॥

दृष्ट्वा नाट्यगृहं ब्रह्मा प्राह सर्वान् सुरांस्ततः।
अंशभागैर्भवद्भिस्तु रक्ष्योऽयं नाट्यमण्डपः ॥34॥

(ब्रह्मा ने कहा)—'नाट्य के प्रयोग का यह महान् समय उपस्थित हो गया है। यह शोभा से युक्त इंद्रध्वजमहोत्सव चल रहा है। इस (उत्सव के) समय यहाँ इस नाट्यवेद का प्रयोग किया जाय'। तब इंद्र की असुरों और दानवों की पराजय के उपलक्ष्य में आयोजित तथा हर्षित देवताओं से संकुल उस ध्वजमहोत्सव में पहले मैंने आशीर्वचन से युक्त नांदी[1] की, जो वेदों से निर्मित, विचित्र तथा आठ पदों वाली (वे ही पद उसके अंग थे) थी। उस (नांदी) के अंत में दैत्य जिस प्रकार देवताओं से जीते गए—इसकी अनुकृति प्रस्तुत की। यह अनुकृति क्रोधपूर्ण वचन, भगदड़, मारकाट और युद्ध के दृश्यों से भरी थी। तब इस प्रयोग से परितुष्ट हुए ब्रह्मा आदि देवताओं ने मेरे पुत्रों को सारे उपकरण दिए। सबसे पहले प्रसन्न हुए इंद्र ने अपना शुभ ध्वज दिया (23-28)।

दैत्यों और दानवों का नाश करने वाले इस प्रयोग के प्रारंभ होने पर वहाँ एकत्र सारे दैत्य क्षुब्ध हो उठे। रंगपीठ[2] पर आए उन विघ्नों तथा असुरों को देवराज इन्द्र ने जर्जर[3] से जर्जरीकृतदेह बना दिया (29-30)।

तब ब्रह्मा ने विश्वकर्मा[4] से कहा—'हे महामति, तुम लक्षणों से संपन्न नाट्यशाला का निर्माण करो।' तब शीघ्र ही विश्वकर्मा ने अत्यंत शुभ सब लक्षणों से संपन्न नाट्यगृह बनाकर ब्रह्मा की सभा में जाकर उनसे हाथ जोड़कर निवेदन किया—'हे देव, नाट्यगृह तैयार है। कृपया आप इसका अवलोकन करें।' उस नाट्यगृह को देखकर ब्रह्मा ने सभी देवों से कहा—आपको अपने-अपने अंशों से इस नाट्यमंडप की रक्षा करना है (31-34)।

---

1. 'नांदी' के लक्षण के लिए द्र.—सं. नाशा. 5.6, 68-73

2. नाट्यशास्त्रसम्मत रंगमंच रंगशीर्ष और रंगपीठ—इन दो भागों में बाँटा जाता है। विवरण के लिए आगे दूसरा अध्याय देखिए। कभी-कभी पूरे रंगमंच को भी रंगपीठ कहा जाता है।

3. बाँस का डंडा। जर्जर पूजा का विधान आगे पाँचवें अध्याय में वर्णित है। नाशा. (3.12-14) में भी जर्जरपूजा उल्लिखित है। सं. नाशा. 3-7-11 भी द्रष्टव्य। यहाँ जर्जर को अलग-अलग रंगीन वस्त्रों से बाँधे जाने का भी विधान बताया है।

4. वास्तुशास्त्र में निपुण एक देवता।

विरूपाक्ष उवाच—
योऽयं भगवता सृष्टो नाट्यवेदः सुरेच्छया।
प्रत्यादेशोऽयमस्माकं सुरार्थं भवता कृतः ॥35॥

तन्नैतदेवं कर्त्तव्यं त्वया लोकपितामह।
यथा देवास्तथा दैत्यास्त्वत्तः सर्वे विनिर्गताः ॥36॥

विघ्नानां वचनं श्रुत्वा ब्रह्मा वचनमब्रवीत्।
अलं वो मन्युना दैत्या विषादं त्यजतानघाः ॥37॥

भवतां देवतानां च शुभाशुभविकल्पकः।
कर्मभावान्वयापेक्षी नाट्यवेदो मया कृतः ॥38॥

नैकान्ततोऽत्र भवतां देवानां चानुभावनम्।
त्रैलोक्यस्यास्य सर्वस्य नाट्यं भावानुकीर्त्तनम् ॥39॥

क्वचिद्धर्मः क्वचित्क्रीडा क्वचिदर्थः क्वचिच्छमः।
क्वचिद्धास्यं क्वचिद् युद्धं क्वचित्कामः क्वचिद्वधः ॥40॥

धर्मो धर्मप्रवृत्तानां कामः कामोपसेविनाम्।
निग्रहो दुर्विनीतानां विनीतानां दमक्रिया ॥41॥

क्लीबानां धाष्ट्र्यजननमुत्साहः शूरमानिनाम्।
अबुधानां विबोधश्च वैदुष्यं विदुषामपि ॥42॥

ईश्वराणां विलासश्च स्थैर्यं दुःखार्दितस्य च।
अर्थोपजीविनामर्थो धृतिरुद्विग्नचेतसाम् ॥43॥

नाना भावोपसम्पन्नं नानावस्थान्तरात्मकम्।
लोकवृत्तानुकरणं नाट्यमेतन्मया कृतम् ॥44॥

उत्तमाधममध्यानां नराणां कर्मसंश्रयम्।
हितोपदेशजननं धृतिक्रीडासुखादिकृत् ॥45॥

दुःखार्तानां श्रमार्तानां शोकार्तानां तपस्विनाम्।
विश्रान्तिजननं काले नाट्यमेतद् भविष्यति ॥46॥

धर्म्यं यशस्यमायुष्यं हितं बुद्धिविवर्धनम्।
लोकोपदेशजननं नाट्यमेतद् भविष्यति ॥47॥

(तब विरूपाक्ष[1] से ब्रह्मा ने कहा)–देवताओं के अनुरोध से आपने यह जो नाट्यवेद रचा है, वह तो देवताओं के लिए हमारा अनादर आपने कर दिया। इसलिए हे लोक पितामह आपको ऐसा नहीं करना चाहिए। जिस प्रकार देवों ने उसी प्रकार दैत्यों ने भी सबने आपसे ही जन्म लिया है। उन विघ्नों[2] की बात सुनकर ब्रह्मा बोले–हे दैत्यो आप क्रोध न करें और दुःखी न हों। यह जो नाट्यवेद मैंने रचा है, यह आपके और देवताओं के शुभ और अशुभ दोनों प्रकार के कर्मों को प्रदर्शित करने वाला और कर्म, भाव[3] तथा अन्वय (उत्तम वंश, कुलीनता) की अपेक्षा रखनेवाला है। इसमें केवल देवों का या केवल आपका अनुभावन[4] नहीं होता, यह नाट्य तो सारे त्रैलोक्य का भावानुकीर्तन[5] है। इसमें कहीं धर्म, कहीं क्रीड़ा, कहीं अर्थ, कहीं शम, कहीं हास्य, कहीं युद्ध, कहीं काम तो कहीं वध प्रदर्शित होता है। यह धर्म में लगे लोगों के लिए धर्म है, काम का सेवन करने वालों के लिए काम है, दुर्विनीत लोगों के लिए अनुशासन है तथा विनीत लोगों के लिए दम[6] की क्रिया है (35-41)।

यह उपहासास्पद लोगों को ढिठाई दिखाने वाला शूरवीरों को उत्साह दिलाने वाला, अबोध लोगों को विशेष ज्ञान प्रदान करने वाला, विद्वानों के वैदुष्य का प्रदर्शन करने वाला, ऐश्वर्यशाली लोगों के विलास तथा दुखियारे की स्थिरता का चित्रण करने वाला है। अर्थोपजीवी लोगों के लिए यह अर्थ है तथा उद्विग्नचित्त वालों के लिए धैर्य (42-43)। अनेक प्रकार के भावों से सम्पन्न अनेक प्रकार की अवस्थाओं[7] से सम्मिश्रित तथा लोकवृत्त का अनुकरण करनेवाला यह नाट्य मैंने रचा है। यह उत्तम, मध्यम तथा अधम तीनों प्रकार के मनुष्य के कर्मों का आश्रय है, हितकारक उपदेश देनेवाला तथा धृति, क्रीड़ा और सुख का जनक है (44-45)। यह नाट्य रागय पर दुःखार्त, श्रमार्त, शोकार्त गरीब लोगों को विश्राम देने वाला होगा। यह धर्म, यश और आयु को बढ़ाने वाला हितकारी, बुद्धि की विशेष वृद्धि करने वाला तथा संसार को उपदेश देने वाला होगा (46-47)।

1. राक्षसों का नायक।
2. 'विघ्न' शब्द का प्रयोग यहाँ विघ्नकर्ता असुरों या राक्षसों के लिए हुआ है।
3. भाव का अर्थ यहाँ आशय या अभिप्राय है।
4. अनुभव करने के लिए होने वाला व्यापार।
5. भावों (नायकों की विभिन्न अवस्थाओं) का अभिनय, या कथन के द्वारा अनुकरण, जो रस का उद्बोध करा सकें।
6. दम का अर्थ दमन है। अभि. ने यहाँ दम का अर्थ शांत कराना लिया है। 'विनीतानां दमक्रिया' के स्थान पर 'मत्ता ां दमनक्रिया' पाठ लेने पर दमन वाला अर्थ भी उचित है।
7. अवस्था का अर्थ धीरोदात्त आदि विभिन्न प्रकार के नायकों या पात्रों की सुख-दुःख आदि से मिश्रित मनोदशाएँ और जीवन की स्थितियाँ हैं।

न तज्ज्ञानं न तच्छिल्पं न सा विद्या न सा कला।
नासौ योगो न तत्कर्म नाट्येऽस्मिन् यन्न दृश्यते ॥48॥

तन्नात्र मन्युः कर्तव्यो भवद्भिरमरान् प्रति।
सप्तद्वीपानुकरणं नाट्यमेतद् भविष्यति ॥49॥

देवानामसुराणां च राज्ञामथ कुटुम्बिनाम्।
ब्रह्मर्षीणां च विज्ञेयं नाट्यं वृत्तान्तदर्शकम् ॥50॥

योग्यं स्वभावो लोकस्य सुखदुःखसमन्वितः।
सोऽङ्गाद्यभिनयोपेतो नाट्यमित्यभिधीयते ॥51॥

यज्ञेन सम्मितं ह्येतद्रङ्गदैवतपूजनम्।
तस्मात् सर्वप्रयत्नेन कर्त्तव्यं नाट्ययोक्तृभिः ॥52॥

❑

ऐसा कोई ज्ञान, ऐसा कोई शिल्प, ऐसी कोई विद्या, ऐसी कोई कला, ऐसा कोई योग (सम्मिश्रण) तथा ऐसा कोई कर्म नहीं है, जो इस नाट्य में न हो (48)। इसलिए आप देवों के लिए क्रोध न करें। यह नाट्य सातों द्वीपों[1] का अनुकरण होगा। इस नाट्य को देवों, असुरों, राजाओं, गृहस्थों तथा ब्रह्मर्षियों के वृत्तांत का दर्शन कराने वाला जानना चाहिए। इस लोक का सुख-दुःख से समन्वित यह जो स्वभाव है, वही अंग[2] आदि से युक्त होकर नाट्य कहलाता है। रङ्ग[3] के देवता का पूजन यज्ञ के समान है, अतः सभी नाट्यप्रयोक्ताओं को यह (रङ्गदैवतपूजन) करना चाहिए (49-52)।

❑

1. पुराणों में सारी पृथ्वी को सात महाद्वीपों में विभाजित किया गया है। ये सात द्वीप हैं–जंबू, प्लक्ष, शाल्मलि, कुश, क्रौंच, शाक तथा पुष्कर। भारतवर्ष जंबू द्वीप (एशिया) के अंतर्गत आता है।

2. अंग का अर्थ यहाँ आंगिक अभिनय है। अभिनय चार प्रकार का है–**आंगिक**, वाचिक, सात्त्विक तथा आहार्य। विवरण के लिए देखिए सं. नाशा. आठवाँ अध्याय।

3. रंग का यहाँ अर्थ रंगशाला है। रंगशाला के प्रत्येक भाग में देवता का निवास माना गया है (नाशा. 1.84-97)

॥ अथ द्वितीयोऽध्यायः ॥

इह प्रेक्षागृहं दृष्ट्वा धीमता विश्वकर्मणा।
त्रिविधः सन्निवेशश्च शास्त्रतः परिकल्पितः ॥1॥

विकृष्टश्चतुरश्रश्च त्र्यश्रश्चैव तु मण्डपः।
तेषां त्रीणि प्रमाणानि ज्येष्ठं मध्यं तथाऽवरम् ॥2॥

प्रमाणमेषां निर्दिष्टं हस्तदण्डसमाश्रयम्।
शतं चाष्टौ चतुःषष्टिर्हस्ता द्वात्रिंशदेव च ॥3॥

अष्टाधिकं शतं ज्येष्ठं चतुःषष्टिस्तु मध्यमम्।
कनीयस्तु तथा वेश्म हस्ता द्वात्रिंशदिष्यते ॥4॥

देवानां तु भवेज्ज्येष्ठं नृपाणां मध्यमं भवेत्।
शेषाणां प्रकृतीनां तु कनीयः संविधीयते ॥5॥

चतुःषष्टिकरान् कुर्याद् दीर्घत्वेन तु मण्डपम्।
द्वात्रिंशतं च विस्तारान्मर्त्यानां यो भवेदिह ॥6॥

अत ऊर्ध्वं न कर्तव्यः कर्तृभिर्नाट्यमण्डपः।
यस्मादव्यक्तभावं हि तत्र नाट्यं व्रजेदिति ॥7॥

मण्डपे विप्रकृष्टे तु पाठ्यमुच्चारितस्वरम्।
अनिस्सरणधर्मत्वाद् विस्वरत्वं भृशं व्रजेत् ॥8॥

यश्चाप्यास्यगतो भावो नानादृष्टिसमन्वितः।
स वेश्मनः प्रकृष्टत्वाद् व्रजेदव्यक्ततां पराम् ॥9॥

प्रेक्षागृहाणां सर्वेषां तस्मान्मध्यममिष्यते।
यावत्पाठ्यं च गेयं च तत्र श्रव्यतरं भवेत् ॥10॥

॥ दूसरा अध्याय ॥

बुद्धिमान् विश्वकर्मा ने शास्त्र की दृष्टि से प्रेक्षागृह की रचना तीन प्रकार की परिकल्पित की है। नाट्यमंडप विकृष्ट, चतुरश्र तथा त्र्यश्र-तीन प्रकार के होते हैं तथा उनके ज्येष्ठ, मध्य और अवर–ये तीन प्रमाण (नाप) हैं। यह नाप हस्त तथा दंड[1]–इन (दो पैमानों) से की जाती है तथा (ज्येष्ठ, मध्य तथा अवर नाट्य मंडपों के लिए क्रमशः) एक सौ आठ, चौंसठ तथा बत्तीस हाथ की लंबाई निर्धारित है। नाट्यप्रस्तुति के पात्र देवता हों तो ज्येष्ठ, राजा हों तो मध्यम तथा इनके अतिरिक्त अन्य प्रकृतियाँ[2] हों तो अवर प्रेक्षागृह का उपयोग होता है (1-5)।

मर्त्यों के लिए निर्धारित (विकृष्ट मध्य) नाट्यमंडप की लंबाई चौंसठ हस्त तथा चौड़ाई बत्तीस हस्त रखी जाय। (नाट्यमंडप) बनाने वालों को इससे बड़े नाट्यमंडप नहीं बनाना चाहिए; क्योंकि इससे बड़े नाट्यमंडप में नाट्य पूरी तरह दृश्य और श्रव्य नहीं हो पाएगा। बड़े मंडप में पाठ्य के स्वर उच्चरित होने पर वे भीतर गूँजेंगे और अत्यधिक विस्वर हो जाएँगे। साथ ही (अभिनेता के) मुख के विभिन्न दृष्टियों से समन्वित भाव भी नाट्यगृह की दीर्घता के कारण अत्यंत अस्पष्ट दिखाई देंगे। इसलिए सारे प्रेक्षागृहों में मध्यम सबसे उपयुक्त माना गया है, उसमें पाठ्य और गेय अपेक्षाकृत अधिक श्रव्य होता है (6-10)।

---

1. मूल में 'हस्तदंडसमाश्रयम्' पाठ है, जिसका आधुनिक विद्वानों ने अर्थ हस्त नापने का डंडा–यह अर्थ भी किया है। अभिनव के अनुसार हस्त और दंड–दोनों यहाँ नाप के आधार हैं। चार हाथ का एक दंड होता है। विकृष्ट, चतुरश्र तथा त्र्यश्र इन तीन प्रकार के नाट्यमंडपों की नाप ज्येष्ठ, मध्य या अवर की दृष्टि से रखने पर नौ प्रकार के नाट्यमंडप बनते हैं और नाप हस्त से ली जाय या दंड से–इस आधार पर कुल अठारह प्रकार के नाट्यमंडप होते हैं।
   हस्त और दंड के मानक पैमाने होते थे। नाशा. (2.14-16) में इनका प्रमाण बताया गया है–आठ अणु = एक रज, आठ रज = बाल, आठ बाल = एक लिक्षा, आठ लिक्षा = एक यूका, आठ यूका = एक यव, आठ यव = एक अंगुल, चौबीस अंगुल = एक हस्त, चार हस्त = एक दंड।
2. प्रकृति = नाटक के पात्र। अन्य प्रकृतियाँ असुर, राक्षस आदि।

नाट्यगृह चित्रावली

1. भरत के अनुसार नाट्यमण्डपों के विभिन्न रूप

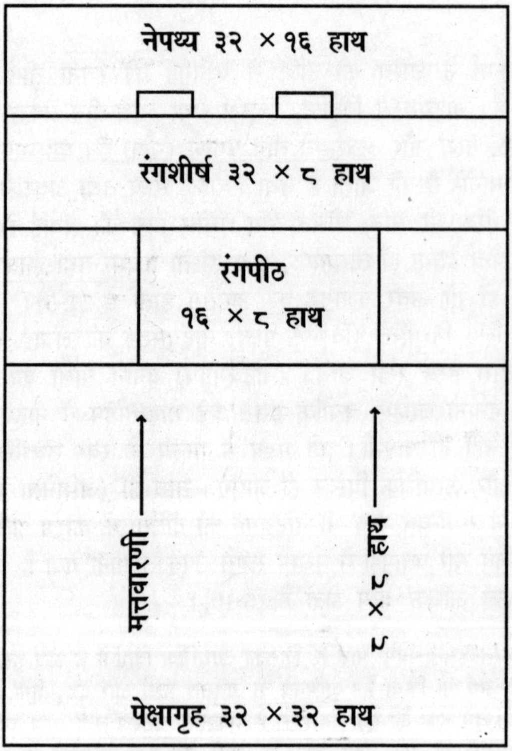

(ख) विप्रकृष्ट मध्यनाट्यमण्डप

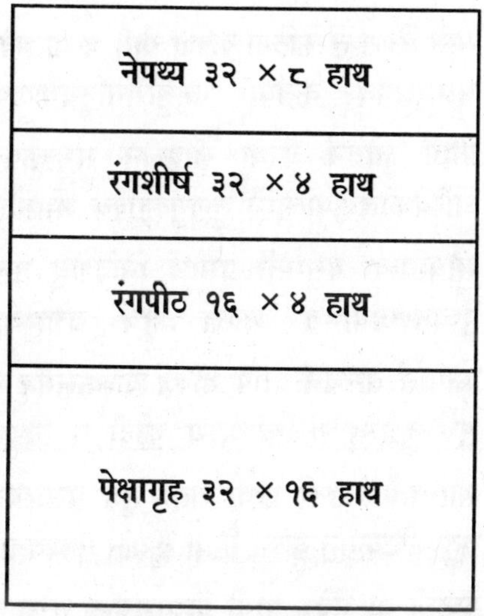

(ख) चतुरस्त्र नाट्यशास्त्र

(ग) त्रिकोण नाट्यमण्डप
(माप १ इंच = ८० हाथ)

भूमेर्विभागं पूर्वं तु परीक्षेत प्रयोजकः।
ततो वास्तुप्रमाणेन प्रारभेत शुभेच्छया ॥11॥

समा स्थिरा तु कठिना कृष्णा गौरी च या भवेत्।
भूमिस्तत्रैव कर्तव्यः कर्तृभिर्नाट्यमण्डपः ॥12॥

प्रथमं शोधनं कृत्वा लाङ्गलेन समुत्कृषेत्।
अस्थिकीलकपालानि तृणगुल्मांश्च शोधयेत् ॥13॥

शोधयित्वा वसुमतीं प्रमाणं निर्दिशेत् ततः।
पुष्यनक्षत्रयोगेन शुक्लं सूत्रं प्रसारयेत् ॥14॥

कार्पासं बाल्बजं वापि मौञ्जं वाल्कलमेव च।
सूत्रं बुधैस्तु कर्तव्यं यस्य च्छेदो न विद्यते ॥15॥

शान्तितोयं ततो दत्वा ततः सूत्रं प्रसारयेत्।
चतुष्षष्टिकरान् कृत्वा द्विधा कुर्यात् पुनश्चतान् ॥16॥

पृष्ठतो यो भवेद् भागो द्विधाभूतस्य तस्य तु।
सममर्धविभागेन रङ्गशीर्षं प्रकल्पयेत् ॥17॥

पश्चिमे च विभागेऽथ नेपथ्यगृहमादिशेत्।
विभज्य भागान् विधिवद्यथावदनुपूर्वशः ॥18॥

एवमुत्थापयेत् तज्ज्ञो विधिदृष्टेन कर्मणा।
रङ्गपीठस्य पार्श्वे तु कर्त्तव्या मत्तवारणी ॥19॥

चतुःस्तम्भसमायुक्ता रङ्गपीठप्रमाणतः।
अध्यर्धहस्तोत्सेधेन कर्तव्या मत्तवारणी ॥20॥

उत्सेधेन तयोस्तुल्यं कर्तव्यं रङ्गमण्डपम्।
तस्यां माल्यं च धूपं च गन्धं वस्त्रं तथैव च ॥21॥

रङ्गपीठं ततः कार्यं विधिदृष्टेन कर्मणा।
रङ्गशीर्षन्तु कर्त्तव्यं षड्दारुकसमन्वितम् ॥22॥

विकृष्ट मध्य नाट्यमंडप

प्रयोजक (नाट्यप्रयोग करने वाला या नाट्यमंडप बनवाने वाले मंडप बनवाने के पूर्व) सबसे पहले भूमिखंड की परीक्षा करे, फिर शुभ इच्छा के साथ वास्तुशास्त्र के प्रमाण (नाप) के अनुसार प्रारंभ करे। जो भूमि समतल, स्थिर, कठोर, काली या सफेद (मिट्टी वाली) हो उसी पर नाट्यमंडप बनाना चाहिए। सबसे पहले उस भूमि की सफाई करवा कर उसे हल से जुतवा दे और हड्डियाँ, कीलें, कपाल (खप्पर), तिनके और झाड़ियों को निकलवा दे (11-13)।

इस प्रकार भूमि की सफाई करवा कर उस पर नाप के चिह्न बनवाए जाएँ। यह कार्य पुष्य नक्षत्र में सफेद सूत्र[1] से होगा। यह सूत्र कपास, ऊन, मूँज या किसी वृक्ष की छाल से बनाया जाना चाहिए जो (नाप लेते समय कहीं से) टूटता न हो (14-15) फिर शांतिजल छिड़क कर नापने के लिए डोरी को फैलाया जाय। (पहले लंबाई में) चौंसठ हाथ नाप ले, फिर उन्हें दो भागों में बाँटे। (इन दो भागों में) जो पिछला भाग है उसके भी दो भाग करके आधे में रंगशीर्ष और उसके पिछले में नेपथ्यगृह की रचना होगी। इस प्रकार विधिवत् बताए गए क्रम से उस भूमि को इन भागों में बाँट कर नींव उठाने का काम प्रारंभ किया जाए। रंगपीठ के दोनों पार्श्वों में रंगपीठ के नाप के अनुसार चार स्तंभों से युक्त डेढ़ हाथ की ऊँचाई वाली दो मत्तवारणियाँ[2] बनाई जाएँ। रंगमंडप या प्रेक्षागार (के भूमितल) की ऊँचाई उन दोनों मत्तवारणियों के अनुसार रखी जाए। फिर विधिपूर्वक रंगपीठ बनाया जाए और रंगशीर्ष को षड्दारुक[3] से सुसज्जित किया जाए (16-22)।

---

1. सूत्र नापने की डोरी है। इसे साथ में रखने के कारण नाट्यप्रयोक्ता को 'सूत्र-धार' कहा गया। सूत्रधार भवन निर्माण या वास्तुविद्या से जुड़े हुए लोग थे। वैदिक काल में यज्ञवेदी बनाने के लिए इन्हें बुलाया जाता था।
2. मत्तवारणी रंगपीठ के दोनों ओर चार खंभों से घिरा हुआ चबूतरा है। प्रतीक्षा करते पात्रों या रंगमंच पर अलग-अलग समूहों में खड़े पात्रों को दिखाने के लिए मत्तावारणियों का उपयोग होता होगा।
3. षड्दारुक = लकड़ी के छः टुकड़े। अभि. के अनुसार नेपथ्यगृह और रंगशीर्ष के बीच की दीवार से लगे दो खंभे आठ हस्त के अंतर पर रहते हैं उनके सामने चार हस्त की दूरी पर दो स्तंभ और बनाए जाते हैं। उनके ऊपर और नीचे काष्ठ के टुकड़े लगाए जाते हैं, वे षड्दारुक हैं। बा. ला. शु. के अनुसार लकड़ी के दो आड़े, दो खड़े और दो तिरछे टुकड़े लगा कर बनाया गया चौखट षड्दारुक है।

कार्यं द्वारद्वयं चात्र नेपथ्यगृहकस्य तु।
पूरणेमृत्तिका चात्र कृत्स्ना देया प्रयत्नतः ॥23॥

लाङ्गलेन समुत्कृष्य निर्लोष्टतृणशर्करम्।
लाङ्गले शुद्धवर्णौ तु धुर्यौ योज्यौ प्रयत्नतः ॥24॥

एवंविधं प्रकर्तव्यं रङ्गशीर्षं प्रयत्नतः।
कूर्मपृष्ठं न कर्तव्यं मत्स्यपृष्ठं तथैव च ॥25॥

शुद्धादर्शतलाकारं रङ्गशीर्षं प्रशस्यते।
एवं रङ्गशिरः कृत्वा दारुकर्म प्रयोजयेत् ॥26॥

ऊहप्रत्यूहसंयुक्तं नानाशिल्पप्रयोजितम्।
नानासञ्जवनोपेतं बहुव्यालोपशोभितम् ॥27॥

ससालभञ्जिकाभिश्च समन्तात् समलङ्कृतम्।
निर्व्यूहकुहरोपेतं नाना ग्रथितवेदिकम् ॥28॥

नानाविन्याससंयुक्तं चित्रजालगवाक्षकम्।
सुपीठधारिणीयुक्तं कपोतालीसमाकुलम् ॥29॥

नानाकुट्टिमविन्यस्तैः स्तम्भैश्चाप्युपशोभितम्।
एवं काष्ठविधिं कृत्वा भित्तिकर्म प्रयोजयेत् ॥30॥

स्तम्भं वा नागदन्तं वा वातायनमथापि वा।
कोणं वा सप्रतिद्वारंवा द्वारविद्धं न कारयेत् ॥31॥

कार्यः शैलगुहाकारो द्विभूमिर्नाट्यमण्डपः।
मन्दवातायनोपेतो निर्वातो धीरशब्दवान् ॥32॥

रंगशीर्ष और नेपथ्यगृह के बीच की दीवार में (उत्तर और दक्षिण दिशा में) दो द्वार बनाने चाहिए। इस रंगशीर्ष की भराई[1] प्रयत्नपूर्वक काली मिट्टी से करनी चाहिए। इस मिट्टी के लिए भूमि को हल से जोत कर ढेले, तिनके और पत्थर हटा देना चाहिए। हल में सफेद रंग के अच्छे बैल जोतने चाहिए। इस प्रकार प्रयत्नपूर्वक रंगपीठ बनाना चाहिए। इसका फर्श न तो कूर्मपृष्ठ (आसपास नीचा बीच में ऊँचा) हो, न मत्स्यपृष्ठ (बीच में नीचे झुका व लंबा) हो। रंगशीर्ष स्वच्छ दर्पण के तल जैसा (समतल ही) अच्छा माना जाता है। इस प्रकार रंगशीर्ष बन जाने पर लकड़ी का काम करना चाहिए। इसमें ऊह, प्रत्यूह[2] के साथ विभिन्न प्रकार के शिल्प का प्रयोग होता है, यह विभिन्न संजवनों[3] से युक्त तथा कई व्यालों से सुशोभित होता है। यह सालभंजिकाओं से भी चारों ओर से अलंकृत होता है। यह निर्व्यूह[4] और कुहर[5] से युक्त तथा नाना प्रकार की वेदिकाओं से ग्रथित हो। इसमें विभिन्न प्रकार की रचनाएँ रहना चाहिए तथा खिड़कियों और झरोखों की भी रचना सुंदर होनी चाहिए। स्तंभों के ऊपर सुंदर पीठधारिणियाँ[6] तथा कपोताली[7] बनाना चाहिए। रंगपीठ, रंगशीर्ष और मत्तवारणी के फर्श पर भी लकड़ी जड़ना चाहिए तथा स्तंभों की सजावट करनी चाहिए। इस प्रकार लकड़ी का काम करके दीवार उठाने का काम करना चाहिए। इसमें स्तंभ, खूँटियाँ और झरोखे या कोने किसी दरवाजे के सामने न आएँ तथा एक दरवाजे के सामने दूसरा दरवाजा नहीं आना चाहिए। नाट्यमंडप पर्वत की गुफा के आकार का द्विभूमि[8] होना चाहिए। झरोखे और खिड़कियों से हवा धीमी ही आए, तेज हवा न आ सके तथा आवाज गंभीर रूप में सुनाई दे—ऐसी व्यवस्था नाट्यमंडप में की जानी चाहिए (23-32)।

---

1. विकृष्ट मध्य में रंगशीर्ष रंगपीठ से डेढ़ हस्त ऊँचा होता है। मत्तवारणी और प्रेक्षागृह में सीढ़ियों के आकार में आसन व्यवस्था करने पर उसका फर्श भी रंगशीर्ष की ऊँचाई के बराबर आ जाता है। ऊँचाई के कारण काली मिट्टी से भरने का विधान किया गया है।

2-3. स्तंभ के ऊपर निकाला गया काष्ठ प्रत्यूह है। उसके बाहर निकली तुलाएँ संजवन-फलक हैं (अभि.)।

4-5. स्तम्भों या दीवारों पर बनी सिंह, व्याल आदि की आकृतियाँ निर्व्यूह हैं तथा उपर्युक्त तुलाओं के छोरों से निकले फलक जिनमें पर्वत, पुर, निकुंज या गह्वर बने हों कुहर हैं।

6. पीठधारिणी स्तंभ के ऊपर बनी तुला है।

7. कपोताली = पिंजरे के आकार की छतरी।

8. रंगशीर्ष मत्तवारणी और प्रेक्षागृह—तीनों की ऊँचाई रंगपीठ से अधिक होने से द्विभूमि (जिसका फर्श दो तल वाला हो) कहा गया है।

गम्भीरस्वरता येन कुतपस्य भविष्यति।
भित्तिकर्म विधिं कृत्वा भित्तिलेपं प्रदापयेत् ॥33॥

सुधाकर्म बहिस्तस्य विधातव्यं प्रयत्नतः।
भित्तिष्वथ विलिप्तासु परिमृष्टासु सर्वतः ॥34॥

समासु जातशोभासु चित्रकर्मं प्रयोजयेत्।
चित्रकर्मणि चालेख्याः पुरुषाः स्त्रीजनास्तथा ॥35॥

लताबन्धाश्च कर्त्तव्याश्चरितं चात्मभोगजम्।
एवं विकृष्टं कर्त्तव्यं नाट्यवेश्मप्रयोक्तृभिः ॥36॥

पुनरेव हि वक्ष्यामि चतुरश्रस्य लक्षणम्।
समन्ततश्च कर्तव्या हस्ता द्वात्रिंशदेव तु ॥37॥

शुभभूमिविभागस्थो नाट्यज्ञैर्नाट्यमण्डपः।
यो विधिः पूर्वमुक्तस्तु लक्षणं मङ्गलानि च ॥38॥

विकृष्टे तान्यशेषाणि चतुरश्रेऽपि कारयेत्।
चतुरश्रं सम कृत्वा सूत्रेण प्रविभज्य च ॥39॥

बाह्यतः सर्वतः कार्या भित्तिः श्लिष्टेष्टका दृढा।
तत्राभ्यन्तरतः कार्या रङ्गपीठोपरि स्थिताः ॥40॥

दश प्रयोक्तृभिः स्तम्भाः शक्ता मण्डपधारणे।
स्तम्भानां बाह्यतश्चापि सोपानाकृतिपीठकम् ॥41॥

इष्टकादारुभिः कार्यं प्रेक्षकाणां निवेशनम्।
हस्तप्रमाणैरुत्सेधैर्भूमिभागसमुत्थितैः ॥42॥

रङ्गपीठावलोक्यं तु कुर्यादासनजं विधिम्।
षडन्यानन्तरे चैव पुनः स्तम्भान् यथादिशम् ॥43॥

इससे कुतप (गायक तथा वाद्यवृंद) का स्वर भी नाट्यमंडप में गंभीर रूप में सुनाई पड़ेगा। इस प्रकार दीवारें उठाकर उन पर भित्तिलेप[1] कराया जाए, फिर उसके ऊपर प्रयत्नपूर्वक चूने की पुताई कराई जाए। दीवारों पर लेप और पुताई हो चुकने पर जब वे समतल और सुंदर लिखने लगें, तो उन पर चित्र बनवाए जाएँ। इन चित्रों में स्त्री, पुरुष, लताबंध[2] या अपने अनुभव से मिले चरित्रों का चित्रण किया जाना चाहिए। इस प्रकार प्रयोक्ताओं को विकृष्ट नाट्यगृह बनाना चाहिए (33-36)।

अब मैं चतुरश्र नाट्यगृह का लक्षण बताता हूँ। नाट्य के जानकार लोगों को शुद्ध भूमि पर विभागपूर्वक स्थित चतुरश्र नाट्यगृह चारों भुजाओं में बत्तीस हाथ की नाप लेकर बनाना चाहिए। विकृष्ट नाट्यगृह में जो विधि, लक्षण और मांगलिक विधान बताए गए हैं, वे सब चतुरश्र में भी कराए। इस चतुरश्र नाट्यगृह की भूमि का (पूर्वोक्त प्रकार से) डोरी से समान विभाजन करके बाहर से चारों ओर से अच्छी तरह ईंटें जमाकर मजबूत दीवार बनाई जाए। भीतर रंगपीठ के ऊपर मंडप को धारण कर सकें ऐसे दस स्तंभ खड़े करना चाहिए। इन स्तंभों के आगे प्रेक्षकों के बैठने के लिए ईंट और लकड़ी से सीढ़ियों के आकार की आसन-पंक्तियाँ बनानी चाहिए। ये पंक्तियाँ भूमितल से एक-एक हस्त की नाप से ऊपर उठती हुई होंगी। आसनों की यह व्यवस्था ऐसी हो कि सबको रंगपीठ अच्छी तरह दिखाई दे। प्रेक्षागार में प्रत्येक दिशा के अनुसार ज्ञाता शिल्पी विधिपूर्वक छह स्तंभ और स्थापित करे।

1. भित्तिलेप = पलस्तर। इसे बनाने की विधियाँ वास्तुशास्त्र के प्राचीन ग्रंथों में दी हुई हैं।
2. लताबंध = वृक्षों से लिपटी लताओं की आकृतियाँ अथवा पिंडीबंध (नृत्य समूह) के चित्र।

विधिना स्थापयेत् तज्ज्ञो दृढान् मण्डपधारणे।
अष्टौ स्तम्भान् पुनश्चैव तेषामुपरि कल्पयेत् ॥44॥

स्थाप्यं चैव ततः पीठमष्टहस्तप्रमाणतः।
विद्धास्यमष्टहस्तं च पीठं तेषु ततो न्यसेत् ॥45॥

तत्र स्तम्भाः प्रदातव्यास्तज्ज्ञैर्मण्डपधारणे।
धारणीधारणास्ते च शालस्त्रीभिरलङ्गकृताः ॥46॥

नेपथ्यगृहकं चैव ततः कार्यं प्रयत्नतः।
द्वारं चैकं भवेत् तत्र रङ्गपीठप्रवेशनम् ॥47॥

जनप्रवेशनं चान्यदाभिमुख्येन कारयेत्।
रङ्गस्याभिमुखं कार्यं द्वितीयं द्वारमेव तु ॥48॥

अष्टहस्तं तु कर्तव्यं रङ्गपीठं प्रमाणतः।
चतुरश्रं समतलं वेदिकासमलङ्गकृतम् ॥49॥

पूर्वप्रमाणनिर्दिष्टा कर्तव्या मत्तवारणी।
चतुःस्तम्भसमायुक्ता वेदिकायास्तु पार्श्वतः ॥50॥

समुन्नतं समं चैव रङ्गशीर्षं तु कारयेत्।
विकृष्टे तून्नतं कार्यं चतुरश्रे समं तथा ॥51॥

एवमेतेन विधिना चतुरश्रं गृहं भवेत्।
अतः परं प्रवक्ष्यामि त्र्यश्रगेहस्य लक्षणम् ॥52॥

त्र्यश्रं त्रिकोणं कर्तव्यं नाट्यवेश्म प्रयोक्तृभिः।
मध्ये त्रिकोणमेवास्य रङ्गपीठं तु कारयेत् ॥53॥

द्वारं तेनैव कोणेन कर्तव्यं तस्य वेश्मनः।
द्वितीयं चैव कर्तव्यं रङ्गपीठस्य पृष्ठतः ॥54॥

विधिर्यश्चतुरश्रस्य भित्तिस्तम्भसमाश्रयः।
स तु सर्वः प्रयोक्तव्यस्त्र्यश्रस्यापि प्रयोक्तृभिः।
एवमेतेन विधिना कार्या नाट्यगृहा बुधैः ॥55॥

❑

ये स्तंभ मंडप को धारण करने में समर्थ हों। उनके ऊपर फिर आठ स्तंभ और बनाएँ।[1] इनके ऊपर बिंधे मुख वाले आठ हस्त की नाप का पीठ (शहतीर) रखे जाएँ। ये स्तंभ मंडप को धारण करने में समर्थ हों तथा धारणी[2] को भी सँभालें और सालभंजिकाओं[3] से भी अलंकृत हों (37-46)। इसके पश्चात् प्रयत्नपूर्वक नेपथ्यगृह बनाया जाए, उसमें रंगपीठ पर प्रवेश कराने वाले दो द्वार हों। दर्शकों का प्रवेश इसके सम्मुख बने दूसरे द्वार से कराए। रंगपीठ के सामने के दोनों द्वार रंगपीठ की ओर ही खुलने चाहिए[4] (47-48)।

रंगपीठ का नाप आठ हाथ रखना चाहिए, जो चारों ओर से बराबर हो। रंगपीठ को वेदिका से सुशोभित किया जाए। वेदिका के दोनों ओर चार स्तंभों से युक्त मत्तवारणी बनानी चाहिए, जिसका नाप पहले बताया जा चुका है (49-50)।

विकृष्ट नाट्यगृह में रंगशीर्ष रंगपीठ से (डेढ़ हाथ) ऊँचा तथा समतल बनाए, जबकि चतुरश्र में रंगशीर्ष और रंगपीठ एक ही तल पर रहते हैं (51)।

इस विधि से चतुरश्र गृह बनता है। अब मैं त्र्यश्र नाट्यगृह का लक्षण बताता हूँ। त्र्यश्र नाट्यगृह प्रयोक्ताओं को त्रिकोणाकार बनाना चाहिए इसके बीच में त्रिकोणाकार ही रंगपीठ बनाया जाए। (52, 53)

त्र्यश्र नाट्यगृह में (प्रेक्षकों के लिए) प्रवेश-द्वार उसी एक कोने पर बनाना चाहिए तथा दूसरा द्वार रंगपीठ के पीछे (अभिनेताओं के प्रवेश के लिए) बनाना चाहिए। दीवार और स्तंभ के विषय में चतुरश्र नाट्यगृह में जो विधि बताई गई है, वह सारी प्रयोक्ताओं को त्र्यश्र में भी प्रयोग करनी चाहिए। इस प्रकार जानकार लोगों को नाट्यगृह बनाने चाहिए (54-55)।

❑

---

1. रंगपीठ के दाहिनी ओर दो स्तंभ रहेंगे, उनसे चार-चार हाथ की दूरी पर तथा परस्पर आठ हाथ की दूरी पर दो स्तंभ और रहेंगे। फिर आग्नेय कोण में बने स्तंभ से चार हाथ दूर दक्षिण स्तंभ रहेगा। इस प्रकार रंगमंच पर पहले से दाहिनी ओर बने स्तंभों तथा दक्षिण की दीवार के बीच तीन और स्तंभ प्रेक्षागृह में हो जाएँगे। इसी प्रकार उत्तर की दीवार की ओर भी तीन स्तंभ बनेंगे। इस प्रकार प्रेक्षागार में छः स्तंभ रंगमंच के स्तम्भों के अतिरिक्त हुए। अब चारों दिशाओं की दीवारों से उनकी विपरीत दिशाओं में दो-दो स्तंभ और बनाने पर आठ स्तंभ और बढ़ जाएँगे।
2. धारणी = शहतीर (बा. शु. शा.)।
3. साल भंजिका = काष्ठ पुत्तलिका, लकड़ी की नारी मूर्ति।
4. एक द्वार सबसे पीछे अभिने ।ओं के प्रवेश के लिए जो नेपथ्यगृह में खुलता है, दो द्वार नेपथ्यगृह और रंगशीर्ष के बीच की दीवार में मंच पर प्रवेश के लिए तथा एक सामने का द्वार प्रेक्षकों के प्रेक्षागार में प्रवेश के लिए इस प्रकार चार द्वार नाट्यगृह में हुए।

॥ अथ तृतीयोऽध्यायः ॥

आचार्येण तु युक्तेन शुचिना दीक्षितेन च।
रङ्गस्योद्योतनं कार्यं देवतानां च पूजनम् ॥1॥

रक्ताः प्रतिसराः सूत्रं रक्तगन्धाश्च पूजिताः।
रक्ताः सुमनसश्चैव यच्च रक्तं फलं भवेत् ॥2॥

यवैस्सिद्धार्थकैर्लाजैरक्षतैः शालितण्डुलैः।
नागपुष्पस्य चूर्णेन वितुषाभिः प्रियङ्गुभिः ॥3॥

एतैर्द्रव्यैर्युतं कुर्याद् देवतानां निवेशनम्।
आलिखेन्मण्डलं पूर्वं यथास्थानं यथाविधि ॥4॥

समन्ततश्च कर्तव्यं हस्ताः षोडश मण्डलम्।
द्वाराणि चात्र कुर्वीत विधानेन चतुर्दिशम् ॥5॥

मध्ये चैवात्र कर्त्तव्ये द्वे रेखे तिर्यगूर्ध्वगे।
ततो कक्ष्या विभागेन दैवतानि निवेशयेत् ॥6॥

पूजयित्वा तु सर्वाणि दैवतानि यथाक्रमम्।
जर्जरस्त्वभिसम्पूज्यः स्यात् ततो विघ्नजर्जरः ॥7॥

श्वेतं शिरसि वस्त्रं स्यान्नीलं रौद्रे च पर्वणि।
विष्णुपर्वणि वै पीतं रक्तं स्कन्दस्य पर्वणि ॥8॥

मृडपर्वणि चित्रं तु देयं वस्त्रं हिताार्थिना।
सदृशं च प्रदातव्यं धूपमाल्यानुलेपनम् ॥9॥

॥ तीसरा अध्याय ॥

[इस प्रकार नाट्यगृह बन चुकने के बाद] एकाग्र मन वाले, पवित्र और व्रत में दीक्षित नाट्याचार्य को नाट्यगृह का उद्योतन[1] (प्रकाशित करना) तथा देवताओं का पूजन करना चाहिए। (पूजन के लिए) लाल रंग के धागे (आँटी) से बने कंकण, सूत्र, लाल रंग का उत्कृष्ट चंदन, लाल पुष्प तथा जो भी लाल फल हो उसे ले। जौ, सरसों, खीलें, अक्षत चावल, नागपुष्प का चूर्ण तथा छिलके निकले हुए प्रियंगु के फल—इन द्रव्यों के साथ देवताओं की स्थापना करे। इसके पूर्व यथास्थान यथाविधि मंडल बना ले। मंडल का चारों ओर का नाप (चार-चार हाथ मिलाकर) कुल सोलह हाथ होता है। इसमें विधानपूर्वक चारों दिशाओं में (चार) द्वार बनाने चाहिए। इसके बीच में दो रेखाएँ आड़ी तिरछी बनानी चाहिए, इनके साथ ही कक्ष्याविभागपूर्वक देवताओं को मंडल में स्थापित करे (1-6)।

क्रम के अनुसार सारे देवताओं की पूजा करके जर्जर की पूजा करनी चाहिए, जिससे वह विघ्नों को जर्जर करने वाला बन जाए। इस जर्जर के सिर पर श्वेत वस्त्र बाँधना चाहिए। रुद्र के पर्व[2] पर नीला, विष्णु के पर्व पर पीला तथा स्कंद के पर्व पर लाल और मृड (शिव) के पर्व पर हित चाहनेवाले प्रयोक्ता को चित्र (रंगबिरंगा) वस्त्र बाँधना चाहिए। इसके अनुरूप ही धूप, माला और चंदन भी प्रस्तुत करना चाहिए (7-9)।

---

1. उद्योतन दीपिकाओं या दीपकों से किया जाता था। अभि. ने मशालों का यहाँ उल्लेख किया है। भरत ने भी रंगपूजा के संदर्भ में दीप्त उल्काओं से रंगशाला को जगमगाने का उल्लेख किया है (सं. नाशा 3-12)।
2. पर्व = पोर या गाँठ।

आतोद्यानि च सर्वाणि वासोभिरवगुण्ठयेत्।
गन्धैर्माल्यैश्च धूपैश्च भक्ष्यभोज्यैश्च पूजयेत् ॥10॥

सर्वमेवं विधिं कृत्वा गन्धमाल्यानुलेपनैः।
विघ्नजर्जरणार्थं तु जर्जरं त्वभिमन्त्रयेत् ॥11॥

हुताश एव दीप्ताभिरुल्काभिः परिमार्जनम्।
नृपतेर्नर्तकीनां च कुर्याद् दीप्त्यभिवर्धनम् ॥12॥

अभिद्योत्य सहातोद्यैर्नृपतिं नर्तकीस्तथा।
मन्त्रपूतेन तोयेन पुनरभ्युक्ष्य तान् वदेत् ॥13॥

महाकुले प्रसूताः स्थ गुणौघैश्चाप्यलङ्कृताः।
यद् वो जन्मगुणोपेतं तद् वो भवतु नित्यशः ॥14॥

भिन्ने कुम्भे ततश्चैव नाट्याचार्यः प्रयत्नतः।
प्रगृह्य दीपिकां दीप्तां सर्वं रङ्गं प्रदीपयेत् ॥15॥

यज्ञेन सम्मितं ह्येतद् रङ्गदैवतपूजनम्।
अपूजयित्वा रङ्गं तु नैव प्रेक्षां प्रयोजयेत् ॥16॥

न तथा प्रदहत्यग्निः प्रभञ्जन समीरितः।
यथा ह्यपप्रयोगस्तु प्रयुक्तो दहति क्षणात् ॥17॥

❑

सारे वाद्यों को कपड़े से ढक कर रखे तथा गंध, माला, धूप और भक्ष्य भोज्य से उनकी पूजा करे। इस प्रकार गंध, माला और चंदन से यह सारी विधि निपटा कर विघ्नों को जर्जर करने के लिए जर्जर को अभिमंत्रित करे (10-11)।

(हवन के लिए जलाई गई) अग्नि से ही प्रदीप्त मशालों के द्वारा राजा तथा नर्तकियों की दीप्ति के अभिवर्धन के लिए नीराजना करे। इस प्रकार राजा और नर्तकियों को वाद्यों के साथ अभिद्योतित करके मंत्र से पवित्र जल से प्रोक्षण करके उनसे कहे—आप लोग महान् कुल में उत्पन्न हैं तथा गुणों के समुदाय से अलंकृत हैं। आपको अपने जन्म और गुण के अनुरूप जो प्राप्त हुआ है, वह आपको नित्य सुलभ रहे (12-14)।

घड़े का भेदन कर नाट्याचार्य प्रयत्नपूर्वक प्रदीप्त दीपिका से सारे रंगमंडप को प्रकाशित करे। रंग के देवताओं का यह पूजन यज्ञ के समान है। रंग की पूजा किए बिना प्रयोग न करे। तेज हवा से भड़की अग्नि भी उस तरह नहीं जलती जिस तरह क्षण भर में गलत प्रयोग जला डालता है (15-17)।

❑

॥ अथ चतुर्थोऽध्यायः ॥

ततोऽस्म्युक्तो भगवता योजयामृतमन्थनम् ।
एतदुत्साहजननं सुरप्रीतिकरं तथा ॥1॥
योऽयं समवकारस्तु धर्मकामार्थसाधकः ।
मया प्राग्ग्रथितो विद्वन् स प्रयोगः प्रयुज्यताम् ॥2॥
तस्मिन् समवकारे तु प्रयुक्ते देवदानवाः ।
हृष्टाः समभवन् सर्वे कर्मभावानुदर्शनात् ॥3॥
कस्यचित् त्वथ कालस्य मामाहाम्बुजसम्भवः ।
नाट्यं सन्दर्शयामोऽद्य त्रिनेत्राय महात्मने ॥4॥
ततः सार्धं सुरैर्गत्वा वृषभाङ्कनिवेशनम् ।
समभ्यर्च्य शिवं पश्चादुवाचेदं पितामहः ॥5॥
मया समवकारस्तु योऽयं सृष्टः सुरोत्तम ।
श्रवणे दर्शने चास्य प्रसादं कर्तुमर्हसि ॥6॥
ततो हिमवतः पृष्ठे नानानगसमाकुले ।
बहुभूतगणाकीर्णे रम्यकन्दरनिर्झरे ॥7॥
पूर्वरङ्गः कृतः पूर्वं तत्रायं द्विजसत्तमाः ।
तथा त्रिपुरदाहश्च डिमसंज्ञः प्रयोजितः ॥8॥
ततो भूतगणा हृष्टा कर्मभावानुदर्शनात् ।
महादेवश्च सुप्रीतः पितामहमथाब्रवीत् ॥9॥
मयापीदं स्मृतं नृत्यं सन्ध्याकालेषु नृत्यता ।
नानाकरणसंयुक्तैरङ्गहारैर्विभूषितम् ।
पूर्वरङ्गविधावस्मिंस्त्वया सम्यक् प्रयोज्यताम् ॥10॥

॥ चौथा अध्याय ॥

तब भगवान् ब्रह्मा ने मुझसे कहा कि अब आप 'अमृतमंथन' (नामक समवकार)[1] का प्रयोग कीजिए। यह उत्साहजनक तथा देवताओं के लिए प्रीतिकर होगा। हे विद्वन्! धर्म, काम और अर्थ का साधक यह जो समवकार मैंने पहले रचा था, उसका प्रयोग आप कीजिए (1-2)।

उस समवकार का प्रयोग होने पर (अपने) कर्म और भाव के अनुदर्शन से सारे देव और दानव हृष्ट हो उठे (3)।

कुछ समय बीत जाने पर पद्मयोनि ब्रह्मा ने मुझसे कहा कि इस नाट्य को अब हम महात्मा त्रिनेत्रधारी शिव को दिखाएँ। फिर देवताओं के साथ वृषभाङ्क शिव के निवास पर पहुँच कर उनका पूजन कर पितामह ने कहा—हे सुरोत्तम, यह जो मैंने समवकार रचा है उसे देखने और सुनने की कृपा कीजिए (4-6)।

हे द्विज-श्रेष्ठो, तब विभिन्न वृक्षों से घिरे हिमालय के मैदान में जो कई प्रकार के प्राणियों से भरा हुआ था और रम्य गुफाओं और झरनों से युक्त था, मैंने पहले यह पूर्वरंग[2] करके फिर इस (अमृतमंथन समवकार) का प्रयोग किया फिर त्रिपुरदाह नामक डिम[3] का प्रयोग किया (7-8)।

तब सारे भूतगण कर्म और भाव के अनुदर्शन से हर्षित हुए और महादेव ने भी प्रसन्न होकर पितामह से कहा—संध्या के समय नृत्य करते हुए मैंने विभिन्न करणों के योग से बने अंगहारों[4] से विभूषित नृत्य का निर्माण किया है, इस नाट्य की पूर्वरंग विधि में आप उसे जोड़ लीजिए (9-10)।

---

1. समवकार रूपक के दस भेदों में एक है। इसके लक्षण के लिए देखिए सं. नाशा. (10.24-30)।
2. पूर्वरंग के विधान का निरूपण आगे पाँचवें अध्याय में है।
3. डिम के लक्षण के लिए सं. नाशा. (17.35-39)।
4. अंगहार के लक्षण के लिए सं. नाशा. (4.13-18) देखें।

वर्धमानकयोगेषु गीतेष्वासारितेषु च।
महागीतेषु चैवार्थान् सम्यगेवाभिनेष्यसि ॥11॥

यश्चायं पूर्वरङ्गस्तु त्वया शुद्धः प्रयोजितः।
एभिर्विमिश्रितश्चायं चित्रो नाम भविष्यति ॥12॥

ततो ये तण्डुना प्रोक्तास्त्वङ्गहारा महात्मना।
तान् वः करणसंयुक्तान् व्याख्यास्यामि सरेचकान् ॥13॥

अङ्गहारेषु वक्ष्यामि करणेषु च वै द्विजाः।
सर्वेषामङ्गहाराणां निष्पत्तिः करणैर्यतः ॥14॥

तान्यतः सम्प्रवक्ष्यामि नामतः कर्मतस्तथा।
हस्तपादसमायोगो नृत्यस्य करणं भवेत् ॥15॥

द्वे नृत्तकरणे चैव भवतो नृत्तमातृका।
द्वाभ्यां त्रिभिश्चतुर्भिर्वाप्यङ्गहारस्तु मातृभिः ॥16॥

त्रिभिः कलापकं चैव चतुर्भिः षण्डकं भवेत्।
पञ्चैव करणानि स्युः सङ्घातक इति स्मृतः ॥17॥

षड्भिर्वा सप्तभिर्वापि अष्टभिर्नवभिस्तथा।
करणैरिह संयुक्ता अङ्गहाराः प्रकीर्तिताः ॥18॥

अष्टोत्तरशतं ह्येतत् करणानां मयोदितम्।
यत्र तत्रापि संयोज्यमाचार्यैर्नाट्यशक्तितः ॥19॥

प्रायेण करणे कार्यो वामो वक्षः स्थितः करः।
चरणस्यानुगश्चापि दक्षिणस्तु भवेत् करः ॥20॥

कटी कर्णसमा यत्र कोर्परांसशिरस्तथा।
समुन्नतमुरश्चैव सौष्ठवं नाम तद् भवेत् ॥21॥

वामे पुष्पपुटः पार्श्वे पादोऽग्रतलसञ्चरः।
तथा च सन्नतं पार्श्वे तलपुष्टपुटं भवेत् ॥22॥

वर्धमानक[1] के योग, गीत तथा आसारित[2] और महागीत के प्रयोगों में (इस पूर्वरङ्ग के) अर्थों का भली-भाँति अभिनय (प्रयोग) करोगे। यह जो पूर्वरंग तुमने अभी किया है, यह शुद्ध पूर्वरंग है। इन (करणों तथा अंगहारों) के मिश्रण से यह चित्र पूर्वरंग कहलाएगा (11-12)।

(भरत ने कहा—हे मुनियो) तब (शिव की आज्ञा से) महात्मा तंडु ने मुझे जो अंगहार बताए करण और रेचक के साथ मैं उनका आपके आगे विवेचन करूँगा। हे द्विजो मैं अंगहारों और करणों—दोनों के विषय में विवेचन करूँगा, क्योंकि सभी अंगहारों की निष्पत्ति करणों से हुई है। उन्हें मैं नाम और कर्म द्वारा विस्तार से समझाऊँगा। नृत्य में हस्त और पाद का समायोग (एक साथ संचालन) करण है। दो करणों के योग से एक 'मातृका' होती है, तथा दो, तीन या चार मातृकाओं के योग से अंगहार। तीन करणों से एक 'कलापक', चार से 'षण्डक' तथा पाँच करणों के मिलने से संघातक बनता है। छः, सात, आठ या नौ करणों को मिलाने से अंगहार बनते हैं (13-18)।

ये एक सौ आठ करण मैंने बताए हैं, इनका संयोजन नाट्य की आवश्यकता के अनुसार आचार्यों को करना चाहिए (19) तथा दाहिने हाथ की गति को दाहिने पैर की गति का अनुसरण करना चाहिए (20)।

जिसमें कमर कानों के समान हो तथा कोहनी, कंधे और सिर भी समान स्थिति में हों तथा वक्षःस्थल समुन्नत हो—वह सौष्ठव कहलाता है (21)।

बायें पार्श्व में पुष्पपुट हस्त[3] और (दाहिने) पैर को अग्रतलसंचर[4] बना कर पार्श्व सन्नत[5] रखा जाय तो तल पुष्पपुट करण होता है (22)।

---

1. गीत का एक प्रकार। विवरण आगे पाँचवें अध्याय में।
2. आसारित – सोलह कलाओं वाली तालबिधि। द्र. नाशा. 31.55 6।
3. पुष्पपुटहस्त के लिए देखें नाशा. 9.150 तथा सं. नाशा. 9.70।
4. अग्रतलसंचर पाद के लिए देखें नाशा. 9.273; इसमें एड़ी उठी, अँगूठा फैला तथा अँगुलियाँ तिरछी रहती हैं।
5. सन्नत = झुका हुआ। सन्नत पार्श्व का लक्षण नाशा. 9.235 में है।

कुञ्चितौ मणिबन्धे तु व्यावृत्तपरिवर्तितौ।
हस्तौ निपतितौ चोर्वोर्वर्तितं करणं तु तत् ॥23॥

शुकतुण्डौ यदा हस्तौ व्यावृत्तपरिवर्तितौ।
ऊरू च वलितौ यस्मिन् वलितोरुकमुच्यते ॥24॥

आवर्त्य शुकतुण्डाख्यमूरुपृष्ठे निपातयेत्।
वामहस्तश्च वक्षःस्थोऽप्यपविद्धं तु तद् भवेत् ॥25॥

श्लिष्टौ समनखौ पादौ करौ चापि प्रलम्बितौ।
देहः स्वाभाविको यत्र भवेत् समनखं तु तत् ॥26॥

पताकाञ्जलि वक्षःस्थं प्रसारितशिरोधरम्।
निहञ्चितांसकूटं च तल्लीनं करणं स्मृतम् ॥27॥

स्वस्तिकौ रेचिताविद्धौ विश्लिष्टौ कटिसंस्थितौ।
यत्र तत् करणं ज्ञेयं बुधैः स्वस्तिकरेचितम् ॥28॥

स्वस्तिकौ तु करौ कृत्वा प्राङ्मुखोर्ध्वतलौ समौ।
तथा च मण्डलं स्थानं मण्डलस्वस्तिकं तु तत् ॥29॥

निकुट्टितौ यदा हस्तौ स्वबाहुशिरसोऽन्तरे।
पादौ निकुट्टितौ चैव ज्ञेयं तत् तु निकुट्टकम् ॥30॥

अञ्चितौ बाहुशिरसि हस्तस्त्वभिमुखाञ्जलिः।
निकुञ्चितार्धयोगेन भवेदर्धनिकुट्टकम् ॥31॥

पर्यायशः कटिश्छिन्ना बाह्वोः शिरसि पल्लवौ।
पुनः पुनश्च करणं कटिच्छिन्नं तु तद् भवेत् ॥32॥

कलाई पर कुंचित[1] और व्यावृत्त-परिवर्तित[2] हस्त दोनों ऊरुओं (जाँघों) पर गिराए जाएँ तो वर्तित करण होता है। दोनों हाथ शुकतुंड[3] की स्थिति में व्यावृत्त-परिवर्तित करके साथ में दोनों ऊरु वलित हों तो वलितोरुक करण होता है। (23-24) शुकतुंड हस्त को आवर्तित[4] कर ऊरु के पीछे ले जाकर गिराए और वामहस्त वक्षःस्थल[5] पर हो तो अपविद्ध करण होता है (25)। दोनों पैर समनख वाले तथा परस्पर मिले हुए हों तथा दोनों हाथ (लताहस्त में) नीचे फैलाए हुए हों तथा देह स्वाभाविक हो, तो समनख करण होता है (26)। दोनों पताक हस्त मिलाकर अंजलि (संयुत) हस्त बनाया जाए उसे वक्षःस्थल पर लाया जाय, ग्रीवा रेचित[6] हो, सिर निहञ्चित[7] तो 'लीन' करण होता है (27)। स्वस्तिक हस्त पहले रेचित फिर वक्र कर करके देह की ओर लाए जाएँ और अलग-अलग (दोनों ओर) कमर पर रखे जाएँ, तो उसे 'स्वस्तिक रेचित' करण जानना चाहिए (28)। स्वस्तिक हस्त को ही आगे की ओर सम और ऊर्ध्व तल (हथेलियाँ ऊपर होने) की स्थिति में और मंडल स्थान में देह को रखे तो 'मंडलस्वस्तिक' करण होता है [अभिनव के अनुसार चतुरश्र[8] हस्त ऊर्ध्वमंडल[9] में रखने पर] (29)। 9—यदि अपनी भुजाओं और मस्तक के बीच दोनों हाथ निकुट्टक तथा दोनों पैर भी निकुट्टक की स्थिति में रखे तो 'निकुट्टक' करण होता है (30)। 10—इसी स्थिति में भुजा के अग्र भाग में हाथों को अंचित[10] और सम्मुख अंगुलि वाला किया जाए और इसमें अलपल्लव को भी जोड़ा जाए तो अर्धनिकुट्टक होता है (31)। 11—बारी-बारी से कटि को छिन्ना[11] स्थिति में और हाथों को मस्तक पर पल्लव की स्थिति में बार-बार रखा जाय, तो 'कटिच्छिन्न' होता है (32)।

---

1. कुंचित = झुके हुए।
2. व्यावृत्त-परिवर्तित = घुमा कर हथेली सामने रखने की मुद्रा।
3. शुकतुंड के लिए नाशा. 9.53 तथा सं. नाशा. 9.23।
4. आवर्तित—द. नाशा. 9।
5. अभि. के अनुसार कटकामुख हस्त यहाँ होगा।
6. रेचिता = प्रणाम की मुद्रा में झुकी।
7. निकुंचित शिर (नाशा. 8.30) के साथ कंधे निहंचित होंगे।
8. चतुरश्र हस्त नाशा. 9.184 पर परिभाषित है।
9. हथेलियाँ ऊपर करके ऐंद्र मंडल (नाशा. 10.65) बनाने पर।
10. अंचित का अर्थ अभि. के अनुसार यहाँ अलपल्लव हस्त बताने से है, शंकुक के अनुसार देह के सामने से उठाकर पीछे ले जाने से।
11. छिन्ना कटि (नाशा. 9.245) कमर को बीच से घुमाव देने पर बनती है।

अपविद्धकरः सूच्या पादश्चैव निकुट्टितः।
सन्नतं यत्र पार्श्वं च तद् भवेदर्धरेचितम् ॥33॥

स्वस्तिकौ चरणौ यत्र करौ वक्षसि रेचितौ।
निकुञ्चितं तथा वक्षो वक्षस्स्वस्तिकमेव तत् ॥34॥

अञ्चितेन तु पादेन रेचितौ तु करौ यदा।
उन्मत्तं करणं तत् तु विज्ञेयं नृत्तकोविदैः ॥35॥

हस्ताभ्यामथ पादाभ्यां भवतः स्वस्तिकौ यदा।
तत् स्वस्तिकमिति प्रोक्तं करणं करणार्थिभिः ॥36॥

विक्षिप्ताक्षिप्तबाहुभ्यां स्वस्तिकौ चरणौ यदा।
अपक्रान्तार्धसूचिभ्यां तत्पृष्ठस्वस्तिकं भवेत् ॥37॥

पार्श्वयोरग्रतश्चैव यत्रश्लिष्टः करो भवेत्।
स्वस्तिकौ हस्तपादाभ्यां तद् दिक्स्वस्तिकमुच्यते ॥38॥

अलातं चरणं कृत्वा व्यंसयेद् दक्षिणं करम्।
ऊर्ध्वजानुक्रमं कुर्यादलातकमिति स्मृतम् ॥39॥

स्वस्तिकापसृतः पादः करौ नाभिकटिस्थितौ।
पार्श्वमुद्वाहितं चैव करणं तत् कटीसमम् ॥40॥

हस्तो हृदि भवेद् वामः सव्यश्चाक्षिप्तरेचितः।
रेचितश्चापविद्धश्च तत् स्यादाक्षिप्तरेचितम् ॥41॥

विक्षिप्तं हस्तपादं च तस्यैवाक्षेपणं पुनः।
यत्र तत्करणं ज्ञेयं विक्षिप्ताक्षिप्तकं द्विजाः ॥42॥

स्वस्तिकौ चरणौ कृत्वा करिहस्तं च दक्षिणम्।
वक्षःस्थाने तथा वाममर्धस्वस्तिकमादिशेत् ॥43॥

व्यावृत्तपरिवर्तस्तु स एव तु करो यदा।
अञ्चितो नासिकाग्रे तु तदञ्चितमुदाहृतम् ॥44॥

12—सूचीमुख हस्त को (कटकामुख दूसरे हस्त से) विद्ध कराया जाए और पैर निकुट्टित हो तथा पार्श्व सन्नत हो तो 'अधरेचित' होता है (33)। 13—दोनों पैर स्वस्तिक की स्थिति में तथा दोनों हाथ वक्ष पर हों और वक्ष निकुञ्चित[1] तो वक्ष-स्वस्तिक करण होता है (34)। 14—यदि अञ्चित पैर के साथ रेचित हस्त हों तो उन्मत्त करण जानना चाहिए (35)। 15—दोनों हाथ और दोनों पैर स्वस्तिक की मुद्रा में हों तो स्वस्तिक करण कहा जाता है (36)। 16—दोनों हाथों के विक्षेप (ऊपर ले जाना) तथा आक्षेप (झटके से नीचे लाना) के साथ पैरों को अपक्रान्ता और अर्धसूची चारियों के साथ स्वस्तिक में रखा जाए तो पृष्ठस्वस्तिक होता है (37)। 17—यदि हाथ दोनों पार्श्वों तक अग्र भाग में स्पर्श कराते हुए हाथों और पैरों को स्वस्तिक की स्थिति में रखा जाए तो 'दिक्स्वस्तिक' होता है (38)। 18—पैर को अलातचारी[2] की स्थिति में रखकर दाहिने हाथ को कन्धे से आगे ले जाए तथा ऊर्ध्वजानु चारी[3] करे तो अलातक करण होता है (39)। 19—स्वस्तिक करण में पैर को दूर ले जाया जाय, दोनों हाथ नाभि और कटि पर हों तथा पार्श्व उद्वाहित[4] हो तो 'कटीसम' करण होता है (40)। 20—बायाँ हाथ हृदय पर रखा जाय, और फिर ऊपर और दोनों पार्श्वों की ओर पलटा कर ले जाया जाए फिर दोनों हाथ रेचित और अपविद्ध[5] किए जाएँ, तो 'आक्षिप्तरेचित' होता है (41)। 21—एक हाथ और एक पैर विक्षिप्त और आक्षिप्त किया जाए तो विक्षिप्ताक्षिप्तक करण होता है (42)। 22—दोनों पैरों को स्वस्तिक तथा दाहिने हाथ को करिहस्त[6] की स्थिति में और बायें हाथ को वक्षःस्थल पर तो 'अर्धस्वस्तिक' होता है (43)। 23—अर्धस्वस्तिक में करिहस्त की स्थिति में रखे दाहिने हाथ को ही व्यावृत्त-परिवर्तित किया जाय और नासिका के आगे अञ्चित[7] की स्थिति में रखा जाय तो 'अञ्चित' करण होता है (44)।

---

1. निकुंचित वक्ष (नाशा. 9.224 पर लक्षित) आभुग्न वक्ष है जिसमें पीठ ऊँची, वक्ष झुका, कंधे शिथिल होते हैं।
2. अलाताचारी (नाशा. 10.41) में एक पैर पीछे फैला कर दूसरे पैर के पीछे छिपाते हैं, एड़ी भूमि से लगी रहती है।
3. ऊर्ध्वजानु चारी (नाशा. 10.33 में वर्णित)। कुंचित पैर को उठाकर घुटना वक्ष के सामने लाते हैं, इसी क्रम से दूसरे पैर से भी यही करते हैं।
4. ऊपर उठा नाशा. 9.231।
5. अपविद्ध = चक्राकार। अभि. के अनुसार बायाँ हाथ ऊपर और दोनों पार्श्वों में ले जाकर हंसपक्ष की स्थिति में फेंकते हैं।
6. करिहस्त नृत्तहस्तों में वर्णित नाशा. 9.198-199। लताहस्त को ऊपर उठाया जाय, फिर एक पार्श्व से दूसरे पार्श्व तक झुलाया जाय, दूसरा हस्त त्रिपताक की स्थिति में कान के पास रखे तो करि हस्त होता है।
7. द्र.—उपर्युक्त 4.30 पर पा. टि.।

कुञ्चितं पादमुत्क्षिप्य त्र्यश्रमूरुतं विवर्तयेत्।
कटिजानुविवर्ताच्च भुजङ्गत्रासितं भवेत् ॥45॥

कुञ्चितं पादमुत्क्षिप्य जानुस्तनसमं न्यसेत्।
प्रयोगवशगौ हस्तावूर्ध्वजानु प्रकीर्तितम् ॥46॥

वृश्चिकं चरणं कृत्वा करं पार्श्वे निकुञ्चयेत्।
नासाग्रे दक्षिणं चैव ज्ञेयं तत् तु निकुञ्चितम् ॥47॥

वामदक्षिणपादाभ्यां घूर्णमानोपसर्पणैः।
उद्वेष्टितापविद्धैश्च हस्तैर्मत्तल्ल्युदाहृतम् ॥48॥

स्खलितापसृतौ पादौ वामहस्तश्च रेचितः।
सव्यहस्तः कटिस्थः स्यादर्धमत्तल्लि तत्स्मृतम् ॥49॥

रेचितो दक्षिणो हस्तः पादः सव्यो निकुट्टितः।
दोला चैव भवेद् वामस्तद् रेचितनिकुट्टितम् ॥50॥

कार्यौ नाभितटे हस्तौ प्राङ्मुखौ खटकामुखौ।
सूचीविद्धावपक्रान्तौ पादौ पादापविद्धके ॥51॥

अपविद्धो भवेद्धस्तः सूचीपादस्तथैव च।
तथा त्रिकं विवृत्तं च वलितं नाम तद्भवेत् ॥52॥

वर्तिताघूर्णितः सव्यो हस्तो वामश्च दोलितः।
स्वस्तिकापसृतः पादः करणं घूर्णितं तु तत् ॥53॥

करिहस्तो भवेद् वामो दक्षिणश्च विवर्तितः।
बहुशः कुट्टित पादो ज्ञेयं तल्ललितं बुधैः ॥54॥

ऊर्ध्वजानुं विधायाथ तस्योपरि लतां न्यसेत्।
दण्डपक्षं तु तत्प्रोक्तं करणं नृत्तवेदिभिः ॥55॥

24—कुंचित पैर को उठाकर ऊरु को त्र्यश्र स्थिति में (तिरछा घुमाकर) फैलाया जाय और कटि और जंघा भी इसी तरह घुमाई जायँ तो 'भुजंगत्रासित' होता है (45)। 25—कुंचित पैर को उठाते हुए घुटने को स्तन तक ले आए और दोनों हाथ प्रयोग की स्थिति में (ऊर्ध्वमुख अलपल्लव या अराल) रहें तो 'ऊर्ध्वजानु' होता है (46)। 26—वृश्चिक पैर[1] बना कर बायें हाथ को पार्श्व में निकुंचित (झुका, सिकुड़ा) करे तथा दाहिने हाथ को नासिका के आगे रखे तो 'निकुंचित' होता है (47)। 27—बायें और दाहिने पैरों को घुमाव दे कर भूमि पर पटका जाय, दोनों हाथ उद्वेष्टित और अपविद्ध गति में रहें तो 'मत्तल्लि' करण होता है (48)। 28—यदि पैरों को स्खलित करण में पीछे ले जाया जाय तो बायें हाथ को रेचित किया जाय और दाहिने को कटि पर रखा जाय, तो 'अर्धमत्तल्लि' होता है (49)। 29—दाहिना हाथ रेचित और दाहिना पैर निकुट्टित[2] हो तथा बायें हाथ को दोला की स्थिति में दखा जाय, तो 'रेचित-निकुट्टित' होता है (50)। 30—दोनों हाथ नाभि के नीचे उल्टाकर खटका-मुख स्थिति में रखे जायँ, एक पैर को 'सूची' की स्थिति में दूसरे पैर से फँसा कर अपक्रान्ता चारी की जाय, तो 'पादापविद्धक' होता है (51)। 31—एक हाथ अपविद्ध और पैर सूची की स्थिति में तथा त्रिक (पीठ और नितंब) को घुमाया जाय[3] तो 'वलित' होता है। (52)। 32—दाहिना हाथ वर्तित करके घुमाया जाय और बायाँ दोला हस्त की स्थिति में हो, पैर स्वस्तिक और अपसृत हो, तो घूर्णित करण होता है (53)। 33—बायाँ हाथ करि हस्त हो तथा दाहिना विवर्तित, पैर (हाथों का अनुकरण करते हुए) बार-बार ऊपर से नीचे पटके जायँ तो 'ललित' करण होता है (54)। 34—ऊर्ध्वजानु[4] चारी करके साथ में घुटने पर लताहस्त बनाए तो 'दंडपक्ष' करण बनता है (55)।

---

1. आगे बताए गए वृश्चिककरण का पैर।
2. एड़ी को जमीन पर पटकने से।
3. अभि. के अनुसार भ्रमरिकाचारी में (नाशा. 10.45)
4. द्र.—उपर्युक्त 4-38 पर पा.टि.।

भुजङ्गत्रासितं कृत्वा यत्रोभावपि रेचितौ।
वामपार्श्वस्थितौ हस्तौ भुजङ्गत्रस्तरेचितम् ॥56॥

त्रिकं सुवलितं कृत्वा लतारेचितकौ करौ।
नूपुरश्च तथा पादः करणे तन्नूपुरे न्यसेत् ॥57॥

रेचितौ हस्तपादौ च कटीग्रीवा च रेचिता।
वैशाखस्थानकेनैतद् भवेद् वैशाखरेचितम् ॥58॥

आक्षिप्तः स्वस्तिकः पादः करौ चोद्वेष्टितौ तथा।
त्रिकस्य वलनाच्चैव ज्ञेयं भ्रमरकं तु तत् ॥59॥

अञ्चितः स्यात्करो वामः सव्यश्चतुर एव तु।
दक्षिणः कुट्टितः पादश्चतुरं तत्प्रकीर्तितम् ॥60॥

भुजङ्गत्रासितः पादो दक्षिणो रेचितः करः।
लताख्यश्च करो वामो भुजङ्गाञ्चितकं भवेत् ॥61॥

विक्षिप्तं हस्तपादं तु समन्ताद्यत्र दण्डवत्।
रेच्यते तद्धि करणं ज्ञेयं दण्डकरेचितम् ॥62॥

वृश्चिकं चरणं कृत्वा द्वावप्यथ निकुट्टितौ।
विधातव्यौ करौ तत् तु ज्ञेयं वृश्चिककुट्टितम् ॥63॥

सूचीं कृत्वापविद्धं च दक्षिणं चरणं न्यसेत्।
रेचिता च कटिर्यत्र कटिभ्रान्तं तदुच्यते ॥64॥

अञ्चितः पृष्ठतः पादः कुञ्चितोर्ध्वतलाङ्गुलिः।
लताख्यश्च करो वामस्तल्लतावृश्चिकं भवेत् ॥65॥

अलपद्मः कटीदेशे छिन्ना पर्यायशः कटी।
वैशाखस्थानकेनेह तच्छिन्नं करणं भवेत् ॥66॥

वृश्चिकं चरणं कृत्वा स्वस्तिकौ च करावुभौ।
रेचितौ विप्रकीर्णौ च करौ वृश्चिकरेचितम् ॥67॥

35—‘भुजङ्गत्रासित’ करण करके बायें पार्श्व की ओर दोनों हाथ रेचित किए जाएँ तो ‘भुजङ्गत्रस्तरेचित’ होता है (56)।

36—त्रिक को घुमा कर[1] दोनों हाथ लता और रेचित की स्थिति में रखे जाएँ और पैर नूपुर चारी[2] की स्थिति में तो नूपुर करण होता है (57)। 37—हाथ और पैर रेचित की स्थिति में हों तथा कटि और ग्रीवा भी रेचित हो तथा देह को वैशाख स्थान[3] में रखा जाए, तो ‘वैशाखरेचित’ करण होता है (58)। 38—स्वस्तिक पैर से आक्षिप्ता चारी कराई जाए, दोनों हाथ उद्वेष्टित[4] हों, तथा त्रिक को घुमाया जाए तो भ्रमरक करण जानना चाहिए (59)। 39—बायाँ हाथ ‘अञ्चित’ हो, दाहिना ‘चतुर’[5] तथा दाहिना पैर कुट्टित[6] तो यह चतुर करण है (60)। 40—पैर भुजङ्गत्रासिता चारी में हो दाहिना हाथ रेचित हो तथा बायाँ लता कर की स्थिति में हो तो यह ‘भुजङ्गाञ्चितक’ करण होता है (61)। 41—यदि हाथों और पैरों को दंड के समान (दंडपक्ष हस्त और दंडपादा चारी के द्वारा) प्रसारित करे तो इसे दंडकरेचित करण जानना चाहिए (62)। 42—(दाहिने) पैर को वृश्चिक की स्थिति में रख दोनों हाथ निकुट्टित (बारी-बारी से अलपल्लव हस्त बनाकर ऊपर ले जाना) करे तो इसे ‘वृश्चिक कुट्टित’ करण जानना चाहिए (63)। 43—सूची चारी करके बायें पैर को तेजी से दूर ले जाकर (उसके पार्श्व में) दाहिना पैर रखे और कमर रेचित हो, और यह ‘कटिभ्रांत’ करण कहा जाता है (64)। 44—एक पैर पीछे की ओर अञ्चित हो और बायाँ हाथ पंजा और अँगुलियाँ सिकोड़ कर हथेली ऊपर रखकर लता हस्त की स्थिति में लाया जाए, तो लतावृश्चिक करण होता है (65)। 45—दोनों हाथ अलपद्म[8] बना कर कमर पर रखे जाएँ, कमर को बारी बारी से छिन्न किया जाए और देह को वैशाखस्थान में रखा जाए, तो छिन्न करण होता है (66)। 46—वृश्चिक चरण बना कर दोनों हाथ स्वस्तिक की स्थिति में ला कर रेचित और दूर हटाए जाएँ तो वृश्चिकरेचित होता है (67)।

---

1. भ्रमरिका चारी (नाशा. 10.45) में।
2. नाशा. 10.35।
3. वैशाखस्थान नाशा. 10.61-62 पर लक्षित।
4. चक्राकार घुमाया गया।
5. द्र.—नाशा. 9.93 सं. नाशा. 9.45।
6. उद्घट्टित—ऊपर उठाकर [illegible]मीन पर पटका गया।
7. अलपल्लव नाशा. 9. में [illegible]क्षित नृत्तहस्त।
8. अलपद्म असंयुत हस्त, द्र.—सं. नाशा. 9.43।

बाहुशीर्षाञ्चितौ हस्तौ पादः पृष्ठाञ्चितस्तथा।
दूरसन्नतपृष्ठं च वृश्चिकं तत्प्रकीर्तितम् ॥68॥

आलीढं स्थानकं यत्र करौ वक्षसि रेचितौ।
ऊर्ध्वाधोविप्रकीर्णौ च व्यंसितं करणं तु तत् ॥69॥

हस्तौ तु स्वस्तिकौ पार्श्वे तथा पादो निकुट्टितः।
यत्र तत् करणं ज्ञेयं बुधैः पार्श्वनिकुट्टितम् ॥70॥

वृश्चिकं चरणं कृत्वा पादस्याङ्गुष्ठकेन तु।
ललाटे तिलकं कुर्याल्ललाटतिलकं तु तत् ॥71॥

पृष्ठतः कुञ्चितं कृत्वा व्यतिक्रान्तक्रमं ततः।
आक्षिप्तौ च करौ कार्यौ क्रान्तके करणे द्विजाः ॥72॥

आद्यः पादो नतः कार्यः सव्यहस्तश्च कुञ्चितः।
उत्तानो वामपार्श्वस्थस्तत्कुञ्चितमुदाहृतम् ॥73॥

प्रलम्बिताभ्यां बाहुभ्यां यद्गात्रेणानतेन च।
अभ्यन्तरापविद्धः स्यात् तज्ज्ञेयं चक्रमण्डलम् ॥74॥

स्वस्तिकापसृतौ पादावपविद्धक्रमौ यदा।
उरोमण्डलकौ हस्तावुरोमण्डलिकं तु तत् ॥75॥

आक्षिप्तं हस्तपादं च क्रियते यत्र वेगतः।
आक्षिप्तं नाम करणं विज्ञेयं तद् द्विजोत्तमाः ॥76॥

ऊर्ध्वाङ्गुलितलः पादः पार्श्वेनोर्ध्वप्रसारितः।
प्रकुर्यादञ्चिततलौ हस्तौ तलविलासते ॥77॥

पृष्ठतः प्रसृतः पादो द्वौ तालावर्धमेव च।
तस्यैव चानुगो हस्तः पुरतस्त्वर्गलं तु तत् ॥78॥

विक्षिप्तं हस्तपादं च पृष्ठतः पार्श्वतोऽपि वा।
एकमार्गगतं यत्र तदुविक्षिप्तमुदाहृतम् ॥79॥

47–दोनों हाथ कंधों पर झुके हों तथा पैर पीछे की ओर झुका हो, पीठ भी पीछे झुकी हो तो यह वृश्चिक करण कहलाता है (68)। 48–आलीढ़ स्थान[1] में हाथ वक्ष पर रेचित हों और ऊपर-नीचे फेंके जाएँ तो व्यंसित करण होता है (69)। 49–दोनों हाथ स्वस्तिक बना कर पार्श्व में रखे जाएँ तथा पैर निकुट्टित हो, तो इसे पार्श्वनिकुट्टित करण जानना चाहिए (70)। 50–वृश्चिक चरण बना कर पैर के अँगूठे से ललाट पर तिलक करे तो यह 'ललाटतिलक' है (71)। 51–'क्रान्तक' करण में (अतिक्रांता चारी में) एक चरण को कुञ्चित करके चारों ओर घुमा कर रखा जाता है तथा हस्त आक्षिप्त (नीचे की ओर झटके से फेंके जाते हुए) रहते हैं (72)। 52–दाहिने पैर को पहले (घुटना मोड़ कर) झुकाए तथा दाहिना हाथ कुञ्चित होकर ऊपर की ओर (अलपल्लव बनाकर) बायीं ओर लाया जाय तो यह कुञ्चित करण है (73)। 53–फैलाई भुजाओं और झुके देह से (अड्डिता चारी[2] करते हुए) चक्रमंडल करण होता है (74)। 54–दोनों पैरों से स्वस्तिक की स्थिति में स्थितावर्ता[3] चारी की जाए और दोनों हाथ उरोमंडल[4] की स्थिति में लाए जाएँ तो 'उरोमंडल' करण होता है (75)। 55–(आक्षिप्ता चारी में) वेग से हाथों और पैरों को झटका देकर भूमि पर पटका जाए तो आक्षिप्त करण होगा (76)। 56–दाहिना पैर तलवे और अँगुलियों को ऊपर करके पार्श्व में ऊपर की ओर फैलाया जाए तथा दोनों हाथ (पताक की स्थिति में) एक दूसरे से सिकुड़ कर संश्लिष्ट होते हों तो यह 'तलविलसित' करण है (77)। 57–दाहिना पैर पीछे फैलाते हुए ढाई ताल[5] की दूरी पर रखे और दाहिना हाथ उसी का अनुगमन करे, तो 'अर्गल' करण बनता है (78)। 58–(विद्युद्भ्रांता तथा दण्ड-पादा चारी के द्वारा) हाथों और पैरों को दोनों पार्श्वों में एक साथ फेंके, तो 'विक्षिप्त' करण कहा जाता है (79)।

---

1. नाशा. (10.67) आलीढ़ स्थान–दाहिने पैर को पाँच ताल की दूरी पर मंडलाकार प्रसारित करने पर।
2. अड्डिता चारी के लिए द्र. सं. नाशा 10.21।
3. स्थितावर्ता (स्थिरावर्ता) चारी के लिए द्र.–सं. नाशा. 10.18।
4. उरोमंडल बद्धा चारी (सं. नाशा. 10.19) के साथ उरोमंडल नृत्त हस्त (नाशा. 9. 204) में होगा।
5. ताल।

प्रसार्य कुञ्चितं पादं पुनरावर्तयेत् द्रुतम्।
प्रयोगवशगौ हस्तौ तदावर्तमुदाहृतम् ॥80॥

कुञ्चितं पादमुत्क्षिप्य पार्श्वात् पार्श्वं तु डोलयेत्।
प्रयोगवशगौ हस्तौ डोलापादं तदुच्यते ॥81॥

आक्षिप्तं हस्तपादं च त्रिकं चैव विवर्तयेत्।
रेचितौ च तथा हस्तौ विवृत्ते करणे द्विजाः ॥82॥

सूचीविद्धं विधायाथ त्रिकं तु विनिवर्तयेत्।
करौ च रेचितौ कार्यौ विनिवृत्ते द्विजोत्तमाः ॥83॥

पार्श्वक्रान्तक्रमं कृत्वा पुरस्तादथ पातयेत्।
प्रयोगवशगौ हस्तौ पार्श्वक्रान्तं तदुच्यते ॥84॥

पृष्ठतः कुञ्चितः पादो वक्षश्चैव समुन्नतम्।
तिलके च करः स्थाप्यस्तन्निस्तम्भितमुच्यते ॥85॥

पृष्ठतो वलितं पादं शिरोघृष्टं प्रसारयेत्।
सर्वतो मण्डलाविद्धं विद्युद्भ्रान्तं तदुच्यते ॥86॥

अतिक्रान्तक्रमं कृत्वा पुरस्तात् सम्प्रसारयेत्।
प्रयोगवशगौ हस्तौ अतिक्रान्ते प्रकीर्तितौ ॥87॥

आक्षिप्तं हस्तपादं च त्रिकं चैव विवर्तितम्।
द्वितीयो रेचितो हस्तो विवर्तितकमेव तत् ॥88॥

कर्णेऽञ्चितः करो वामो लताहस्तश्च दक्षिणः।
दोलापादस्तथा चैव गजक्रीडितकं भवेत् ॥89॥

द्रुतमुत्क्षिप्य चरणं पुरस्तादथ पातयेत्।
तलसंस्फोटितौ हस्तौ तलसंस्फोटिते मतौ ॥90॥

पृष्ठप्रसारितः पादः लतारेचितकौ करौ।
समुन्नतं शिरश्चैव गरुडप्लुतकं भवेत् ॥91॥

59–कुञ्चित चरण को फैलाकर शीघ्रता से लौटा ले तथा दोनों हाथ (उद्वेष्टित अपवेष्टित या दोला हस्त में) प्रयोग रत हों तो आवर्त करण है (80)। 60–कुञ्चित पैर को उठा कर एक पार्श्व से दूसरे पार्श्व में झुलाए तथा दोनों हाथ प्रयोगरत हों (दोलापादाचारी[1] और दोला हस्त[2] के साथ) तो 'डोलापाद' करण होता है (81)। 61–विवृत्त करण में हाथ और पैर को बाहर की ओर उछाल दे तथा त्रिक को चक्कर देकर घुमाये तथा दोनों हाथ (हंसपक्ष) में रेचित हों (82)। 62–सूचीविद्धा चारी का प्रयोग कर त्रिक को चक्कर में घुमाए और दोनों हाथ रेचित हों तो विनिवृत्त करण होता है (83)। 63–(पार्श्वक्रान्ता चारी में) पैरों को आगे की ओर पटके तथा हाथ प्रयोगरत हों तो यह 'पार्श्वक्रान्त' करण कहलाता है (84)।

64–दाहिना पैर पीछे की ओर कुञ्चित हो और वक्ष समुन्नत हो तथा हाथ तिलक लगाने की मुद्रा में हो तो यह निस्तम्भित करण कहलाता है (85)। 65–दाहिना पैर पीछे की ओर चक्राकार घुमाते हुए सिर के आस-पास घुमाए तो विद्युद्भ्रांत करण होगा (86)। 66–अतिक्रांता चारी करके दोनों हाथों को आगे की ओर फैला कर प्रयोगरत दिखाए तो 'अतिक्रांत' करण है (87)।

67–एक हाथ और एक पैर को ऊपर की ओर उछाल दे तथा त्रिक को चक्कर में गोल घुमाए, दूसरा हाथ रेचित हो तो यह विवर्तितक है (88)।

68–बायाँ हाथ कान के पास सिकोड़ कर ले जाए, दाहिना लताहस्त की स्थिति में रहे और दाहिना पैर दोलापद की स्थिति में तो यह 'गजक्रीडितक' होगा (89)। 69–'तलसंस्फोटित' करण में दाहिना पैर तेजी से उठाकर सामने नीचे गिराए तथा दोनों हाथ तलसंस्फोटित[3] की स्थिति में हों (90)। 70–दाहिना पैर पीछे फैलाया हो, दोनों हाथ लतारेचित की स्थिति में हों और सिर समुन्नत हो, तो 'गरुडप्लुतक' होगा (91)।

---

1. द्र.–सं. नाशा. 10.34
2. द्र.–सं. नाशा. 9.68
3. तलसंस्फोटित–दो पताक हस्तों को शब्द करते हुए मिलाने पर बनता है।

सूचीपादो नतं पार्श्वमेको वक्षः स्थितः करः।
द्वितीयश्चाञ्चितो गण्डे गण्डसूची तदुच्यते ॥92॥

ऊर्ध्वापवेष्टितौ हस्तौ सूचीपादो विवर्तितः।
परिवृत्तत्रिकं चैव परिवृत्तं तदुच्यते ॥93॥

एकः समस्थितः पाद ऊरुपृष्ठे स्थितोऽपरः।
मुष्टिहस्तश्च वक्षःस्थः पार्श्वजानु तदुच्यते ॥94॥

पृष्ठप्रसारितः पादः किञ्चिदञ्चितजानुकः।
यत्र प्रसारितौ बाहू तत् स्याद् गृध्रावलीनकम् ॥95॥

उत्प्लुत्य चरणौ कार्यावग्रतः स्वस्तिकस्थितौ।
सन्नतौ च तथा हस्तौ सन्नतं तदुदाहृतम् ॥96॥

कुञ्चितं पादमुत्क्षिप्य कुर्यादग्रस्थितं भुवि।
प्रयौगवशगौ हस्तौ सा सूची परिकीर्तिता ॥97॥

अलपद्मः शिरोहस्तः सूचीपादश्च दक्षिणः।
यत्र तत्करणं ज्ञेयमर्धसूचीति नामतः ॥98॥

पादसूच्या यदा पादो द्वितीयस्तु प्रविध्यते।
कटिवक्षःस्थितौ हस्तौ सूचीविद्धं तदुच्यते ॥99॥

कृत्वोरुवलितं पादमपक्रान्तक्रमं न्यसेत्।
प्रयोगवशगौ हस्तावपक्रान्तं तदुच्यते ॥100॥

वृश्चिकं चरणं कृत्वा रेचितौ च तथा करौ।
तथा त्रिकं विवृत्तं च मयूरललितं भवेत् ॥101॥

अञ्चितापसृतौ पादौ शिरश्च परिवाहितम्।
रेचितौ च तथा हस्तौ तत् सर्पितमुदाहृतम् ॥102॥

नूपुरं चरणं कृत्वा दण्डपादं प्रसारयेत्।
क्षिप्राविद्धकरं चैव दण्डपादं तदुच्यते ॥103॥

71–यदि एक पैर 'सूची'[1] में हो, पार्श्व झुका हो, एक हाथ वक्ष पर स्थित हो और दूसरा गण्डस्थल (कनपटी) के पास सिकोड़ कर लाया गया हो तो यह 'गण्डसूची' करण कहलाता है (92)। 72–दोनों हाथ ऊपर की ओर अपवेष्टित[2] करके उठाए जाएँ तथा 'सूची' चारी में पैर को घुमा कर साथ में त्रिक को भ्रमरी चारी के द्वारा घुमाया जाए तो परिवृत्त कहलाता है (93)। 73–एक पैर समपाद चारी में और दूसरा ऊरु के पीछे लगा हो तथा मुष्टि हस्त बना कर वक्ष पर रखा गया हो, तो यह पार्श्वजानु कहलाता है (94)। 74–एक पैर थोड़ा घुटना मोड़कर दोनों भुजाएँ (दोनों पार्श्वों में लताहस्त बना कर) प्रसारित की जाएँ तो गृध्रावलीनक करण होता है (95)। 75–उछलकर दोनों पैरों को हरिणप्लुता[3] चारी में आगे की ओर स्वस्तिक की स्थिति में रखा जाए, दोनों हाथ (दोला-हस्त की स्थिति में) झुके हों तो सन्नत करण होता है (96)। 76–कुञ्चित पैर को उठाकर आगे की ओर भूमि पर रखा जाए और दोनों हाथ नृत्य के अनुसार प्रयोगरत हों, तो यह सूची करण है (97)। 77–एक हाथ अलपद्‌म को स्थिति में सिर तक ले जाया जाए, दाहिना पैर सूची की स्थिति में हो तो इस करण की 'अर्धसूची' कहते हैं (98)। 78–एक पैर सूची की स्थिति में दूसरे पैर की एड़ी से सटा हो, दोनों हाथ क्रमशः (पक्षवञ्चितक[4] या अर्धचन्द्र[5] बना कर) कमर तथा (खटकामुख[6] बन कर) वक्ष पर हों तो यह सूचीविद्ध कहलाता है (99)। 79–अपक्रान्ता चारी में दोनों पाँवों के ऊरुओं का वलन करे तथा दोनों हाथ प्रयोगरत हों तो यह अपक्रान्त कहलाता है (100)। 80–चरण वृश्चिक बना कर दोनों हाथ (हंसपक्ष में) रेचित हों तथा त्रिक विवृत्त[7] हो (वृश्चिक चरण को ऊरु पर निकुञ्चित करके भ्रमरिका चारी की जाए) तो यह मयूरललित करण है (101) 81–दोनों पैर अञ्चित दशा में एक दूसरे से दूर हटाए जाएँ, सिर परिवाहित[8] हो, दोनों हाथ रेचित हों तो यह सर्पित कहा जाता है (102)। 82–नूपुरपादिका[9] चारी करके दण्डपादा[10] चारी करे, हाथ तेजी से आविद्ध हो तो यह दण्डपाद कहलाता है। (103)

---

1. सूची चारी के लिए द्र.–सं. नाशा. 10.32।
2. अभिनवगुप्त के अनुसार बद्धा चारी में घुमा कर दूसरे पैर की जंघा (पिंडली) में गूँथा जाए। 3. द्र.–सं. नाशा.
4. दो त्रिपताल हस्त क्रमशः कमर व सिर पर रखने पर द्र.–नाशा. 9.200।
5. द्र.–स. नाशा. 19.20 6. द्र.–सं. नाशा 9.64
7. गोल घुमाव दिया गया।
8. परिवाहित सिर बारी-बारी से दोनों पार्श्वों में ले जाने पर होता है। (द्र.–नाशा. 8.27)।
9. द्र.–सं. नाशा. 10.33 (नाशा. 10.35)
10. द्र.–सं. नाशा. 10.42 (नाशा. 10.44)

अतिक्रान्तकरं कृत्वा समुत्प्लुत्य निपातयेत्।
जङ्घाञ्चितोपरि क्षिप्ता तद् विद्याद्धरिणप्लुतम् ॥104॥

डोलापादक्रमं कृत्वा समुत्प्लुत्य निपातयेत्।
परिवृत्तत्रिकं चैव तत्प्रेङ्खोलितमुच्यते ॥105॥

भुजावूर्ध्वविनिष्क्रान्तौ हस्तौ चाभिमुखाङ्गुली।
बद्धा चारी तथा चैव नितम्बे करणे भवेत् ॥106॥

दोलापादक्रमं कृत्वा हस्तौ तदनुगावुभौ।
रेचितौ घूर्णितौ वापि स्खलितं करणं भवेत् ॥107॥

एको वक्षःस्थितो हस्तः प्रोद्वेष्टिततलोऽपरः।
अञ्चितश्चरणश्चैव प्रयोज्यः करिहस्तके ॥108॥

एकस्तु रेचितो हस्तो लताख्यस्तु तथा परः।
प्रसर्पिततलौ पादौ प्रसर्पितकमेव तत् ॥109॥

अलातं च पुरः कृत्वा द्वितीयं च द्रुतक्रमम्।
हस्तौ पादानुगौ चापि सिंहविक्रीडिते स्मृतौ ॥110॥

पृष्ठप्रसर्पितः पादस्तथा हस्तौ निकुञ्चितौ।
पुनस्तथैव कर्त्तव्यौ सिंहाकर्षितके द्विजाः ॥111॥

आक्षिप्तहस्तमाक्षिप्तदेहमाक्षिप्तपादकम्।
उद्वृत्तगात्रमित्येतदुद्वृत्तं करणं स्मृतम् ॥112॥

आक्षिप्तश्चरणश्चैको हस्तौ तस्यैव चानुगौ।
आनतं च तथा गात्रं तथोपसृतकं भवेत् ॥113॥

दोलापादक्रमं कृत्वा तलसङ्घट्टितौ करौ।
रेचयेच्च करं वामं तलसङ्घट्टिते सदा ॥114॥

एको वक्षःस्थितो हस्तो द्वितीयश्च प्रलम्बितः।
तलाग्रसंस्थितः पादो जनिते करणे भवेत् ॥115॥

83–हरिणप्लुता चारी में हाथ ऊपर उठा कर फैला कर स्वयं उछल कर उस हाथ को गिराए, जंघा अञ्चित और ऊपर उछाली जाए तो यह हरिणप्लुत करण है (104)। 84–डोलापाद चारी करके उछल कर (भ्रमरिका चारी के अनुसार) त्रिक को घुमाव दे, तो यह प्रेङ्खोलित करण है (105)। 85–दोनों भुजाएँ (सिर के) ऊपर निकली हों, हाथों की अँगुलियाँ सामने फैली हों (पताक हस्त आमने-सामने) और साथ में 'बद्धा'[1] चारी की जाए, तो 'नितम्ब' करण होता है (106)। 86–दोनों पैरों से दोलापाद चारी करते हुए हाथ (हंसपक्ष की स्थिति में) उन पैरों के अनुगमन में संचालित हों या रेचित और घूर्णित हों तो स्खलित करण होता है (107)। 87–बायाँ हाथ वक्ष पर स्थित हो, दाहिना (कान के पास त्रिपताक की स्थिति में) प्रोद्वेष्टित[2] हो तथा पैर अञ्चित हो तो करिहस्तक करण होता है (108)। 88–एक हाथ (हंसपक्ष[3] बना कर तेजी से घुमाते हुए) रेचित किया जाए, दूसरा लता हस्त हो तथा पैर (तलसंचर[4] की स्थिति में) तलुओं को घिसते हुए आगे बढ़ें तो प्रसर्पित करण होगा (109)। 89–अलाता चारी करके दूसरे पैर को चक्राकार घुमाए और हाथों को अलाता चारी के अनुसार रखें तो यह सिंहविक्रीडित होता है (110)। 90–एक पैर पीछे की ओर फैलाया हुआ हो (वृश्चिक बना कर) दोनों हाथ (पद्मकोश और ऊर्णनाभ बना कर) निकुञ्चित हो, दूसरे पैर से वृश्चिक कर फिर उन हाथों को उसी तरह निकुञ्चित किया जाए तो सिंहाकर्षितक होता है (111)। 91–(उद्वृत्ताचारी के द्वारा) यदि हाथ, पैर और शरीर को ऊपर उछाला जाए, तो 'उद्वृत्त' करण होता है (112)।

92–आक्षिप्ता चारी में एक पैर उठाया जाए तथा दोनों हाथ उसका अनुगमन करें,[5] देह झुका हुआ हो तो उपसृतक करण होगा (113)। 93–दोलापादा चारी करके दोनों हाथ तलसङ्घट्टित हों, (वैष्णव स्थान में) बायें हाथ को (द्रुतभ्रमात्मक हंसपक्ष बना कर) रेचित करे–यह तलसङ्घट्टित करण है (114)। 94–जनित करण में एक हाथ (मुष्टिहस्त में) वक्ष पर स्थित दूसरा (लता हस्त में) फैलाया हुआ, तथा पैर अग्रतलसञ्चर (जनिता चारी में) होता है (115)।

---

1. द्र.–सं. नाशा. 10.19
2. प्रोद्वेष्टित = घुमाया हुआ।
3. हंसपक्ष नाशा. 9.104
4. तलसंचर नाशा. 9.273
5. अभि. के अनुसार आक्षिप्ता चारी बायीं ओर व्यावर्तित होगी तथा दाहिना हाथ अराल की स्थिति में रहेगा।

जनितं करणं कृत्वा हस्तौ चाभिमुखाङ्गुली।
शनैर्निपतितौ चैव ज्ञेयं तदवहित्थकम् ॥116॥

करौ वक्षःस्थितौ कार्यावुरो निर्भुग्नमेव च।
मण्डलस्थानकं चैव निवेशं करणं तु तत् ॥117॥

तलसञ्चरपादाभ्यामुत्प्लुत्य पतनं भवेत्।
सन्नतं वलितं गात्रमेलकाक्रीडितं तु तत् ॥118॥

करमावृत्तकरणमूरुपृष्ठेऽञ्चितं न्यसेत्।
जङ्घाञ्चिता तथोद्वृत्त ह्यूरुद्वृत्तं तु तद् भवेत् ॥119॥

करौ प्रलम्बितौ कार्यौ शिरश्च परिवाहितम्।
पादौ च वलिताविद्धौ मदस्खलितके द्विजाः ॥120॥

पुरः प्रसारितः पादः कुञ्चितो गगनोन्मुखः।
करौ च रेचितौ यत्र विष्णुक्रान्तं तदुच्यते ॥121॥

करमावर्तितं कृत्वा ह्यूरुपृष्ठे निकुञ्चयेत्।
ऊरुश्चैव तथाविद्धः सम्भ्रान्तं करणं तु तत् ॥122॥

अपविद्धः करः सूच्या पादश्चैव निकुट्टितः।
वक्षस्थश्च करो वामो विष्कम्भे करणे भवेत् ॥123॥

पादावुद्घट्टितौ कार्यौ तलसङ्घट्टितौ करौ।
नतश्च पार्श्वं कर्तव्यं बुधैरुद्घट्टिते सदा ॥124॥

प्रयुज्यालातकं पूर्वं हस्तौ चापि हि रेचयेत्।
कुञ्चितावञ्चितौ चैव वृषभक्रीडिते सदा ॥125॥

रेचितावञ्चितौ हस्तौ लोलितं वर्तितं शिरः।
उभयोः पार्श्वयोर्यत्र तल्लोलितमुदाहृतम् ॥126॥

स्वस्तिकापसृतौ पादौ शिरश्च परिवाहितम्।
रेचितौ च तथा हस्तौ स्यातां नागापसर्पिते ॥127॥

95—जनित करण करके दोनों हाथों की अंगुलियों को एक दूसरे के सामने रख कर धीरे-धीरे नीचे ले जाया जाए, तो अवहित्थक करण[1] होता है (116)। 96—वक्षस्थल निर्भुग्न हो, तथा दोनों हाथ इस वक्षःस्थल पर रखे जाएँ और मण्डल स्थान[2] बनाया जाए तो यह निवेश करण है (117)। 97—दोनों अग्र-तलसञ्चर की स्थिति में उछाल भर कर भूमि पर लाए जाएँ, इस पतन के समय देह को सिकोड़ा जाए, फिर वलित किया जाए तो यह एलकाक्रीडित करण है (118)। 98—(ऊरुद्वृत्ता चारी में) एक हाथ को मोड़ कर ऊरु के पीछे सिकोड़ कर रखे,[3] जंघा अञ्चित तथा उद्वृत्त[4] हो तो ऊरुद्वृत्त करण होता है (119)। 99—मदस्खलित करण में दोनों हाथ (दोला हस्त की मुद्रा में) फैलाए होते हैं, सिर परिवाहित[5] होता है, पैर झुका कर एक दूसरे में स्वस्तिक बना कर गुँथे होते हैं (120)। 100—यदि कुञ्चित पैर को ऊपर उठाते हुए आगे फैलाया जाए, दोनों हाथ रेचित हों तो विष्णुक्रान्त करण होता है (121)।

101—एक हाथ को मोड़कर ऊरु के पृष्ठ पर निकुञ्चित करे, ऊरु आविद्ध[6] हो तो संभ्रांत करण होता है (122)। 102—एक हाथ अपविद्ध हो सूची चारी करते हुए पैर निकुट्टित हो तथा बायाँ हाथ वक्षस्थ हो तो विष्कम्भ करण होता है (123)। 103—दोनों पैर उद्घट्टित हों दोनों हाथ तलसंघ तथा पार्श्व नत हो तो उद्घट्टित करण होता है (124)। 104—अलातचारी करके दोनों हाथ रेचित करे, फिर उन्हें कुञ्चित (मोड़े हुए) और अञ्चित (सिकोड़े हुए) करे तो वृषभक्रीडित करण होगा (125)। 105—दोनों हाथ रेचित और अञ्चित हों, दोनों पार्श्वों में सिर लोलित[7] तथा वर्तित[8] हो तो यह 'लोलित' करण[9] कहलाता है (126)। 106—दोनों पैर स्वस्तिक स्थिति में पीछे हटें, सिर परिवाहित हो और हाथ रेचित हों तो नागापसर्पित करण होगा (127)।

---

1. अभि. की सूचना के अनुसार इसमें कुछ आचार्य अवहित्थ हस्त का प्रयोग भी साथ में अपेक्षित मानते हैं।
2. मंडल स्थान (नाशा. 10.65)।
3. अभि. के अनुसार अराल या खटकामुख हस्त।
4. नाशा. 9.26
5. द्र.—ऊपर 4.103 पर पा. टि.।
6. गुँथा हुआ।
7. लोलित सिर सब तरफ घुमाने पर। द्र.—नाशा. 8.37
8. अभिनव के अनुसार वर्तित = विश्रमित।
9. अभिनव के अनुसार इसमें वैष्णव स्थान रहता है।

निषण्णाङ्गस्तु चरणं प्रसार्य तलसञ्चरम्।
उद्वाहितमुरः कृत्वा शकटास्यं प्रयोजयेत् ॥128॥

ऊर्ध्वाङ्गुलितलौ पादौ त्रिपताकावधोमुखौ।
हस्तौ शिरस्सन्नतं च गङ्गावतरणं त्विति ॥129॥

प्रायेण करणे कार्यो वामो वक्षःस्थितः करः।
चरणस्यानुगश्चापि दक्षिणवस्तु भवेत्करः॥130॥

अङ्गवस्तुनिवृत्तौ तु यथा वर्णनिवृत्तिषु।
तथा चाभ्युदयस्थाने नृत्तं तज्ज्ञः प्रयोजयेत् ॥131॥

यत्तु सन्दृश्यते किञ्चिद् दम्पत्योर्मदनाश्रयम्।
नृत्तं तत्र प्रयोक्तव्यं प्रहर्षार्थगुणोद्भवम् ॥132॥

यत्र सन्निहिते कान्ते ऋतुकालादिदर्शनम्।
गीतकार्थाभिसम्बद्धं नृत्तं तत्रापि चेष्यते ॥133॥

खण्डिता विप्रलब्धा वा कलहान्तरितापि वा।
यस्मिन्नङ्गे तु युवतिर्न नृत्तं तत्र न योजयेत् ॥134॥

सखी-प्रवृत्ते संलापे तथा ऽ सन्निहिते प्रिये।
नहि नृत्तं प्रयोक्तव्यं यस्या वा प्रोषितः प्रियः ॥135॥

❑

107—बैठ कर तलसंचर पैर को फैलाए, वक्षःस्थल उद्वाहित हो तो शकटास्य होता है (129)। 108—दोनों पैर तल और अंगुलियों को ऊपर उठा कर रखे हों, दोनों हाथ त्रिपताक की मुद्रा में नीचे झुकाए हों और सिर सन्नत हो तो गंगावतरण करण होता है (129)।

131—किसी भी करण के प्रयोग में प्रायः बायाँ हाथ वक्षःस्थल पर रखा जाना चाहिए। और दाहिना हाथ पाँव की गति का अनुसरण करे। (130)

131—अगवस्तु की समाप्ति (एक प्रसंग की समाप्ति) तथा वर्णनिवृत्ति (गायन में स्थायी वर्णों तक पहुँच कर रुकने) और अभ्युदय के प्रसंग में जानकार नट को नृत्त का प्रयोग करना चाहिए। (131)

जहाँ दम्पति के बीच प्रेम-चर्चा हो वहाँ अत्यधिक हर्ष से उद्भूत नृत्त का संयोजन किया जाए। जहाँ प्रिय के समीप नायिका अनुकूल ऋतु या समय का अनुभव करे वहाँ भी गीत के अर्थ से जुड़ा नृत्त हो सकता है (132-34)। जिस अंग (नाट्यप्रस्तुति के स्थल) में खण्डिता[1], विप्रलब्धा[2] या कलहान्तरिता[3] युवती हो वहाँ नृत्त का प्रयोग न करे। यदि सखियों के बीच बातचीत चल रही हो, प्रिय पास में न हो या नायिका का प्रिय विदेश गया हो[4] तो वहाँ भी नृत्त का प्रयोग न करे (135)।

❑

1. आठ प्रकार की नायिकाओं में एक। अन्य स्त्री से प्रेम होने के कारण जिसका प्रिय उसके पास न आए।—नाशा. 22.217
2. दूती भेजने पर या मिलने का तय करने पर भी जिसका प्रिय मिलने न आए। आठ नायिकाओं में यह भी है।—नाशा. 22.214
3. परस्त्री के कारण ईर्ष्यावश जो पति या प्रिय से झगड़ा करे और वह इसे छोड़ कर चला जाए।—नाशा. 22.216
4. आठ नायिकाओं में एक। इसे प्रोषितभर्तृका कहते हैं।—नाशा. 22.100

॥ अथ पञ्चमोऽध्यायः ॥

यस्माद् रङ्गे प्रयोगोऽयं पूर्वमेव प्रयुज्यते।
तस्मादयं पूर्वरङ्गो विज्ञेयो द्विजसत्तमाः ॥1॥

अस्याङ्गानि तु कार्याणि यथावदनुपूर्वशः।
तन्त्रीभाण्डसमायोगैः पाठ्ययोगकृतैस्तथा ॥2॥

प्रत्याहारोऽवतरणं तथा ह्यारम्भ एव च।
आश्रावणा वक्त्रपाणिस्तथा च परिघट्टना ॥3॥

सङ्घोटना ततः कार्या मार्गासारितमेव च।
ज्येष्ठ मध्य-कनिष्ठानि तथैवासारितानि च ॥4॥

एतानि तु बहिर्गीतान्यन्तर्जवनिकागतैः।
प्रयोक्तृभिः प्रयोज्यानि तन्त्रीभाण्डकृतानि च ॥5॥

गीतानां मद्रकादीनां योज्यमेकं तु गीतकम्।
वर्धमानमथापीह ताण्डवं यत्र युज्यते ॥6॥

ततश्चोत्थापनं कार्यं परिवर्तनमेव च।
नान्दी शुष्कावकृष्टा च रङ्गद्वारं तथैव च ॥7॥

चारी चैव ततः कार्या महाचारी तथैव च।
त्रिकं प्ररोचना चापि पूर्वरङ्गे भवन्ति हि ॥8॥

•

कुतपस्य तु विन्यासः प्रत्याहार इति स्मृतः।
तथावतरणं प्रोक्तं गायिकानां निवेशनम् ॥9॥

॥ पाँचवाँ अध्याय ॥

[पूर्वरङ्ग के संबंध में मुनियों का प्रश्न सुन कर भरत ने कहा]–हे द्विजश्रेष्ठो, पूर्वरंग का प्रयोग नाट्य प्रस्तुति के पहले रङ्ग (रंगमंच) पर किया जाता है, इसलिए इसको पूर्वरङ्ग कहते हैं। इसके (सारे) अंगों का प्रयोग विधिपूर्वक निर्धारित क्रम से वीणा, मृदंग आदि वाद्यों की संगत तथा पाठ्य[1] के योग के साथ करना चाहिए (1-2)।

[पूर्वरंग के अंतर्जवनिकागत अंगों में–] (1) प्रत्याहार (2) अवतरण (3) आरंभ (4) आश्रावणा (5) वक्त्रपाणि (6) परिघटना (7) सङ्घोटना (8) मार्गासारित (9) ज्येष्ठ, मध्य और कनिष्ठ आसारित–ये नौ अंग बहिर्गीत (गायन से रहित) कहे जाते हैं तथा जवनिका के भीतर स्थित प्रयोक्ताओं द्वारा तंत्री, भांड (वीणा, मृदंग आदि) के साथ प्रयुक्त किए जाते हैं (3-5)।

[शेष अंग जवनिका को हटाने पर इस प्रकार किए जाएँगे–]

(10) जहाँ तांडव जोड़ा जाए, वहाँ मद्रक गीतों में से कोई एक गीत जोड़ा जाए, वर्धमानक[2] जाति के गीतों में से कोई जोड़ा जाए (11) फिर उत्थापन करना चाहिए (12) फिर परिवर्तन फिर (13) नांदी (14) शुष्कावकृष्टा ध्रुवा (15) रङ्गद्वार (16) चारी (17) महाचारी (18) त्रिक और (19) प्ररोचना–क्रमशः ये अंग पूर्वरङ्ग में होते हैं (6-8)।

---

1. संवाद का गद्य या पद्य में रचित वह भाग जो गाया नहीं जाएगा। पाठ्य के निरूपण के लिए सं. नाशा. अ. 16 (नाशा. अ. 17) देखें।
2. पूर्वरङ्ग शुद्ध और चित्र दो प्रकार होता है। शुद्ध में नृत्य नहीं होता। चित्र विधि से पूर्वरङ्ग किया जाए तब वर्धमान के साथ तांडव का प्रयोग होगा।

परिगीतक्रियारम्भ आरम्भ इति कीर्त्तितः।
आतोद्यरञ्जनार्थं तु भवेदाश्रावणाविधिः ॥10॥

वाद्यवृत्तिविभागार्थं वक्त्रपाणिर्विधीयते।
तन्त्र्योजःकरणार्थं तु भवेच्च परिघट्टना ॥11॥

तथा पाणिविभागार्थं भवेत् सङ्घोटनाविधिः।
तन्त्रीभाण्डसमायोगान्मार्गासारितमिष्यते ॥12॥

कलापातविभागार्थं भवेदासारितक्रिया।
कीर्तनाद् देवतानां च ज्ञेयो गीतविधिस्तथा ॥13॥

यस्मादुत्थापयन्त्यत्र प्रयोगं नान्दिपाठकाः।
पूर्वमेव तु रङ्गेऽस्मिंस्तस्मादुत्थापनं स्मृतम् ॥14॥

यस्माच्च लोकपालानां परिवृत्य चतुर्दिशम्।
वन्दनानि प्रकुर्वन्ति तस्माच्च परिवर्तनम् ॥15॥

आशीर्वचनासंयुक्ता नित्यं यस्मात् प्रयुज्यते।
देवद्विजनृपादीनां तस्मान्नान्दीति संज्ञिता ॥16॥

अत्र शुष्काक्षरैरेव ह्यवकृष्टा ध्रुवा यतः।
तस्माच्छुष्कावकृष्टेयं जर्जरश्लोकदर्शिका ॥17॥

यस्मादभिनयस्त्वत्र प्रथमं ह्यवतार्यते।
रङ्गद्वारमतो ज्ञेयं वागङ्गाभिनयात्मकम् ॥18॥

शृंगारस्य प्रचरणाच्चारी सम्परिकीर्त्तिता।
रौद्रप्रचरणाच्चापि महाचारीति कीर्त्तिता ॥19॥

विदूषकः सूत्रधारस्तथा वै पारिपार्श्विकः।
यत्र कुर्वन्ति सञ्जल्पं तच्चापि त्रिगतं मतम् ॥20॥

[अब पूर्वरङ्ग के उक्त अंग के क्रमशः लक्षण बताते हैं]–कुतप[1] की जमावट 'प्रत्याहार' है। गायिकाओं को निर्धारित स्थान पर बिठाना 'अवतरण' है। गायन की क्रिया का (आलाप भर कर) आरंभ करना 'आरंभ'[2] है। आतोद्य (वाद्यों) को मिलाने के लिए बजाया जाना 'आश्रावणा'[3] विधि है। वाद्यों का उनकी अपनी स्थिति के अनुसार अलग-अलग बजाया जाना 'वक्त्रपाणि'[4] है। वीणा आदि तन्त्री वाद्यों में ओज लाने के लिए उनमें शुष्काक्षर[5] का प्रयोग 'परिघट्टना' है। (मृदंग आदि अवनद्य वाद्यों में) हाथ जमाने के लिए (पाँच-पाँच बार प्रहार करते हुए) सङ्घोटना विधि की जाती है। तंत्री और भांड (अवनद्य वाद्य) दोनों को मिलाकर एक साथ बजाना मार्गासारित है। कला[6] और पात[7] के विभाजन की दृष्टि से इन वाद्यों को बजाया जाना आसारित क्रिया है। [अब बहिर्जवनिकागत अंग बताते हैं] देवताओं का नाम संकीर्तन या स्तुति गाना 'गीतविधि' है। नांदी-पाठक जिसके द्वारा प्रयोग को पहले पहल उठाते (आरंभ कराते) हैं वह उत्थापन है। प्रयोक्तागण चारों दिशाओं में परिक्रमा करके लोकपालों (दिशाओं के अधिष्ठाता देवों) की वंदना करते हैं तो यह 'परिवर्तन' है। आशीर्वाद से युक्त, प्रत्येक प्रयोग में प्रतिदिन प्रयुक्त होने वाली देवता, द्विज, राजा आदि की स्तुति 'नांदी' है। शुष्काक्षरों से अवकृष्टा ध्रुवा का गाया जाना शुष्कावकृष्टा है जो जर्जर की स्तुति के श्लोक के साथ गायी जाती है। प्रयुक्त होने वाले रूपक के लिए द्वार के समान होने के कारण 'रंगद्वार' नाम पड़ा है। इसमें पाठ्य के साथ आंगिक आदि अभिनय की पहली बार अवतारणा की जाती है। (चारी, अंगहार आदि के प्रयोग के साथ नायिका के चरित्र के संकेत के लिए) शृंगारपूर्ण प्रचार (मंच पर चलना) चारी है तथा (शिव के त्रिपुरदाह के अवसर पर) रौद्र रस का संकेत देते हुए प्रचार महाचारी है। विदूषक सूत्रधार तथा पारिपार्श्विक की आपस में (प्रयुक्त होने वाले रूपक का संकेत देते हुए) बातचीत त्रिक या त्रिगत मानी गई है[8] (9-20)।

---

1. गायक-गायिकाओं और वादकों का समूह (आर्केस्ट्रा)
2. अभि. के अनुसार आरंभ का दूसरा नाम 'आलाप' है।
3. आलाप के पश्चात् तालप्रधान वाद्यों को मिलाने के लिए आश्रावणा होती है।
4. वक्त्र = मुख या आरंभ। पाणि = हाथ। अभि. के अनुसार इसमें वेणु (वंशी) के स्वर का मिलान किया जाता है।
5. शुष्काक्षर = मृदंग या तबले के बोल (परण) जिनका अलग से कोई अर्थ नहीं होता।

6, 7. कला, पात और लय ये घन वाद्यों के तीन गुण हैं। आवाप आदि क्रियाओं से काल का परिच्छेद कला है, कला को शब्द से श्रुतिगोचर बनाया जाता है।

8. आश्रावणा, आरंभ, वक्त्रपाणि संघोटना तथा परिघट्टना–इन पाँच अंगों का विस्तृत निरूपण नाशा. 29वें अध्याय में है, तथा ध्रुवाओं का 32वें में।

उपक्षेपेण काव्यस्य हेतुयुक्तिसमाश्रया।
सिद्धेनामन्त्रणा या तु विज्ञेया सा प्ररोचना ॥21॥

प्रयुज्य गीतकविधिं वर्धमानमथापि च।
गीतकान्ते ततश्चापि कार्या ह्युत्थापनी ध्रुवा ॥22॥

आदौ द्वे च चतुर्थं चाप्यष्टमैकादशे तथा।
गुर्वक्षराणि जानीयात्पादे ह्येकादशाक्षरे ॥23॥

चतुष्पदा भवेत्सा तु चतुरश्रा तथैव च।
चतुर्भिस्सन्निपातैश्च त्रिलया त्रियतिस्तथा ॥24॥

परिवर्ताश्च चत्वारः पाणयस्त्रय एव च।
जात्या चैव हि विश्लोका तां च तालेन योजयेत् ॥25॥

शम्या तु द्विकला कार्या तालो द्विकल एव च।
पुनश्चैक कला शम्या सन्निपातः कलात्रयम् ॥26॥

एवमष्टकलः कार्यः सन्निपातो विचक्षणैः।
चत्वारः सन्निपाताश्च परिवर्तः स उच्यते ॥27॥

पूर्वं स्थितलयः कार्यः परिवर्तो विचक्षणैः।
तृतीये सन्निपाते तु तस्य भाण्डग्रहो भवेत् ॥28॥

एकस्मिन् परिवर्ते तु गते प्राप्ते द्वितीयके।
कार्यं मध्यलये तज्ज्ञैः सूत्रधारप्रवेशनम् ॥29॥

पुष्पाञ्जलिं समादाय रक्षामङ्गलसंस्कृताः।
शुद्धवस्त्राः सुमनस्तथा चाद्भुतदृष्टयः ॥30॥

हेतु और युक्ति का आश्रय ले कर सिद्धि[1] के द्वारा (प्रेक्षकों को) आमंत्रित करते हुए प्रस्तुत किए जाने वाले रूपक के विषय की पूर्वसूचना देना प्ररोचना है (21)।

[अब उत्थापन आदि अंगों का विशेष लक्षण बताते हैं–] गीतका (गीत नामक पूर्वरंग के दसवें अंग का) प्रयोग करके या उसमें वर्धमानक जाति के गीत का प्रयोग कर (ग्यारहवें अंग उत्थापन में) उत्थापनी ध्रुवा का प्रयोग करना चाहिए। (इस ध्रुवा का स्वरूप इस प्रकार है)–इसके प्रत्येक चरण में ग्यारह अक्षर होते हैं जिसमें आरंभ के दो, चौथा, आठवाँ तथा ग्यारहवाँ अक्षर गुरु होता है।[2] इस प्रकार (ग्यारह-ग्यारह अक्षरों के) चार पाद इस ध्रुवा में होते हैं यह चच्चत्पुट या चतुरश्र ताल के साथ गाई जाती है। (प्रत्येक पाद के अन्त में एक-एक सन्निपात रख कर) इसमें चार सन्निपात[3] होते हैं तथा तीन प्रकार की लय (विलंबित, मध्य, द्रुत) और त्रिविध यतियाँ[4] (समा, स्रोतोवहा तथा गोपुच्छ) इसमें रहती हैं। गान क्रिया की चारों वृत्तियाँ (परिवर्त)[5] इसमें होती हैं तथा तीन पाणि[6] (समपाणि, अवपाणि तथा उपरिपाणि) भी इसमें प्रयुक्त होते हैं। वृत्त की जाति की दृष्टि से यह ध्रुवा विश्लोका[7] जाति में आती है, उसे ताल में संयोजित करना चाहिए। ताल का क्रम इस प्रकार होगा–दो कला की शम्या[8], फिर दो कला की ताल, फिर एक कला की शम्या और तीन कला का सन्निपात। इस प्रकार आठ कलाओं वाले सन्निपात इस ध्रुवा में होते हैं। चार सन्निपात मिला कर एक परिवर्त बनता है। पहला परिवर्त विलंबित लय में किया जाना चाहिए। तृतीय सन्निपात से मृदंग आदि पुष्कर वाद्य उसकी संगत में बजाए जाएँ। एक परिवर्त पूरा होने पर दूसरा परिवर्त आते ही मध्य लय में सूत्रधार का प्रवेश कराया जाए। पुष्पाञ्जलि लेकर रक्षासूत्र या मांगलिक सूत्र से संस्कृत शुद्ध वस्त्र तथा शुद्ध मन वाले अद्भुता दृष्टि से युक्त तीन लोग (सूत्रधार तथा दो पारिपार्श्विक) एक साथ प्रवेश करें (22-30)।

---

1. **सिद्धि** के निरूपण के लिए–द्र.–सं. नाशा. अ. 26 (नाशा. अ. 27)
2. एक मात्रा वाला स्वर या व्यंजन लघु तथा दो मात्रा वाला गुरु जानना चाहिए। जैसे अ या क लघु है। 'आ' या 'का' गुरु।

3, 8. शम्या और सन्निपात के लिए अगले पृष्ठ पर पाद टि. द्र.

4. **लय तालों के बीच** में विराम
5. गान क्रिया की आवृत्ति (दो राना)
6. हाथ की ऊपर, नीचे तथा सामने गति
7. **विश्लोका** के लिए–द्र.–नाशा. 32.148

स्थानं तु वैष्णवं कृत्वा सौष्ठवाङ्गपुरस्कृतम्।
दीक्षिताः शुचयश्चैव प्रविशेयुः समं त्रयः ॥31॥

भृङ्गारजर्जरधरौ भवेतां पारिपार्श्विकौ।
मध्ये तु सूत्रभृत् ताभ्यां वृत्तः पञ्चपदीं व्रजेत् ॥32॥

पदानि पञ्च गच्छेयुर्ब्रह्मणो यजनेच्छया।
पदानाञ्चापि विक्षेपं व्याख्यास्याम्यनुपूर्वशः ॥33॥

त्रितालान्तरविष्कम्भमुत्क्षिपेच्चरणं शनैः।
पार्श्वोत्थानोत्थितं चैव तन्मध्ये पातयेत् पुनः ॥34॥

एवं पञ्चपदीं गत्वा सूत्रधारः सहेतरः।
सूचीं वामपदे दद्याद् विक्षेपं दक्षिणेन च ॥35॥

पुष्पाञ्जल्यपवर्गश्च कार्यो ब्राह्मेऽथ मण्डले।
रङ्गपीठस्य मध्ये तु स्वयं ब्रह्मा प्रतिष्ठितः ॥36॥

ततः सलिलतैर्हस्तैरभिवन्द्य पितामहम्।
अभिवादानि कार्याणि त्रीणि हस्तेन भूतले ॥37॥

कालप्रकर्षहेतोश्च पादानां प्रविभागतः।
सूत्रधारप्रवेशाद्यो वन्दनाभिनयात्मकः ॥38॥

द्वितीयः परिवर्तस्तु कार्यो मध्यलयाश्रितः।
ततः परं तृतीये तु मण्डलस्य प्रदक्षिणम् ॥39॥

भवेदाचमनं चैव जर्जरग्रहणं तथा।
उत्थाय मण्डलात् तूर्णं दक्षिणं पादमुद्धरेत् ॥40॥

देह को सौष्ठव की स्थिति[1] में रखकर वैष्णव स्थान बना कर दीक्षित और पवित्र वे तीनों एक साथ प्रवेश करें (31)।

दोनों पारिपार्श्विक क्रमशः शृंगार और जर्जर धारण किए रहेंगे। उनके बीच सूत्रधार पाँच कदम चले (32)।

उसके साथ ब्रह्मा की पूजा की इच्छा से दोनों पारिपार्श्विक भी पाँच कदम चलेंगे। इन पाँचों चरणों का विन्यास इस प्रकार होगा—तीनों लोग तीन ताल[2] के अंतर से अपना-अपना पैर धीरे-धीरे ऊपर उठाएँ फिर अपने पार्श्व में उसे टिकाएँ। इस प्रकार पाँच चरण चल कर सूत्रधार अपने साथियों के साथ सूची चारी का प्रदर्शन बायें पैर से करके दाहिने पैर से विक्षेप करे (33-35)।

फिर ब्राह्ममंडल में पुष्पांजलि को छोड़ना चाहिए। यह ब्राह्ममंडल रंगपीठ के बीच में होता है, जिसमें साक्षात् ब्रह्मा प्रतिष्ठित होते हैं (36-38)।

फिर ललित हस्त के द्वारा पितामह ब्रह्मा की वंदना करके भूतल पर तीन बार हाथ से स्पर्श करके प्रणाम करना चाहिए और इनके साथ पैरों को काल के (कलाओं में) विभाजन के अनुसार रखा जाना चाहिए। सूत्रधार के प्रवेश से लेकर वंदना तक का यह द्वितीय परिवर्त मध्य लय में होगा। उसके पश्चात् तृतीय परिवर्त में मंडल की प्रदक्षिणा, आचमन और जर्जर का ग्रहण होता है। फिर ब्राह्ममंडल से तेजी से उठकर सूत्रधार दाहिना पैर उठाए, उससे वेध[3] करे और बायें पैर से विक्षेप करे, फिर पार्श्व में दाहिना पैर उठाए (39-41)।

---

1. सौष्ठव के लक्षण के लिए देखें—सं. नाशा. 10.52-53
2. ताल—एक बालिस्त की दूरी।
3. वेध—एक पैर की एड़ी के पीछे दूसरे पैर को पटकना (अभि.)।

टिप्पणी—अभिनवगुप्त के अनुसार दाहिने हाथ को दाहिनी ओर ले जाना शम्या है। उसे बायीं हथेली पर पटकना ताल है तथा दोनों हथेलियों को आमने-सामने एक-दूसरे की ओर बढ़ा कर (Horizontal गति में) ताली देना 'सन्निपात' है।

वेधं तेनैव कुर्वीत विक्षेपं वामकेन तु।
पुनश्च दक्षिणं पादं पार्श्वसंस्थं समुद्धरेत् ॥41॥

ततश्च वामवेधस्तु विक्षेपो दक्षिणस्य च।
इत्यनेन विधानेन सम्यक् कृत्वा प्रदक्षिणम् ॥42॥

भृङ्गारभृतमाहूय शौचं चापि समाचरेत्।
यथान्यायं तु कर्तव्या तेन ह्याचमनक्रिया ॥43॥

आत्मप्रोक्षणमेवाद्भिः कर्तव्यं तु यथाक्रमम्।
प्रयत्नकृतशौचेन सूत्रधारेण यत्नतः ॥44॥

सन्निपातसमं ग्राह्यो जर्जरो विघ्नजर्जरः।
प्रदक्षिणाद्यो विज्ञेयो जर्जरग्रहणान्तकः ॥45॥

तृतीयः परिवर्तस्तु विज्ञेयो वै द्रुते लये।
गृहीत्वा जर्जरं त्वष्टौ कला जप्यं प्रयोजयेत् ॥46॥

वामवेधं ततः कुर्याद् विक्षेपं दक्षिणस्य च।
ततः पञ्चपदीं चैव गच्छेत् तु कुतपोन्मुखः ॥47॥

वामवेधस्तु तत्रापि विक्षेपो दक्षिणस्य तु।
जर्जरग्रहणाद्यो ऽयं कुतपाभिमुखान्तकः ॥48॥

चतुर्थः परिवर्तस्तु कार्यो द्रुतलये पुनः।
करपादनिपातास्तु भवन्त्यत्र तु षोडश ॥49॥

त्र्यश्रे द्वादश पातास्तु भवन्ति करपादयोः।
वन्दनान्यथ कार्याणि त्रीणि हस्तेन भूतले ॥50॥

फिर वामवेध (सूची चारी) और दाहिने पैर का विक्षेप करे। इस विधान से यथारीति प्रदक्षिणा करके भृंगारधारण करनेवाले पारिपार्श्विक को बुला कर (भृंगार के जल से अपने को) पवित्र करे और उसी जल से यथोचित रीति से आचमन क्रिया करे और अपना प्रोक्षण[1] करे। इस प्रकार प्रयत्नपूर्वक अपनी शुद्धि कर चुकने पर सूत्रधार सन्निपात के साथ जर्जर को हाथ में ले जो विघ्नों को जर्जर करने वाला है। प्रदक्षिणा से लेकर जर्जरग्रहण तक का तृतीय परिवर्त[2] द्रुत लय में होता है। जर्जर को धारण करके आठ कला[3] तक मंत्र का जाप करे, फिर वामवेध (सूची चारी) और दाहिने पैर के द्वारा विक्षेप करे, फिर कुतप की ओर मुँह करके पाँच कदम चले (42-47)।

इस चलने के समय भी वामवेध के साथ दाहिने पैर का विक्षेप होगा। जर्जरग्रहण से लगा कर कुतप की ओर चलने तक का यह चौथा परिवर्त द्रुत लय में होगा तथा इसमें हाथ और पैरों के सोलह निपात होंगे, जबकि त्र्यश्र (पूर्वरंग) में हाथ और पैरों के बारह निपात ही होते हैं। इस समय हाथ से भूतल स्पर्श कर तीन बार वंदना करनी चाहिए (48-50)।

---

1. **प्रोक्षण**—जल छिड़ककर पवित्र करना।
2. **परिवर्त**—चार सन्निपात मिलाकर एक परिवर्त होता है।—नाशा. (5.63)
3. **कला**—कला, पात और लय—इनका उपयोग वाद्यों के वादन में होता है। पाँच निमेष (एक निमेष = एक लघु या ह्रस्व अक्षर का उच्चारण) मिलाकर एक मात्रा होती है। मात्रा के योग से कला बनती है। कला के द्वारा निर्धारित होने वाला समय लय को उत्पन्न करता है (नाशा. 31.1-4)।
   अभि. के अनुसार आवाप आदि के द्वारा काल का परिच्छेद (परिसीमन) करना कला है।

आत्मप्रोक्षणमद्भिश्च त्र्यश्रे नैव विधीयते।
एवमुत्थापनं कार्यं ततस्तु परिवर्तनम् ॥51॥

चतुरश्रं लये मध्ये सन्निपातैरथाष्टभिः।
यस्या लघूनि सर्वाणि केवलं नैधनं गुरु ॥52॥

भवेदतिजगत्यां तु सा ध्रुवा परिवर्तनी।
वार्तिकेन तु मार्गेण वाद्येनानुगतेन च ॥53॥

ललितैः पादविन्यासैर्वन्द्या देवा यथादिशम्।
द्विकलं पादपतनं पादचार्यां गतं भवेत् ॥54॥

वामपादेन वेधस्तु कर्तव्यो नाट्ययोक्तृभिः।
द्वितालान्तरविष्कम्भो विक्षेपो दक्षिणस्य च ॥55॥

ततः पञ्चपदीं गच्छेदतिक्रान्तैः पदैरथ।
ततो ऽभिवादनं कुर्याद् देवतानां यथादिशम् ॥56॥

वन्देत प्रथमं पूर्वां दिशं शक्राधिदेवताम्।
द्वितीयां दक्षिणामाशां वन्देत यमदैवताम् ॥57॥

वन्देत पश्चिमामाशां ततो वरुणदैवताम्।
चतुर्थीमुत्तरामाशां वन्देत धनदाश्रयाम् ॥58॥

दिशां तु वन्दनं कृत्वा वामवेधं प्रयोजयेत्।
दक्षिणेन च कर्तव्यं विक्षेपपरिवर्त्तनम् ॥59॥

प्राङ्मुखस्तु ततः कुर्यात्पुरुषस्त्रीनपुंसकैः।
त्रिपद्या सूत्रभृद्रुद्रब्रह्मोपेन्द्राभिवादनम् ॥60॥

त्र्यश्र पूर्वरंग में जल से सूत्रधार अपना प्रोक्षण नहीं करता। इस प्रकार उत्थापन की विधि करनी चाहिए, उसके पश्चात् फिर परिवर्तन की (51)।

(अब परिवर्तन या परिवर्तनी ध्रुवा की विधि बताते हैं–) यह परिवर्तनी ध्रुवा चतुरश्र ताल से युक्त, मध्य लय में गाई जाने वाली होती है। इसमें आठ सन्निपात होते हैं। इसमें त्रयोदश अक्षर वाला अतिजगती[1] छंद प्रयुक्त होता है, जिसमें सभी अक्षर लघु रहते हैं, केवल अंतिम वर्ण ही गुरु होता है। इसमें सूत्रधार वार्तिक मार्ग[2] (जिसमें चार मात्राओं की एक कला होती है) से वाद्यों के द्वारा अनुगमन किया जाता हुआ ललित चरणविन्यास के द्वारा अलग-अलग दिशाओं में चल कर उन दिशाओं के देवों की वंदना करे। इस समय जो पादचारी की जाती है उसका प्रत्येक कदम दो कला के प्रमाण से रखा जाता है। यहाँ भी नाट्य के प्रयोक्ता सूची चारी तथा दो ताल का अंतर रखते हुए उसके साथ दाहिने पैर का विक्षेप करते हैं (52-55)।

फिर अतिक्रांता चारी का प्रयोग कर पाँच कदम चले और फिर दिशाओं के अनुसार देवताओं की वंदना करे। (56)

पहले पूर्वदिशा की वंदना करे, जिसका देवता इंद्र है, फिर दक्षिण दिशा की जिसका देवता यम है (57)।

फिर वरुण देवता वाली पश्चिम दिशा की ओर फिर कुबेर देवता वाली उत्तर दिशा की वंदना करे। दिशाओं की वंदना करके वामवेध का प्रयोग करे और दाहिने पैर से विक्षेप और परिवर्तन (गोल घूमना) करे। फिर पूर्व की ओर मुख कर पुरुष, स्त्री और नपुंसक लक्षण वाले तीन डग भरता हुआ सूत्रधार रुद्र, ब्रह्मा और विष्णु का अभिवादन करे (58-60)।

---

1. ग्यारह अक्षरों वाला जाति छन्द। द्र.–नाशा. 32.38।
2. वार्तिक मार्ग–तीन मार्गों में से एक, जिसमें एक पदभाग (कला) चार मात्राएँ मिला कर बनता है।

दक्षिणं तु पदं पुंसो वामं स्त्रीणां प्रकीर्त्तितम्।
पुनर्दक्षिणमेव स्यान्नात्युत्क्षिप्तं नपुंसकम् ॥61॥

वन्देत पौरुषेणेशं स्त्रीपदेन जनार्दनम्।
नपुंसकपदेनापि तथैवाम्बुजसम्भवम् ॥62॥

परिवर्तनमेव स्यात् तस्यान्ते प्रविशेत् ततः।
चतुर्थकारः पुष्पाणि प्रगृह्य विधिपूर्वकम् ॥63॥

यथावत् तेन कर्तव्यं पूजनं जर्जरस्य तु।
कुतपस्य च सर्वस्य सूत्रधारस्य चैव हि ॥64॥

तस्य भाण्डसमः कार्यस्तज्ज्ञैर्गतिपरिक्रमः।
न तत्र गानं कर्तव्यं तत्र स्तोभक्रिया भवेत् ॥65॥

चतुर्थकारः पूजां तु कृत्वान्तर्हितो भवेत्।
ततो गेयावकृष्टा तु चतुरश्रा स्थिता ध्रुवा ॥66॥

गुरुप्राया तु सा कार्या तथा चैवावपाणिका।
स्थायिवर्णाश्रयोपेता कलाष्टकविनिर्मिता ॥67॥

सूत्रधारः पठेत् तत्र मध्यमं स्वरमाश्रितः।
नान्दीं पदैर्द्वादशभिरष्टभिर्वाप्यलङ्कृताम् ॥68॥

नमोऽस्तु सर्वदेवेभ्यो द्विजातिभ्यः शुभं तथा।
जितं सोमेन वै राज्ञा शिवं गोब्राह्मणाय च ॥69॥

ब्रह्मोत्तरं तथैवास्तु हता ब्रह्मद्विषस्तथा।
प्रशास्त्विमां महाराजः पृथिवीं च ससागराम् ॥70॥

दाहिना पैर पुरुष का, बायाँ पैर स्त्री का तथा फिर से उठाया दाहिना पैर नपुंसक का होता है (61)। पुरुष चरण से ईश (शिव) की, स्त्री-चरण से जनार्दन (विष्णु) की तथा नपुंसक चरण से ब्रह्मा की वंदना करे (62)। इस प्रकार परिवर्तनी ध्रुवा की यह विधि होगी, उसके अंत में पुष्प हाथ में लेकर चतुर्थकार (सूत्रधार तथा दोनों पारिपार्श्विकों के अतिरिक्त अन्य नट) विधिपूर्वक प्रवेश करेगा (63)। उसे भी यथाविधि जर्जर की पूजा करनी चाहिए तथा सारे कुतप और सूत्रधार की भी पूजा करनी चाहिए (64)। इस पूजा के समय इसकी परिक्रमा की गति वाद्यों के अनुसार हो। इस समय गीत नहीं गाए जाएँगे केवल स्तोभक्रिया (अर्थहीन अक्षर वाले बोल बोलना) होगी (65)। इस प्रकार पूजा पूरी कर यह चतुर्थकार चला जाएगा। फिर चतुरश्र ताल और विलंबित लय में अवकृष्टा ध्रुवा[1] गाई जाएगी। इस अवकृष्टा ध्रुवा में प्रायः सभी वर्ण गुरु होंगे, अवपाणि ताल साथ में प्रयुक्त होगा तथा यह स्थिर या स्थायी वर्णों[2] पर आश्रित होगी और आठ कलाओं से रची जाएगी (66-67)।

अब सूत्रधार मध्यम स्वर का आश्रय लेकर बारह या आठ पदों से अलंकृत नांदी का पाठ करेगा। (इस नांदी का नमूना इस प्रकार है)—सब देवों को हमारा नमस्कार हो, ब्राह्मणों का भी शुभ हो सदा। और राजा सोम की विजय हो, गो ब्राह्मणों का सदा कल्याण हो। ब्राह्मणों की निरंतर उन्नति होती रहे, ब्रह्मद्वेषियों का अब नाश हो जाए और महाराज सागर-सहित इस पृथ्वी पर शासन करें (68-70)।

1. शुष्कावकृष्टा ध्रुवा के लिए द्र.—नाशा. (5.111)। सं. नाशा. (5.75)।
2. जिसमें सभी स्वर सम हों वह स्थायी वर्ण है (नाशा. 29.19)।

राष्ट्रं प्रवर्धतां चैव रङ्गस्याशा समृद्ध्यतु।
प्रेक्षाकर्तुर्महान् धर्मो भवतु ब्रह्मभाषितः ॥71॥

काव्यकर्तुर्यशश्चास्तु धर्मश्चापि प्रवर्धताम्।
इज्यया चानया नित्यं प्रीयन्तां देवता इति ॥72॥

नान्दीपदान्तरेष्वेषु ह्येवमार्येति नित्यशः।
वदेतां सम्यगुक्ताभिर्वाग्भिस्तौ पारिपार्श्विकौ ॥73॥

एवं नान्दी विधातव्या यथावल्लक्षणान्विता।
ततः शुष्कावकृष्टा स्याज्जर्जरश्लोकदर्शिका ॥74॥

नव गुर्वक्षराण्यादौ षड् लघूनि गुरुत्रयम्।
शुष्कावकृष्टा तु भवेत् कला ह्यष्टौ प्रमाणतः ॥75॥

यथा–

दिग्ले दिग्ले दिग्ले दिग्ले जम्बुकपलितकते तेचाम्।
कृत्वा शुष्कावकृष्टां तु यथावद् द्विजसत्तमाः ॥76॥

ततः श्लोकं पठेदेकं गम्भीरस्वरसंयुतम्।
देवस्तोत्रं पुरस्कृत्य यस्य पूजा प्रवर्तते ॥77॥

पठेदन्यं पुनः श्लोकं जर्जरस्य प्रकाशनम्।
जर्जरं नमयित्वा तु ततश्चारीं प्रयोजयेत् ॥78॥

पारिपार्श्विकयोश्च स्यात् पश्चिमेनापसर्पणम्।
अड्डिता चात्र कर्तव्या ध्रुवा मध्यलयान्विता ॥79॥

राष्ट्र की वृद्धि हो। रङ्ग[1] (प्रेक्षकों) की आशाएँ पूरी हों। इस नाटक की प्रस्तुति का आयोजन कराने वाले को ब्रह्मा द्वारा बताया गया पुण्य मिले। नाटक की रचना करने वाले का यश हो। धर्म की वृद्धि हो। इस नाट्ययज्ञ के द्वारा देवता भी प्रसन्न होते रहें (71-72)।

नांदी के प्रत्येक पद के बाद दोनों पारिपार्श्विक स्पष्ट उच्चारण के साथ हर बार–'हे आर्य, ऐसा ही हो'–यह कहें (73)।

इस प्रकार विधिपूर्वक लक्षणों से युक्त नांदी करना चाहिए। उसके बाद जर्जर की स्तुति को निर्दिष्ट करने वाली शुष्कावकृष्टा ध्रुवा का गान करना चाहिए। इस ध्रुवा में पहले नौ वर्ण गुरु, फिर छः लघु और अंतिम तीन गुरु होते हैं तथा इसका परिमाण आठ कला के बराबर होता है (74-75)।

(इसका उदाहरण यह है)–'दिग्ले-दिग्ले-दिग्ले-दिग्ले जम्बुकपलितकते तेचाम्'। इस शुष्कावकृष्टा को विधिपूर्वक करके गंभीर स्वर से देवस्तुति परक एक श्लोक पढ़े, जो जिस देव की पूजा की जा रही हो उसी के विषय में हो[2] (76-77)।

फिर जर्जर की स्तुति में एक अन्य श्लोक पढ़े। जर्जर को नमन करके (इस प्रकार रंगद्वार की विधि पूरी कर) चारी का प्रयोग करे। इस चारी के समय दोनों पारिपार्श्विक पश्चिम की ओर से प्रस्थान करेंगे। इसके साथ मध्यलय में अड्डिता[3] ध्रुवा होगी (78-79)।

---

1. अभि. ने 'रङ्ग' का अर्थ 'नट-कुशीलव-वर्ग' किया है।
2. अभि. के अनुसार यहाँ से रंगद्वार नामक अंग बताया जा रहा है।
3. **अड्डिता** = उत्कृष्ट गुण वाली शृंगाररस से युक्त ध्रुवा, द्र.–नाशा. 32.334।

चतुर्भिः सन्निपातैश्च चतुरश्रा प्रमाणतः।
आद्यमन्त्यं चतुर्थं च पञ्चमं च तथा गुरु ॥80॥

यस्यां ह्रस्वानि शेषाणि सा ज्ञेया त्वड्डिता बुधैः।
अस्याः प्रयोगं वक्ष्यामि यथा पूर्वं महेश्वरः ॥81॥

सहोमया क्रीडितवान् नाना भावविचेष्टितैः।
कृत्वावहित्थं स्थानं तु वामं चाधोमुखं भुजम् ॥82॥

चतुरश्रमुरः कार्यमञ्चितश्चापि मस्तकः।
नाभिप्रदेशे विन्यस्य जर्जरं च तुलाधृतम् ॥83॥

वामपल्लवहस्तेन पादैस्तालान्तरोत्थितैः।
गच्छेत्पञ्चपदीं चैव सविलासाङ्गचेष्टितैः ॥84॥

वामवेधस्तु कर्तव्यो विक्षेपो दक्षिणस्य च।
शृङ्गाररससंयुक्तां पठेदार्यां विचक्षणः ॥85॥

चारीश्लोकं गदित्वा तु कृत्वा च परिवर्तनम्।
तैरेव च पदैः कार्यं पश्चिमेनापसर्पणम् ॥86॥

पारिपार्श्विकहस्ते तु न्यस्य जर्जरमुत्तमम्।
महाचारीं ततश्चैव प्रयुञ्जीत यथाविधि ॥87॥

चतुरश्रा ध्रुवा तत्र तथा द्रुतलयान्विता।
चतुर्भिः सन्निपातैश्च कला ह्यष्टौ प्रमाणतः ॥88॥

भाण्डोन्मुखेन कर्तव्यं पादविक्षेपणं ततः।
सूचीं कृत्वा पुनः कुर्याद विक्षेपपरिवर्तनम् ॥89॥

अतिक्रान्तैः सललितैः पादैर्द्रुतलयान्वितैः।
त्रितालान्तरमुत्क्षेपैर्गच्छेत्पञ्चपदीं ततः ॥90॥

इस अड्डिता में चतुरश्र ताल और चार सन्निपातों के साथ गान होगा तथा पहला, चौथा और पाँचवाँ अक्षर गुरु होगा; शेष अक्षर लघु। इस प्रकार अड्डिता ध्रुवा में प्रत्येक पाद में बारह वर्ण होते हैं। शिव ने पार्वती के साथ क्रीड़ा करते हुए अनेक प्रकार के भावों तथा चेष्टाओं के साथ जिस प्रकार इस अड्डिता ध्रुवा का प्रयोग किया था, मैं उसको बतलाता हूँ। अवहित्थ स्थान बना कर बायीं भुजा को नीचे करके वक्ष को चतुरश्र और मस्तक को अंचित रखे। जर्जर को संतुलित करके नाभिस्थल पर जमाए। बायें हाथ को पल्लव की मुद्रा में रखे, दोनों चरणों से एक-एक ताल का अंतर रखते हुए चले। इस प्रकार सविलास अंग चेष्टाओं के साथ पाँच कदम चले। बायें पैर से सूची चारी का प्रदर्शन तथा दाहिने पैर से विक्षेप करे साथ में बुद्धिमान् (सूत्रधार) शृंगाररस से युक्त एक आर्या छन्द का पाठ करे[1] (80-85)। चारी के साथ एक अन्य श्लोक का भी पाठ करके, फिर परिवर्तन (गोल घूमना) कर के जिनसे वहाँ तक आया था, उन्हीं कदमों से पश्चिम[2] की ओर अपसर्वण करे (86)। फिर उस उत्तम जर्जर को पारिपार्श्विक के हाथ में रखकर विधिपूर्वक महाचारी का प्रयोग करे। इस महाचारी के साथ भी चतुरश्र ताल और द्रुतलय के साथ ध्रुवा[3] गाई जाएगी, जिसमें चार सन्निपात तथा आठ कलाएँ होंगी। फिर कुतप की ओर मुख करके चले, फिर सूची चारी का प्रदर्शन करके पादविक्षेप के साथ पलट जाए (89)। अब अतिक्रांता चारी में ललित गति के साथ द्रुत लय से चलते हुए तीन ताल के अंतर से पैर उठाता हुआ पाँच डग भरे (90)।

---

1. अभि. के अनुसार इस आर्या में पार्वती का शिव के प्रति रूठना वर्णित होता है।
2. दर्शकों की ओर नट का बढ़ना पूर्व की ओर बढ़ना है, उसके विपरीत (कुतप या नेपथ्यगृह की ओर) बढ़ना पश्चिम की ओर बढ़ना मानना चाहिए।
3. इस ध्रुवा का उदाहरण नाशा. में यह दिया गया है–
   'पादतलाहतिपातितशैलं क्षोभितभूतसमग्रसमुद्रम्।
   ताण्डवनृत्तमिदं प्रलयान्ते पातु जगत्सुखदायि हरस्य ॥'–नाशा. 5.127

तत्रापि वामवेधस्तु कर्तव्यो दक्षिणस्य च।
तैरेव च पदैः कार्यं प्राङ्मुखेनापसर्पणम् ॥91॥

पुनः पदानि त्रीण्येव गच्छेत्प्राङ्मुख एव तु।
ततश्च वामवेधः स्याद् विक्षेपो दक्षिणस्य च ॥92॥

ततो रौद्ररसं श्लोकं पादसंहरणं पठेत्।
तस्यान्ते तु त्रिपद्याथ व्याहरेत्पारिपार्श्विकौ ॥93॥

तयोरागमने कार्यं गानं नर्कुटकं बुधैः।
तथा च भारतीभेदे त्रिगतं सम्प्रयोजयेत् ॥94॥

विदूषकस्त्वेकपदां सूत्रधारस्मितावहाम्।
असम्बद्धकथाप्रायां कुर्यात् कथनिकां ततः ॥95॥

प्ररोचना च कर्तव्या सिद्धेनोपनिमन्त्रणम्।
रङ्गसिद्धौ पुनः कार्यं काव्यवस्तुनिरूपणम् ॥96॥

सर्वमेव विधिं कृत्वा सूचीवेधकृतैरथ।
पादैरनाविद्धगतैर्निष्क्रामेयुः समं त्रयः ॥97॥

प्रयुज्य विधिनैवं तु पूर्वरङ्गं प्रयोगतः।
स्थापकः प्रविशेत् तत्र सूत्रधारगुणाकृतिः ॥98॥

स्थानं तु वैष्णवं कृत्वा सौष्ठवाङ्गपुरस्कृतम्।
प्रविश्य रङ्गं तैरेव सूत्रधारपदैर्व्रजेत् ॥99॥

स्थापकस्य प्रवेशे तु कर्तव्या ऽर्थानुगा ध्रुवा।
त्र्यश्रा वा चतुरश्रा वा तज्ज्ञैर्मध्यलयान्विता।
कुर्यादनन्तरं चारीं देवब्राह्मणशंसिनीम् ॥100॥

यहाँ भी क्रमशः बायें और दाहिने पैर से सूची चारी का प्रदर्शन करे, फिर ऊपर बताए क्रम से ही पूर्व की ओर मुख करके पीछे की ओर हटे, फिर तीन कदम पूर्व की ओर मुख किए हुए ही चले और फिर उसी प्रकार बायें पैर से सूची चारी और दाहिने पैर से विक्षेप करे (91, 92)। फिर रौद्र रस से युक्त श्लोक का पाठ करे जिसके चारों चरण समासों के संयोजन से कसे हुए हों, उस श्लोक के अंत में तीन कदम आगे बढ़कर दोनों पारिपार्श्विकों को बुलाए (93)। उनके आगमन के समय नर्कुटक ध्रुवा[1] का गान किया जाना चाहिए। (महाचारी के पश्चात्) भारती वृत्ति के अंतर्गत 'त्रिगत' का प्रयोग करे। (इस त्रिगत में) विदूषक एक पद वाली, सूत्रधार के (मुख पर) मुस्कान उत्पन्न करनेवाली, ऊलजलूल बातों से भरी बातचीत करे। ('त्रिगत' के पश्चात्) प्ररोचना करनी चाहिए, जिसमें प्रेक्षकों को नाटक के अवलोकनार्थ आगन्त्रित किया जाता है। रंग (प्रयोग) की सिद्धि के लिए काव्य की वस्तु (नाटक की कथा) का भी निरूपण करे (94-96)। इस प्रकार पूर्वरंग की यह सारी विधि निपटा कर तीनों अभिनेता सूची चारी तथा आविद्ध चारी के अतिरिक्त अन्य चारी के द्वारा निष्क्रमण करें (97)।

[प्रस्तावना-निरूपण]—इस प्रकार विधिपूर्वक पूर्वरंग का प्रयोग हो चुकने पर सूत्रधार के समान गुण और आकार वाला स्थापक प्रवेश करे (98)। वह देह को सौष्ठव[2] से युक्त रख कर वैष्णव स्थान बनाकर रंगपीठ पर प्रवेश करे और सूत्रधार जैसे चला था, वैसे ही चले (99)। स्थापक के प्रवेश के समय भी अर्थानुकूल ध्रुवा गाई जाए, जो त्र्यश्र या चतुरश्रताल में मध्यलय के साथ प्रस्तुत हो। फिर देव और ब्राह्मण की स्तुति करने वाली चारी प्रदर्शित करे (100)।

---

1. नर्कुटक—आठ जातिप्रकारों वाली ध्रुवा। द्र.—नाशा. 32.272-283
2. सौष्ठव—द्र.—नाशा. 10.88-93, सं. नाशा. 10.52, 53

सुवाक्यमधुरैः श्लोकैर्नानाभाववरसान्वितैः।
प्रसाद्य रङ्गं विधिवत् कवेर्नाम च कीर्तयेत् ॥101॥

प्रस्तावनां ततः कुर्यात् काव्यप्रख्यापनाश्रयाम्।
उद्घात्यकादि कर्तव्यं काव्योपक्षेपणाश्रयम् ॥102॥

दिव्ये दिव्याश्रयो भूत्वा मानुषे मानुषाश्रयः।
दिव्यामानुषसंयोगे दिव्यो वा मानुषो ऽपि वा ॥103॥

मुखबीजानुसदृशं नाना मार्गसमाश्रयम्।
नानाविधैरुपक्षेपैः काव्योपक्षेपणं भवेत् ॥104॥

प्रस्ताव्यैवं तु निष्क्रामेत् काव्यप्रस्तावकस्ततः।
एवमेष प्रयोक्तव्यः पूर्वरङ्गो यथाविधि ॥105॥

❑

अनेक भावों तथा रसों से युक्त, सुंदर वाक्यों से मधुर श्लोकों के द्वारा प्रेक्षकों को प्रसन्न कर (नाटक लिखने वाले) कवि का नाम बताए, फिर प्रस्तुत होने वाले नाटक की सूचना देने वाली प्रस्तावना करे जिसमें उस नाटक का उपक्षेप[1] (अवतरण) करने वाले उद्‌घात्यकादि[2] का प्रयोग होता है (101-102)। दिव्य पात्रों वाले नाटक में दिव्य रूप, मानुष पात्रों वाले नाटक में मानुष रूप तथा दिव्य मानुष दोनों पात्रों से मिश्रित नाटक के प्रयोग में स्थापक चाहे दिव्य रूप में आए चाहे मानुष रूप में। मुख संधि तथा बीज अर्थप्रकृति के अनुसार विभिन्न पद्धतियों का आश्रय लेते हुए काव्य (नाटक) का उपक्षेप प्रयोग प्रारंभ करने की कई विधियों से संभव है (103-104)। इस प्रकार प्रस्तावना प्रस्तुत करके काव्य प्रस्तावक (स्थापक) निष्क्रमण करे। इस प्रकार विधिपूर्वक इस पूर्वरंग का प्रयोग करना चाहिए (105)।

❑

1. उपक्षेप—कथा का बीज-व न। बीज का लक्षण सं. नाशा. 18.13 पर।
2. प्रस्तावना के भेदों में एक उद्‌घात्यक है। द्र.—नाशा. 18.116

॥ अथ षष्ठोऽध्यायः ॥

न शक्यमस्य नाट्यस्य गन्तुमन्तं कथञ्चन।
कस्माद् बहुत्वाज्ज्ञानानां शिल्पानां वाप्यनन्ततः ॥1॥

रसा भावा ह्यभिनया धर्मी वृत्तिप्रवृत्तयः।
सिद्धिः स्वरास्तथातोद्यं गानं रङ्गश्च सङ्ग्रहः ॥2॥

शृङ्गारहास्यकरुणा रौद्रवीरभयानकाः।
बीभत्साद्भुतसंज्ञौ चेत्यष्टौ नाट्ये रसाः स्मृताः ॥3॥

रतिर्हासश्च शोकश्च क्रोधोत्साहौ भयं तथा।
जुगुप्सा विस्मयश्चेति स्थायीभावाः प्रकीर्तिताः ॥4॥

निर्वेदग्लानिशङ्काख्यास्तथासूया मदः श्रमः।
आलस्यं चैव दैन्यं च चिन्ता मोहः स्मृतिर्धृतिः ॥5॥

व्रीडा चपलता हर्ष आवेगो जडता तथा।
गर्वो विषाद औत्सुक्यं निद्रापस्मार एव च ॥6॥

सुप्तं विबोधो ऽमर्षश्चाप्यवहित्थमथोग्रता।
मतिर्व्याधिस्तथोन्मादस्तथा मरणमेव च ॥7॥

त्रासश्चैव वितर्कश्च विज्ञेया व्यभिचारिणः।
त्रयस्त्रिंशदमी भावाः समाख्यातास्तु नामतः ॥8॥

॥ छठा अध्याय ॥

(रसनिरूपण)

इस नाट्य का अंत पाना किसी तरह संभव नहीं है क्योंकि इसमें अनंत प्रकार के ज्ञान और शिल्पों का उपयोग होता है (1)। रस, भाव, अभिनय, धर्मी वृत्ति, प्रवृत्ति, सिद्धि, स्वर, आतोद्य, गान तथा रंग (नाट्यशाला)—यह इस नाट्य के अंतर्गत आने वाले तत्त्वों का संग्रह है (2)। शृंगार, हास्य, करुण, रौद्र, वीर, भयानक, बीभत्स, अद्भुत—ये आठ नाट्य में रस कहे गए हैं (3)। इन आठों रसों क्रमशः—रति, हास, शोक, क्रोध, उत्साह, भय, जुगुप्सा, विस्मय—ये आठ स्थायी भाव हैं (4)। इन रसों और भावों के साथ तैंतीस व्यभिचारी भाव रहते हैं जिनके नाम इस प्रकार हैं—निर्वेद (वैराग्य), ग्लानि, शंका, असूया (ईर्ष्या), मद, श्रम, आलस्य, दैन्य (दीनता), चिंता, मोह, स्मृति, धृति (धैर्य), व्रीड़ा (लज्जा), चपलता, हर्ष, आवेग, जड़ता, गर्व, विषाद, औत्सुक्य, निद्रा, अपस्मार (मिर्गी), सुप्त (सोना), विबोध (जागना), अमर्ष, अवहित्थ (आकार छिपाना), उग्रता, मति, व्याधि (रोग), उन्माद, मरण, त्रास तथा वितर्क (5-8)।

स्तम्भः स्वेदोऽथ रोमाञ्चः स्वरभङ्गोऽथ वेपथुः।
वैवर्ण्यमश्रु प्रलय इत्यष्टौ सात्त्विकाः स्मृताः ॥9॥

आङ्गिको वाचिकश्चैव ह्याहार्यः सात्त्विकस्तथा।
चत्वारोऽभिनया ह्येते विज्ञेया नाट्यसंश्रयाः ॥10॥

लोकधर्मी नाट्यधर्मी धर्मीति द्विविधः स्मृतः।
भारती सात्त्वती चैव कैशिक्यारभटी तथा ॥11॥

चतस्रो वृत्तयो ह्येता यासु नाट्यं प्रतिष्ठितम्।
आवन्ती दाक्षिणात्या च तथा चैवौड्रमागधी ॥12॥

पाञ्चालमध्यमा चेति विज्ञेयास्तु प्रवृत्तयः।
दैविकी मानुषी चैव सिद्धिः स्याद् द्विविधैव तु ॥13॥

शारीराश्चैव वैणाश्च सप्त षड्जादयः स्वराः।
ततं चैवावनद्धं च घनं सुषिरमेव च ॥14॥

चतुर्विधं च विज्ञेयमातोद्यं लक्षणान्वितम्।
ततं तन्त्रीगतं ज्ञेयमवनद्धं तु पौष्करम् ॥15॥

घनस्तु तालो विज्ञेयः सुषिरो वंश एव च।
प्रवेशाक्षेपनिष्क्रामप्रासादिकमथान्तरम् ॥16॥

गानं पञ्चविधं ज्ञेयं ध्रुवायोगसमन्वितम्।
चतुरश्रो विकृष्टश्च रङ्गस्त्र्यश्रश्च कीर्तितः ॥17॥

तत्र रसानेव तावदादावभिव्याख्यास्यामः। न हि रसादृते कश्चिदर्थः प्रवर्तते। तत्र विभावानुभावव्यभिचारिसंयोगाद् रसनिष्पत्तिः। को दृष्टान्तः? अत्राह–यथा हि नाना व्यञ्जनौषधिद्रव्यसंयोगाद् रसनिष्पत्तिः तथा नानाभावोपगमाद् रसनिष्पत्तिः। यथा हि–गुडादिभिर्द्रव्यैर्व्यञ्जनैरौषधिभिश्च षाडवादयो रसा

स्तंभ, स्वेद (पसीना), रोमांच, स्वरभंग, वेपथु (काँपना), वैवर्ण्य (मुख का रंग फीका पड़ना), अश्रु तथा प्रलय (मृत्यु)—ये आठ सात्त्विक भाव हैं (9)। आंगिक, वाचिक, आहार्य तथा सात्विक—ये नाट्य में होनेवाले चार अभिनय हैं (10)। धर्मी दो प्रकार का है—लोकधर्मी तथा नाट्यधर्मी। भारती, सात्त्वती, कैशिकी तथा आरभटी—ये चार वृत्तियाँ हैं, जिनमें नाट्य प्रतिष्ठित है। आवंती, दाक्षिणात्या, औद्रमागधी तथा पांचाली ये चार प्रवृत्तियाँ जाननी चाहिए। सिद्धि दो प्रकार की है—दैवी और मानुषी (11-13)।

षड्ज आदि (स, रि, ग, म, प, ध, नि) सात स्वर हैं जो शरीर (कंठ आदि स्थान से) के भी होते हैं, वीणा आदि वाद्यों के भी। तत, अवनद्ध, घन और सुषिर—अच्छे लक्षणों से युक्त वाद्य इन चार श्रेणियों में आते हैं। तार वाले (वीणा आदि वाद्य) तत हैं, पुष्कर (मृदंग आदि चमड़े से मढ़े वाद्य) अवनद्ध (मंजीरा आदि) ताल वाद्य घन हैं तथा वंशी (आदि फूँक कर बजाये जानेवाले वाद्य) सुषिर हैं। नाट्य में पाँच प्रकार की ध्रुवाओं[1] के साथ पाँच प्रकार का गान होता है—प्रवेश, आक्षेप, निष्क्राम, प्रासादिक तथा आंतर। रंग या नाट्यशाला तीन प्रकार की है—चतुरश्र, विकृष्ट तथा त्र्यश्र (14-17)।

अब नाट्य संग्रह के उपर्युक्त 11 तत्त्वों में से सबसे पहले रसों की व्याख्या करते हैं। नाट्य में रस के बिना कोई भी वस्तु प्रवृत्त नहीं होती। विभाव, अनुभाव तथा व्यभिचारी भावों के संयोग से रस की निष्पत्ति होती है। इसका उदाहरण क्या है? बताते हैं—जिस प्रकार (संसार में) कई प्रकार के व्यंजनों और औषधियों (मसालों) के संयोग से रस की निष्पत्ति होती है उसी प्रकार विभिन्न भावों के संयोग से रस की निष्पत्ति होती है। जिस प्रकार गुड आदि द्रव्यों, व्यंजनों और

1. ध्रुवा के लक्षण के लिए द्र.—नाशा 32.2-8 (सं. नाशा. 31.2, 3)।

निर्वर्त्यन्ते तथा नानाभावोपगता अपि स्थायिनो भावा रसत्वमाप्नुवन्तीति। अत्राह–रस इति कः पदार्थः? उच्यते–आस्वाद्यत्वात्। कथमास्वाद्यते रसः? यथा हि नाना व्यञ्जनसंस्कृतमन्नं भुञ्जाना रसानास्वादयन्ति सुमनसः पुरुषा हर्षादींश्चाधिगच्छन्ति तथा नानाभावाभिव्यञ्जितान् वागङ्गसत्त्वोपेतान् स्थायीभावानास्वादयन्ति सुमनसः प्रेक्षकाः हर्षादींश्चाधिगच्छन्ति। तस्मान्नाट्यरसा इत्यभिव्याख्याताः।

नानाभिनयसम्बद्धान् भावयन्ति रसानिमान्।
यस्मात् तस्मादमीं भावा विज्ञेया नाट्ययोक्तृभिः ॥18॥

न भावहीनो ऽस्ति रसो न भावो रसवर्जितः।
परस्परकृतासिद्धिस्तयोरभिनये भवेत् ॥19॥

व्यञ्जनौषधिसंयोगो यथान्नं स्वादुतां नयेत्।
एवं भावा रसाश्चैव भावयन्ति परस्परम् ॥20॥

यथा बीजाद् भवेद् वृक्षो वृक्षात्पुष्पं फलं तथा।
तथा मूलं रसाः सर्वे तेभ्यो भावा व्यवस्थिताः ॥21॥

तेषामुत्पत्तिहेतवश्चत्वारो रसाः। तद्यथा–शृङ्गारो रौद्रो वीरो बीभत्स इति।

शृङ्गाराद्धि भवेद्धास्यो रौद्राच्च करुणो रसः।
वीराच्चैवाद्भुतोत्पत्तिर्बीभत्साच्च भयानकः ॥22॥

अर्थ वर्णाः

श्यामो भवति शृङ्गारः सितो हास्यः प्रकीर्तितः।
कपोतः करुणश्चैव रक्तो रौद्रः प्रकीर्त्तितः ॥23॥

गौरो वीरस्तु विज्ञेयः कृष्णश्चैव भयानकः।
नीलवर्णस्तु बीभत्सः पीतश्चैवाद्भुतः स्मृतः ॥24॥

तत्र शृङ्गारो नाम रतिस्थायिभावप्रभवः। तस्य द्वे अधिष्ठाने–सम्भोगो विप्रलम्भश्च।

औषधियों से षाडव आदि रस बनते हैं, उसी प्रकार भिन्न-भिन्नं प्रकार के भावों से युक्त स्थायी भाव रसत्व को प्राप्त करते हैं। यहाँ प्रश्न होता है कि यह रस किस प्रकार का पदार्थ है। इसका उत्तर है—रस आस्वाद्य पदार्थ है। इसका आस्वाद कैसे होता है—जिस प्रकार अनेक प्रकार के व्यंजनों से संस्कृत भोजन को खाते हुए सहृदय लोग रस का आस्वादन करते हैं, और हर्ष आदि को प्राप्त करते हैं, उसी प्रकार अनेक भावों से अभिव्यंजित तथा वाचिक, आंगिक और सात्त्विक अभिनय से युक्त स्थायी भावों को सहृदय प्रेक्षक आस्वादित करते हैं तथा हर्ष आदि को प्राप्त करते हैं। इसीलिए (नाट्य में आस्वादित होनेवाले पदार्थ को) नाट्यरस कहते हैं।

विभिन्न प्रकार के अभिनयों से संबद्ध इन रसों का भाव भावित या अनुभूत कराते हैं इसीलिए नाट्यप्रयोक्ता इन्हें 'भाव' के रूप में जानें (18)। भाव से रहित कोई रस नहीं और रस से रहित कोई भाव नहीं। अभिनय में इनकी सिद्धि एक दूसरे के द्वारा की जाती है (19)। व्यंजनों और औषधियों का संयोग जिस प्रकार अन्न को स्वादिष्ट बनाता है, उसी प्रकार भाव और रस एक दूसरे को भावित करते हैं। जिस प्रकार बीज से वृक्ष होता है और वृक्ष से पुष्प तथा फल (उनसे फिर बीज) उसी प्रकार (बीज रूप) रस ही नाट्य में मूल हैं उनसे भाव उत्पन्न होते हैं (उन भावों से फिर रसों की निष्पत्ति होती है।) (21)

इन रसों में भी चार रस मूल स्रोत हैं। वे हैं—शृंगार, रौद्र, वीर और बीभत्स।

शृंगार से हास्य होता है और रौद्र से करुण रस। वीर से अद्भुत की उत्पत्ति होती है तथा बीभत्स से भयानक की (22)।

शृंगार रति स्थायी भाव से उत्पन्न होता है। यह दो प्रकार का है—संभोग और विप्रलंभ।

रसों के रंग बताते हैं—शृंगार रस का रंग श्याम, हास्य का सफेद, वरुण का कपोत (भूरा) रौद्र का लाल, वीर का गौर, भयानक का काला, बीभत्स का नीला और अद्भुत का रंग पीला होता है। (23-21)

अथ हास्यो नाम हासस्थायिभावात्मकः। तस्यौष्ठनासाकपोलस्पन्दनदृष्टिव्याकोशाकुञ्चनस्वेदास्यरागपार्श्वग्रहणादिभिरनुभावैरभिनयः प्रयोक्तव्यः। व्यभिचारिणश्चास्यावहित्थालस्यतन्द्रानिद्रास्वप्नप्रबोधासूयादयः। द्विविधश्चायमात्मस्थः परस्थश्च। यदा स्वयं हसति तदात्मस्थः। यदा तु परं हासयति तदा परस्थः।

स्मितमथ हसितं विहसितमुपहसितं चापहसितमतिहसितम्।
द्वौ द्वौ भेदौ स्यातामुत्तममध्याधमप्रकृतौ ॥ 23 ॥

अथ करुणो नाम शोकस्थायिभावप्रभवः। स च शापक्लेशविनिपतितेष्टजनविप्रयोगविभवनाशवधबन्धविद्रवोपघातव्यसनसंयोगादिभिर्विभावैः समुपजायते। तस्याश्रुपातपरिदेवनमुखशोषणवैवर्ण्यस्रस्तगात्रतानिःश्वासस्मृतिलोपादिभिरनुभावैरभिनयः प्रयोक्तव्यः। व्यभिचारिणश्चास्य निर्वेदग्लानिचिन्तौत्सुक्यावेगभ्रममोहश्रमविषाददैन्यव्याधिजडतोन्मादापस्मारत्रासालस्यमरणस्तम्भवेपथुवैवर्ण्यस्वरभेदादयः।

अथ रौद्रो नाम क्रोधस्थायिभावात्मको रक्षोदानवोद्धतमनुष्यप्रकृतिः सङ्ग्रामहेतुकः। स च क्रोधाधर्षणाधिक्षेपानृतवचनोपघातवाक्पारुष्याभिद्रोहमात्सर्यादिभिर्विभावैरुत्पद्यते। तस्य च ताडनपाटनपीडनच्छेदनभेदनप्रहरणाहरणशस्त्रसम्पातसम्प्रहाररुधिराकर्षणाद्यानि कर्माणि। पुनश्च रक्तनयनभ्रुकुटीकरणदन्तौष्ठपीडनगण्डस्फुरणहस्ताग्रनिष्पेषादिभिरनुभारवैरभिनयः प्रयोक्तव्यः भावाश्चास्यासम्मोहोत्साहावेगामर्षचपलतौग्र्यगर्वस्वेदवेपथुरोमाञ्चगद्गदादयः।

हास्य रस हास स्थायी भाव वाला है। उसका अभिनय ओठ, नाक और गाल के फड़काने, दृष्टि के फैलाकर झपकाने, सिकोड़ने, पसीना, मुँह के लाल होने तथा दोनों बगलों को दबाने आदि अनुभावों से किया जाता है। इसके व्यभिचारी भाव अवहित्थ, आलस्य, तंद्रा, निद्रा, स्वप्न, प्रबोध तथा असूया आदि हैं। यह दो प्रकार का है—आत्मस्थ और परस्थ। जब (पात्र) स्वयं हँसता है तो आत्मस्थ हास्य रस होता है। जब वह दूसरे को हँसाता है तो परस्थ होता है।

ये आत्मस्थ और परस्थ दोनों हास्य-भेद स्मित (मुस्कान), हसित (हँसी), विहसित (खनकती हँसी), उपहसित (हँसी उड़ाना), अपहसित (विकृत हँसी), अतिहसित (अट्टहास)—इन छः प्रकारों में उत्तम, मध्यम और अधम तीनों कोटियों के हो सकते हैं (23)।[1]

करुण रस शोक स्थायी भाव से उत्पन्न होता है। शोक की उत्पत्ति भी शाप, क्लेश, पतन, प्रिय जनों का वियोग, वैभव का नाश, वध, बंधन, भगदड़, चोट लगना और इस प्रकार की अन्य विपत्तियों से होती है। इसका अभिनय आँसू गिराना, विलाप, मुँह सूखना, मुँह फीका पड़ना, शरीर का ढीला होना, साँस छोड़ना, स्मृतिलोप आदि अनुभावों से होता है। निर्वेद, ग्लानि, चिंता, औत्सुक्य, आवेग, भ्रम, मोह, श्रम, विषाद, दैन्य, व्याधि, जड़ता, उन्माद, अपस्मार, त्रास, आलस्य, मरण, स्तंभ, वेपथु, वैवर्ण्य और स्वरभेद आदि इसके व्यभिचारी भाव हैं।

रौद्र रस क्रोधस्थायी-भावात्मक है। यह राक्षस, दानव और उद्धततम मनुष्यों के पात्रों से होता है। संग्राम इसका हेतु है। क्रोध, बलपूर्वक खींचना, कुवचन, झूठे वचन, प्रहार, कठोर वाणी, द्रोह, मात्सर्य आदि विभावों से यह जन्म लेता है। मार-पीट, चीरना, पीडन (दबाना), छेदन, भेदन, शस्त्रों को लाना और फेंकना, शस्त्रों से प्रहार करना, खून निकालना, खींचना आदि इसके अनुभाव हैं। इसका अभिनय लाल आँखों, भ्रकुटी टेढ़ी करना, दाँत पीसना, ओठ दबाना, गंडस्थल (कनपटी) का फड़कना, हथेलियाँ मसलना आदि अनुभावों से होता है। सम्मोह, उत्साह, आवेग, अमर्ष, चपलता, उग्रता, गर्व, पसीना, कँपकँपी, रोमांच तथा गद्गद (स्वरभंग) आदि इसके व्यभिचारी तथा सात्त्विक भाव हैं।

---

1. स्मित उत्तम पात्रों में अधिक होता है। इसमें गाल थोड़े से विकसित होते हैं आँखों में सौष्ठव आ जाता है। हसित भी उत्तम पात्रों में होता है। इसमें थोड़े से दाँत झलकते हैं। विहसित तथा उपहसित मध्यम श्रेणी के पात्रों में अधिक होते हैं। विहसित में आँख तथा गाल सिकुड़ते हैं, हँसी का स्वर हल्का और मधुर होता है। उपहसित में नासिका फूल जाती है। दृष्टि टेढ़ी रहती है। अट्टहसित अधम पात्रों में होता है। इसमें कंधे काँपते हैं, पेट में बल पड़ जाते हैं तथा आँखों में आँसू तक आ जाते हैं।—नाशा. 6.53-59

अथ वीरो नामोत्तमप्रकृतिरुत्साहात्मकः। सचासम्मोहाध्यवसायनयविनयबलपराक्रमशक्तिप्रतापप्रभावादिभिर्विभावैरुत्पद्यते। तस्य स्थैर्यधैर्यशौर्यत्यागवैशारद्यादिभिरनुभावैरभिनयःप्रयोक्तव्यः। भावाश्चास्य धृति मतिगर्वविगौग्र्यामर्षस्मृतिरोमाञ्चादयः।

अथ भयानको नाम भयस्थायिभावात्मकः। स च विकृत रवसत्त्वदर्शनशिवोलूकत्रासोद्वेगशून्यागारारण्यगमनस्वजनवधबन्ध-दर्शनश्रुतिकथादिभिर्विभावैरुत्पद्यते। तस्य प्रवेपितकरचरणनयनचपलपुलकमुखवैवर्ण्यस्वरभेदादिभिरनुभावैरभिनयः प्रयोक्तव्यः। भावाश्चास्य स्तम्भस्वेदगद्गदरोमाञ्चवेपथुस्वरभेदवैवर्ण्यशङ्कामोहदैन्यावेगचापलजडतात्रासापस्मारमरणादयः।

अथ बीभत्सो नाम जुगुप्सास्थायिभावात्मकः। स चाहृद्याप्रियाचोष्यानिष्टश्रवणदर्शनकीर्तनादिभिर्विभावैरुत्पद्यते। तस्य सर्वाङ्गसंहारमुखविकूणनोल्लेखननिष्ठीवनोद्वेजनादिभिरनुभावैरभिनयः प्रयोक्तव्यः। भावाश्चास्यापस्मारोद्वेगावेगमोहव्याधिमरणादयः।

अथाद्भुतो नाम विस्मयस्थायिभावात्मकः। स च दिव्यजनदर्शनेप्सितमनोरथावाप्त्युपवनदेवकुलादिगमनसभाविमानमायेन्द्रजालसम्भावनादिभिर्विभावैरुत्पद्यते। तस्य नयनविस्तारानिमेषप्रेक्षणरोमाञ्चाश्रुस्वेदहर्षसाधुवाददानप्रबन्धहाहाकारबाहुवदनचेलाङ्गुलिभ्रमणादिभिरनुभावैरभिनयः प्रयोक्तव्यः। भावाश्चास्यस्तम्भाश्रुस्वेदगद्गदरोमाञ्चावेगसम्भ्रमजडताप्रलयादयः।

अथ शान्तो नाम शमस्थायिभावात्मको मोक्षप्रवर्तकः। स तु तत्त्वज्ञानवैराग्याशयशुद्ध्यादिभिर्विभावैः समुत्पद्यते। तस्य यमनियमाध्यात्मध्यानधारणोपासनसर्वभूतदयालिङ्गग्रहणादिभिरनुभावैरभिनयः प्रयोक्तव्यः। व्यभिचारिणश्चास्य निर्वेदस्मृतिधृतिसर्वाश्रमशौचस्तम्भरोमाञ्चादयः।

न यत्र दुःखं न सुखं द्वेषो मत्सरः।
समः सर्वेषु भुतेषु स शान्तः प्रथितो रसः ॥24॥

भावा विकारा रत्याद्याः शान्तस्तु प्रकृतिर्मतः
विकारः प्रकृतेर्जातः पुनस्तत्रैव लीयते ॥25॥

स्वं स्वं निमित्तमासाद्य शान्ताद्भावः प्रवर्तते।
पुनर्निमित्तापाये च शान्त एवोपलीयते ॥26॥

❑

उत्तम श्रेणी के पात्रों में होने वाला उत्साह स्थायी भाव वाला वीर रस है। वह असम्मोह, अध्यवसाय (निश्चय), नय (नीति), विनय, बल, पराक्रम, शक्ति, प्रताप, प्रभाव आदि विभावों से उत्पन्न होता है। उसका अभिनय स्थिरता, धैर्य, शौर्य, त्याग, चतुरता आदि अनुभावों से करना चाहिए। धृति, मति, गर्व, आवेग, उग्रता, अमर्ष, स्मृति तथा रोमांच आदि इसके संचारी भाव हैं।

भयानक रस भय स्थायी भाव वाला है। वह विकृत आवाजों, हिंसक पशु के दर्शन, सियारों या उल्लुओं की बोली से त्रास होना, उद्वेग, सूने घर या जंगल में जाना, अपने प्रिय जन का वध या बंधन देखना-सुनना या उसकी चर्चा करना—इस प्रकार के विभावों से उत्पन्न होता है। उसका अभिनय काँपते हाथ-पैर, फड़कती आँखें, मुँह का फीका पड़ना, स्वर टूटना आदि अनुभावों से होता है। स्तम्भ, स्वेद, अश्रु, रोमांच, कँपकँपी, स्वरभंग, वैवर्ण्य (ये सात्त्विक भाव) तथा शंका, मोह, स्मृति, दैन्य, आवेग, चपलता, जड़ता, त्रास, अपस्मार और मरण—ये इसके संचारी भाव हैं।

बीभत्स रस जुगुप्सा स्थायी भाव वाला है। वह असुंदर, अप्रिय, अभक्ष्य तथा अनिष्ट पदार्थों के श्रवण, दर्शन, कीर्तन आदि विभावों से उत्पन्न होता है। उसका अभिनय सारे अंगों को सिकोड़ना, मुँह बिचकाना या घुमा लेना, थूकना या उद्विग्न होना—इन अनुभावों से होना चाहिए। अपस्मार, उद्वेग, आवेग, मोह, व्याधि तथा मरण आदि इसके संचारी भाव हैं।

अद्भुत रस का स्थायी भाव विस्मय है। वह देवताओं का दर्शन, इच्छित मनोकामना का पूरा हो जाना, उपवन या मंदिर आदि में जाना, माया, इंद्रजाल आदि विभावों से उत्पन्न होता है। उसका अभिनय आँखों का फैलना, अपलक देखना, रोमांच, अश्रु, हर्ष, साधुवाद (शाबासी) देना, निरंतर हाहाकार, हाथ, मुँह, कपड़ा, अँगुली आदि घुमाना—इत्यादि अनुभावों से होता है। स्तंभ, अश्रु, स्वेद, गद्गद, रोमांच, आवेग, संभ्रम, जड़ता तथा प्रलय आदि इसके सात्त्विक तथा संचारी भाव हैं।

शम स्थायी भाव वाला तथा मोक्ष में प्रवृत्त कराने वाला रस शांत है। वह तत्त्वज्ञान, वैराग्य, आशय शुद्धि आदि विभावों से उत्पन्न होता है। उसका अभिनय यम, नियम, अध्यात्म, ध्यान, धारणा, उपासना, सर्वभूतदया, संन्यास-ग्रहण आदि अनुभावों से करना चाहिए। निर्वेद, स्मृति, धृति सभी आश्रमों की पवित्रता, स्तंभ, रोमांच आदि इसके भाव हैं।

जिसमें न दुःख है, न सुख, न द्वेष है, न डाह, जिसमें सभी प्राणियों के लिए समभाव है, वह प्रसिद्ध शान्त रस है (24)। रति आदि भाव विकार है, शान्त रस उनकी प्रकृति या मूल है। विकार अपने मूल से जन्म लेते हैं और फिर उसी में लीन हो जाते हैं (25)। अपने-अपने कारण से शान्त से विभिन्न भाव जन्म लेते हैं और उस कारण के समाप्त होने पर फिर शान्त में ही लीन हो जते हैं (26)

❑

॥ अथ सप्तमोऽध्यायः ॥

विभावेनाहृतो योऽर्थो ह्यनुभावैस्तु गम्यते।
वागङ्गसत्त्वाभिनयैः स भाव इति संज्ञितः ॥1॥

वागङ्गमुखरागेण सत्त्वेनाभिनयेन च।
कवेरन्तर्गतं भावं भावयन् भाव उच्यते ॥2॥

नानाभिनयसम्बद्धान् भावयन्ति रसानिमान्।
यस्मात् तस्मादमी भावाविज्ञेया नाट्ययोक्तृभिः ॥3॥

अथ विभाव इति कस्मात्? उच्यते–विभावो विज्ञानार्थः विभावः कारणं निमित्तं हेतुरिति पर्यायाः। विभाव्यन्ते ऽनेन वागङ्गसत्त्वाभिनया इत्यतो विभावः। यथा विभावितं विज्ञातमित्यनर्थान्तरम्।

अथानुभाव इति कस्मात्? उच्यते–अनुभाव्यतेऽनेन वागङ्गसत्त्वकृतो ऽभिनय इति।

लोकस्वभावसंसिद्धालोकयात्रानुगामिनः ।
अनुभावा विभावाश्च ज्ञेयास्त्वभिनये बुधैः ॥4॥

तत्राष्टौ भावाः स्थायिनः। त्रयस्त्रिंशद् व्यभिचारिणः। अष्टौ सात्त्विका इति भेदाः। एवमेते काव्यरसाभिव्यक्तिहेतव एकोनपञ्चाशद् भावाः प्रत्यवगन्तव्याः। एभ्यश्च सामान्यगुणयोगेन रसा निष्पद्यन्ते।

॥ सातवाँ अध्याय ॥

(भाव निरूपणम्)

नाट्यप्रस्तुति में जो अर्थ विभाव के द्वारा आहृत या उत्पादित, अनुभावों के साथ वाचिक, आंगिक और सात्त्विक इन तीन प्रकार के अभिनयों से प्रतीत कराया जाता है वह भाव है (1)। वाचिक तथा आंगिक अभिनय और मुखराग तथा सात्त्विक अभिनय के द्वारा कवि के मन के भीतर के भाव को जो भावित कराता है, वह नाट्यप्रस्तुति में भाव है (2)। अनेक प्रकार के अभिनयों से संबद्ध रसों को भावित कराने के कारण नाट्यप्रयोक्ता भावों को भाव के रूप में जानें (3)।

अब प्रश्न उठता है कि विभाव को विभाव क्यों कहते हैं? उत्तर में कहते हैं—विभाव का अर्थ विज्ञान (विशेष ज्ञान कराना) है। विभाव, कारण, निमित्त, हेतु—ये पर्याय हैं। वाचिक, आंगिक और सात्त्विक अभिनय इसके द्वारा विभावित (सुस्पष्ट रूप में प्रतीत) होते हैं अतः विभाव को विभाव कहा जाता है। विभावित होना या विशिष्ट रूप में ज्ञात होना एक ही बात है।

अनुभाव को अनुभाव क्यों कहते हैं? वाचिक, आंगिक और सात्त्विक अभिनय जिसके द्वारा अनुभावित (अनुभव के योग्य) बनते हैं वह अनुभाव है।

अभिनय में अनुभावों और विभावों को लोकस्वभाव से उत्पन्न तथा लोकयात्रा (लोकव्यवहार) का अनुगमन करने वाला जानना चाहिए (4)।

भावों के 49 भेद हैं। इनमें आठ स्थायी भाव, तैंतीस संचारी भाव और आठ सात्त्विक भाव आते हैं। इस प्रकार काव्यरस की अभिव्यक्ति के हेतु इन 49 भावों को जानना चाहिए। इनसे सामान्य गुणयोग (साधारणीकृत रूप में मिश्रण) से रस उत्पन्न होते हैं।

योऽर्थो हृदयसंवादी तस्य भावो रसोद्भवः।
शरीरं व्याप्यते तेन शुष्कं काष्ठमिवाग्निन ॥5॥

अत्राह—यदि काव्यार्थसंश्रितैर्विभावानुभावव्यञ्जितैरेकोनपञ्चाशद्भावैः सामान्यगुण योगेनाभिनिष्पद्यन्ते रसाः, तत्कथं स्थायिन एव भावा रसत्वमाप्नुवन्ति। उच्यते—यथा कि समानलक्षणास्तुल्यपाणिपादोदरशरीराः समानाङ्गप्रत्यङ्गा अपि पुरुषाः कुलशीलविद्याकर्मशिल्पविचक्षणत्वाद्राजत्वमाप्नुवन्ति तत्रैव चान्येऽल्पबुद्धय-स्तेषामेवानुचरा भवन्ति। बह्वाश्रयत्वात् स्वामिभूताः स्थायिनो भावाः। तद्वत्स्थानीयपुरुष- गुणभूता अन्ये भावास्तान् गुणतया आश्रयन्ते परिजनभूता व्यभिचारिणो भावाः।

रतिर्नाम प्रमोदात्मिका ऋतुमाल्यानुलेपनाभरणभोजनवरभवनानुभवनाप्रातिकूल्यादिभिर्वि-भावैः समुत्पद्यते तामभिनयेत्। स्मितवदनमधुरकथनभ्रूक्षेपकटाक्षादिभिरनुभावैः। हासो नाम—परचेष्टानुकरणकुहकासंबद्धाप्रलापपौरोभाग्यमौर्ख्यादिभिर्विभावैः समुत्पद्यते। तमभिनयेत् पूर्वोक्तैर्हसितादिभिरनुभावैः। शोको नाम इष्टजनवियोगविभवनाशवधबन्धदुः खानुभवनादिभिर्विभावैः समुत्पद्यते। तस्याश्रुपातपरिदेविताविलपितवैवर्ण्य स्वरभेद-स्रस्तगात्रताभूमिपतनसस्वन रुदिताक्रन्दितदीर्घानिः श्वसितजडतोन्मादमोहमरण दिभिरनुभावैरभिनयः प्रयोक्तव्यः। रुदितमत्र त्रिविधमूआनन्दमार्तिजमीर्ष्यासमुद्भवं चेति।

उत्साहो नाम—उत्तमप्रकृतिः। स चाविषादशक्तिधैर्यादिभिर्विभावैरुपद्यते। तस्य स्थैयधैर्यत्यागवैशारद्यादिभिरनुभावैरभिनयः प्रयोक्तव्यः।
भयं नाम—स्त्रीनीचप्रकृतिकम्। गुरुराजपराधश्वपदशून्यागाराटवीपर्वता गहनगजाहिदर्शन निर्भर्त्सनकान्तार-दुर्दिननिशान्धकारोलूकनक्तञ्चरारावश्रवणादिर्भिर्विभावैः समुत्पद्यते। तस्य प्रकम्पितकरचरणहृदयकम्पस्तम्भमुखशोषजिह्वापरिलेहनस्वे दवेपथुत्रा-सपरित्राणान्वेषणधावनोत्कुष्टादिभिरिनुभावैरभिनयः प्रयोक्तव्यः जुगुप्सा नाम—स्त्रीनीचप्रकृतिका। सा चाहृद्यदर्शनश्रावणपरिकीर्तनादिभिर्विभवैः समुत्पद्यते। तस्याः सर्वोङ्गसंकोचननिष्ठीवनमुखविकूणन हृल्लेखादिभिरनुभावैरभिनयः प्रयोक्तव्यः।

विस्मयो नाम मायेन्द्रजालमानुष्याकर्मातिशयचित्रपुस्तशिल्पविद्यातिश यादिभिर्विभावैः समुत्पद्यते। तस्य नयनाविस्तारानिमेषप्रेक्षितभ्रूक्षेपरोमहर्षणशिरः कम्पसाधुवादादिभिरनु भावैरभिनयः प्रयोक्तव्यः।

जो काव्य की विषयवस्तु हृदय से संवाद रखने वाली हो, उसका भाव रस से उत्पन्न होता है। जैसे सूखे काठ में अग्नि फैल जाती है, ऐसे ही वह सहृदय के भीतर सर्वत्र व्याप्त हो जाता है। (5)

यहाँ यह प्रश्न उत्पन्न होता है—यदि काव्य की विषयवस्तु से निरूपित विभाव, अनुभाव से व्यंजित 49 भावों के सामान्य सम्मिश्रण से रस की निष्पत्ति होती है, तो फिर स्थायी भाव ही रस कैसे बनते हैं? इसका उत्तर है—जिस प्रकार समान लक्षण वाले एक जैसे हाथ, पाँव पेट और शरीर वाले मनुष्य एक जैसे होते हैं, फिर उनमें से कोई अपने कुल, शील, विद्या और कर्म की विशेषता के कारण राजा बनता है, और जो बुद्धि में उसमें घट कर हैं, वे सेवक बनते हैं। उसी प्रकार अनेकों में आश्रित होने से स्थायी भाव भावों के बीच स्वामी के समान हो जाते हैं। और उसी तरह सेवक के गुण से युक्त होकर अन्य भाव उनकी अपेक्षा कम प्रधान हो कर उनके परिजन की तरह हो जाते हैं।

रति स्थायी भाव प्रमोदात्मक होता है। यह वसन्त आदि ऋतु, फूलों की मालाएँ, अनुलेपन, अच्छा भोजन, सुन्दर भवन, और प्रिय का अनूकूल रहना—इत्यादि विभावों से जन्म लेता है, तद्नुसार उसका अभिनय करना चाहिये। मुस्कान से युक्त मुख, मधुर बातचीत, भौंहे थिरकाना, चितवन आदि अनुभावों का इसके अभिनय में उपयोग होता है। हास स्थायी भाव दूसरे की चेष्टाओं की नकल करना, गुदगुदी, असंबद्ध बकझक, मूर्खता आदि विभावों से उत्पन्न होता है। हँसी आदि अनुभावों से इसका अभिनय किया जाता है। शोक इष्ट या प्रिय व्यक्ति के वियोग, वैभव का नाश होना, हत्या होना, बन्धन या कारागार आदि में डाला जाना, दुःखानुभूति आदि विभावों से उत्पन्न होता है। आँसू गिराना, रोना धोना, विलाप करना, मुख का रंग फीका होना, कंठ का भर्याया होना, शरीर का शिथिल होना, धरती पर लोटना, ज़ोर से रोना, चिल्लाना, लम्बी साँस छोड़ना, जड़ता, उन्माद, मोह और मरण आदि अनुबावों से इसका अभिनय करना चाहिए। क्रोध नामक स्थायी भाव आक्रमण या अपमान, चिल्लाना, कलह, वियाद, प्रतिकूल, आचरण आदि विभावों से उत्पन्न होता है। उत्साह स्थायी भाव उत्तम प्रकृति के पात्रों में रहता है। वह अविषाद, शक्ति, धैराय आदि विभावों से उत्पन्न होता है। इसका अभिनय स्थैर्य, धैर्य, त्याग, कुशलता आदि अनुभावों के द्वारा किया जाना चाहिए।

भय स्थायी भाव स्त्रियों औ : अधम श्रेणी के पात्रों में रहता है। गुरु या राजा आदि के प्रति किया गया अपराध हिंस्र पशु, सूना घर, घना जंगल, पहाड़, हाथी, साँप आदि का दर्शन, (अपने से बड़े या या शक्तिशाली की डाँट फटकार, लगातार वर्षा, रात अन्धकार, उल्लू, राक्षस आदि की चीख का सुनना—इत्यादि विभावों से उत्पन्न

व्यभिचारिण इति कस्मात्? विविधमाभिमुख्येन रसेषु चरन्तीति व्यभिचारिणः। वागङ्गसत्त्वोपेताः प्रयोगे रसान्नयन्तीति व्यभिचारिणः।

अत्राह–किमन्ये भावाः सत्त्वेन बिनाभिनीयन्ते यस्मादुच्यते एते सात्त्विका इति। अत्रोच्यते–इह हि सत्त्वं नाम मनःप्रभवम् तच्च समाहितमनस्त्वादुच्यते। मनसः समाधौ सत्त्वनिष्पत्तिर्भवति। तस्य यो ऽसौ स्वभावो रोमाञ्चाश्रुवैवर्ण्यादिलक्षणो यथा भावोपगतः स न शक्यो ऽन्यमनसा कर्तुमिति। लोकस्वभावानुकरणत्वाच्च नाट्यस्य सत्त्वमीप्सितम्। को दृष्टान्तः–इह हि नाट्यधर्मिप्रवृत्ताः सुखदुःखकृता भावास्तथा सत्त्वविशुद्धाः कार्याः यथा सरूपा भवन्ति। तत्र दुःखं नाम रोदनात्मकं तत्कथमदुःखितेन सुखं च प्रहर्षात्मकमसुखितेन वाभिनेयम्। एतदेवास्य सत्त्वं यत् दुःखितेन सुखितेन वा ऽश्रुरोमाञ्चौ दर्शयितव्यौ इति कृत्वा सात्त्विका भावा इत्यभिव्याख्याताः।

❑

होता है। इसका अभिनय काँपते हाथ और पाँव, हृदय में कम्पन, स्तम्भ, मुख का सूखना, जीभ से ओठ चाटना, पसीना, कँपकँपी, त्रास बचाव के साधन खोजना, भागना पुकारना आदि अनुभावों से किया जाना चाहिए।

जुगुप्सा स्थायी भाव स्त्री और नीच पात्रों में रहता है। यह अहृद्य वस्तु के दर्शन या श्रवण अथवा कथन आदि विभावों से उत्पन्न होता है। इसका अभिनय सारे अंगों को सिकोड़ना, थूकना, मुँह बिचकाना, हृदय पर हाथ फिराना आदि अनुभावों से किया जाना चाहिए।

विस्मय स्थायी भाव माया, इन्द्रजाल (जादू) आनमुषिक कर्म, अत्यन्त विचित्र पुस्त या शिल्पविद्या के चमत्कार आदि आदि विभावों से उत्पन्न होता है। इसका अभिनय आँखें फैल जाना, टकटकी बाँध कर देखना, भ्रूक्षेप, रोमहर्षण, (रोएँ खड़े होना), माथा हिलाना, शबाश शबास कहना आदि अनुभावों से किया जाना चाहिये।

व्यभिचारी भावों को व्यभिचारी भाव क्यों कहते हैं? जो रस के प्रति विभिन्न प्रकार से अनुकूल दिशा में संचरण कहते हैं, वे व्यभिचारी भाव हैं।

(सत्त्व से अभिनीत होने वाले भाव सात्त्विक भाव हैं।) अब प्रश्न उठता है कि क्या बाकी भाव सत्त्व के बिना अभिनीत होते हैं। इसके उत्तर में बताते हैं—नाट्य प्रस्तुति में सत्त्व मन से जन्म लेता है। (अभिनेता का) अपने चित्त में एकाग्र होना सत्त्व है। मन की इस समाधि में सत्त्व की निष्पत्ति होती है। उस सत्त्व को रोमांच, अश्रु, वैवर्ण्य आदि जो भाव के अनुसार होने वाला स्वभाव है, उसे चित्त की विचलित स्थिति में नहीं किया जा सकता। नाट्य लोकस्वभाव का अनुकरण है अतः इसमें भी सत्त्व अपेक्षित है। इसमें दृष्टान्त क्या है? नाट्य प्रस्तुति में नाट्यधर्मी[1] के द्वारा प्रवृत्त सुख और दुःख से जन्मे भावों को सत्त्व के द्वारा इस प्रकार विशुद्ध बनाना चाहिए कि वे (लोक के) जैसे प्रतीत होने लगें। इसमें दुःख का स्वरूप रुदन से झलकता है। रुदन वह कैसे करके दिखाएगा जो स्वयं दुखी न हो? उसी प्रकार हर्ष के भाव को वह कैसे करके दिखाएगा जो स्वयं सुखी न हो? इसलिए यह अभिनेता का सत्त्व ही है जिससे वह दुखी और सुखी की भूमिका में क्रमशः अश्रु या रोमांच दिखा सकता है, इसलिए अश्रु, रोमांच आदि को सात्त्विक भाव माना गया है।

❑

1. देखें—सं. नाशा. अ. 13

॥ अथ अष्टमोऽध्यायः ॥

अभिपूर्वस्तु णीञ् धातुराभिमुख्यार्थनिर्णये।
यस्मात् प्रयोगं नयति तस्मादभिनयः स्मृतः ॥1॥

विभावयति यस्माच्च नानार्थान् हि प्रयोगतः।
शाखाङ्गोपाङ्गसंयुक्तस्तस्मादभिनयः स्मृतः ॥2॥

चतुर्विधश्चैष भवेन्नाट्यस्याभिनयो द्विजाः।
अनेकभेदबहुलं नाट्यमस्मिन् प्रतिष्ठितम् ॥3॥

आङ्गिको वाचिकश्चैव ह्याहार्यः सात्त्विकस्तथा।
ज्ञेयस्त्वभिनयो विप्राश्चतुर्धा परिकीर्तितः ॥4॥

त्रिविधस्त्वाङ्गिको ज्ञेयः शारीरो मुखजस्तथा।
तथा चेष्टाकृतश्चैव शाखाङ्गोपाङ्गसंयुतः ॥5॥

शिरोहस्तकटीवक्षःपार्श्वपादसमन्वितः।
अङ्गप्रत्यङ्गसंयुक्तः षडङ्गो नाट्यसंग्रहः ॥6॥

तस्य शिरोहस्तोरःपार्श्वकटीपादतः षडङ्गानि।
नेत्रभ्रूनासाधरकपोलचिबुकान्युपाङ्गानि ॥7॥

अस्य शाखा च नृत्तं च तथैवाङ्कुर एव च।
वस्तून्यभिनयस्येह विज्ञेयानि प्रयोक्तृभिः ॥8॥

॥ आठवाँ अध्याय ॥

(आंगिक अभिनय)

'अभिनय' शब्द अभि (=आगे या सामने) उपसर्ग को नी (ले जाना) धातु में जोड़ने से बना है। जो नाटक के अर्थ (रस, भाव) को दर्शकों के आगे ले जाए वह अभिनय है (1)। शाखा,[1] अंग[2] तथा उपांगों के संयोग से प्रयोग के समय विभिन्न अर्थों का अनुभव अभिनय से होता है (2)। हे द्विजो, नाट्य में अभिनय चार प्रकार का होता है। अनेक भेदों वाला नाट्य इसी में प्रतिष्ठित है (3)। अभिनय के चार प्रकार हैं—आंगिक, वाचिक, आहार्य तथा सात्त्विक (4)। शाखा, अंग और उपांगों से युक्त आंगिक अभिनय तीन प्रकार का है—शारीर, मुखज तथा चेष्टाकृत (5)।

यह नाट्य छः अंगों वाला है। इससे छः अंगों में शरीर का हर अंग प्रत्यंग आ जाता है। ये अंग हैं—सिर, हाथ, कटि, वक्ष, पार्श्व तथा चरण (6)। आंगिक अभिनय के अंतर्गत सिर, हस्त, वक्ष, पार्श्व, कटि और पाद—ये छः अंग तथा नेत्र, भ्रू, नासिका, अधर, कपोल तथा चिबुक (ठुड्डी)—ये छः उपांग हैं (7)। आंगिक अभिनय के अंतर्गत शाखा, नृत्त और अंकुर इन तीन वस्तुओं को भी प्रयोक्ताओं को समझना चाहिए (8)।

---

1. शाखा के लिए आगे (सं. नाशा. 8.9) देखें।
2. वही।

आङ्गिकस्तु भवेच्छाखा ह्यङ्कुरः सूचना भवेत्।
अङ्गहार-विनिष्पन्नं नृत्तं तु करणाश्रयम् ॥9॥

आकम्पितं कम्पितं च धुतं विधुतमेव च।
परिवाहितमाधूतमवधूतं तथाञ्चितम् ॥10॥

निहञ्चितं परावृत्तमुत्क्षिप्तं चाप्यधोगतम्।
लोलितं चेति विज्ञेयं त्रयोदशविधं शिरः ॥11॥

कान्ता भयानका हास्या करुणा चाद्भुता तथा।
रौद्रा वीरा च बीभत्सा विज्ञेया रसदृष्टयः ॥12॥

स्निग्धा हृष्टा च दीना च क्रुद्धा दृप्ता भयान्विता।
जुगुप्सिता विस्मिता च स्थायिभावेषु दृष्टयः ॥13॥

शून्या च मलिना चैव श्रान्ता लज्जान्विता तथा।
ग्लाना च शङ्किता चैव विषण्णा मुकुला तथा ॥14॥

कुञ्चिता चाभितप्ता च जिह्मा सललिता तथा।
वितर्किताऽर्धमुकुला विभ्रान्ता विप्लुता तथा ॥15॥

आकेकरा विकोशा च त्रस्ता च मदिरा तथा।
षट्त्रिंशद् दृष्टयो ह्येतास्तासु नाट्यं प्रतिष्ठितम् ॥16॥

अंगसंचालन शाखा है, अंकुर (उस अंगसंचालन) के द्वारा सूचना देना। अंगहारों से निष्पन्न तथा करणों पर आधारित (आंगिक अभिनय) नृत्त है। (9)

[छः अंगों की स्थितियाँ बताते हैं]—सिर तेरह प्रकार का होता है—आकंपित (ऊपर तथा नीचे धीरे-धीरे हिलाया गया), कंपित (बार-बार तेजी से हिलाया गया), धुत (धीरे से रेचित), विधुत (तेजी से हिलाया गया), परिवाहित (दोनों पार्श्वों में क्रमशः कंपित), आधूत (तिरछा तथा एक बार ही कंपित), अवधूत (नीचे की ओर एक बार कंपित), अंचित (झुकी ग्रीवा वाला), निहंचित (कंधे ऊपर फैला कर ग्रीवा को संकोच देने पर), परावृत्त (गोल घुमाव दिया गया), उत्क्षिप्त (ऊपर उठा), अधोगत (नीचे झुका) तथा लोलित (चारों ओर घुमाया गया) (10-11)।

आठों रसों के अनुसार आठ रस दृष्टियाँ हैं—कांता, भयानका, हास्या, करुणा, अद्भुता, रौद्रा, वीरा तथा बीभत्सा (12)। आठ स्थायी भावों के अनुसार—स्निग्धा, हृष्टा, दीना, क्रुद्धा, दृप्ता, भयान्विता, जुगुप्सिता तथा विस्मिता—ये आठ दृष्टियाँ हैं (13)।

संचारी भावों के अनुसार 20 दृष्टियाँ हैं—शून्या, मलिना[1], श्रान्ता (थकी) लज्जान्विता, ग्लाना (मुरझाई), शंकिता, विषण्णा (उदास), मुकुला (खिलती हुई), कुंचिता (सिकुड़ी), अभितप्ता,[2] जिह्मा (टेढ़ी), सललिता,[3] वितर्किता, अर्धमुकुला, विभ्रान्ता, विप्लुता,[4] आकेकरा,[5] विकोशा,[6] त्रस्ता तथा मदिरा—ये कुल मिलाकर छत्तीस दृष्टियाँ हैं, इनमें नाट्य प्रतिष्ठित है (14-16)।

---

1. बरौनियाँ काँपती हुई हों, पलकें सिकुड़ी न हों।
2. घूमती पुतलियों के द्वारा विघ्न या दुर्गति प्रदर्शित करती हुई।
3. माधुर्य या प्रेमभाव से भरी।
4. जिसमें पलकें पहले काँपें फिर स्थिर हो जाएँ, पुतलियाँ ऊपर की ओर फड़कती रहें।
5. पलकें और आँखों के कोने सिकुड़े हों, एक-दूसरे से मिले तथा आधे खुले हों, पुतलियाँ गोल घूमती हों।
6. फैली, खुली पलकों वाली, हिलती पुतलियों के साथ।

[ताराकर्म]–

भ्रमणं वलनं पातश्चलनं सम्प्रवेशनम्।
विवर्तनं समुद्वृत्तनिष्क्रामः प्राकृतं तथा ॥17॥

[दर्शनस्य प्रकाराः]

समं साच्यनुवृत्ते च ह्यलोकितविलोकिते।
प्रलोकितोल्लोकिते वाप्यवलोकितमेव च ॥18॥

[भ्रुवो कर्म]

उत्क्षेपः पातनं चैव भ्रुकुटी चतुरं भ्रुवोः।
कुञ्चितं रेचितं कर्म सहजं चेतिसप्तधा ॥19॥

[पुटकर्म]–

उन्मेषश्च निमेषश्च प्रसृतं कुञ्चितं समम्।
विवर्तितं स स्फुरितं पिहितं सविताडितम् ॥20॥

नता मन्दा विकृष्टा च सोच्छ्वासाथ विकूणिता।
स्वाभाविका चेति बुधैः षड्विधा नासिका स्मृता ॥21॥

[षड्विधंगण्डम्]

क्षामं फुल्लं च पूर्ण च कम्पितं कुञ्चित समम्।

विवर्तनं कम्पनं च विसर्गो विनिगूहनम्।
सन्दष्टकं समुद्गं च षट्कर्माण्यधरस्य तु ॥22॥

विनिवृत्तं च विधुतं निर्भुग्नं भुग्नमेव च।
विवृत्तं च तथोद्वाहि कर्माण्यत्रास्यजानि तु ॥23॥

अथातो मुखरागस्तु चतुर्धा सम्प्रकीर्तितः।
स्वाभाविकः प्रसन्नश्च रक्तः श्यामो ऽर्थसंश्रयः ॥24॥

समा नतोन्नता त्र्यश्रा रेचिता कुञ्चिताञ्चिता।
वलिता च विवृत्ता च ग्रीवा नवविधार्थतः ॥25॥

❑

आँख की पुतलियों के 9 कर्म ये हैं—भ्रमण,[1] वलन,[2] पात,[3] चलन,[4] संप्रवेश,[5] विवर्तन,[6] समुद्वृत्त,[7] निष्क्राम,[8] तथा प्राकृत[9]। पुतलियों के कर्म भी नौ हैं—उन्मेष,[10] निमेष,[11] प्रसृत,[12] कुंचित,[13] सम,[14] विवर्तित,[15] स्फुरित (फड़कना) पिहित (मुँदी होना) तथा सविताड़ित (जल्दी से झपकाना) (17-18)।

दर्शन (देखने)

सृष्टि के प्रकार—सम, साचि (तिरछा) अनुवृत्त, (गौर से देखना) आलोकित (चमक कर देखना) विलोकित (पीछे देखना) प्रलोकित (दोनो ओर देखना), उल्लोकित (ऊपर देखना) तथा अवलोकित (नीचे देखना)—ये दर्शन के आठ प्रकार हैं। (19)

भौंहे के र्म सात हैं—उत्क्षेप, पातन, भ्रुकुटी, चतुर, कुंचित (झुकी) रेचित (लालित्य के साथ ऊपर उठी) तथा सहज। (20)

(मधुर विस्तार)

नासिका छः प्रकार की है—नता,[16] मन्दा,[17] विकृष्टा,[18] सोच्छ्वासा,[19] विकूणिता (सिकुड़ी) तथा स्वाभाविकी (21)। क्षाम (दुबला), फुल्ल (फूला हुआ), कम्पित (सिकुड़ा), तथा सम-कपोल के छः प्रकार है। अधर (निचले ओठ) के छः कर्म हैं—विवर्तन,[20] कंपन, विसर्ग,[21] विनिगूहन (छिपाना), संदष्टक (दाँत से दबाना) तथा समुद्ग (बाहर की ओर ऊँचा करना) (22)। मुख के छः कर्म इस प्रकार हैं—विनिवृत्त (खुला), विधुत (तिरछा फैलाया), निर्भुग्न (नीचे झुका), व्याभुग्न या भुग्न (कुछ खुला हुआ), विवृत्त (ओठ जिसमें सटे हों) तथा उद्वाहित (ऊपर उठा हुआ) (23)। अभिनेय अर्थ के अनुसार स्वाभाविक, प्रसन्न, रक्त तथा श्याम—यह चार प्रकार का मुखराग है (24)। अभिनेय अर्थ के अनुसार ही ग्रीवा नौ प्रकार की होती है—समा, नतोन्नता, त्र्यश्रा (तिरछी), रेचिता (आगे बढ़ी), कुंचिता (सिकुड़ी), अंचिता (झुकी), वलिता (घुमाई) तथा विवृत्ता (सामने स्थित) (25)।

❑

1. गोल घुमाव। 2. तिरछा ले जाना। 3. ऊपर से नीचे आना। 4. दोनों ओर बराबर घूमना। 5. अन्दर खींचना। 6. कटाक्ष। 7. फैलाकर ऊपर उठना। 8. बाहर धकेलना। 9. सहज अवस्था। 10. खुलना। 11. बन्द होना। 12. फैलना। 13. सिकुड़ना। 14. स्वाभाविक अवस्था। 15. ऊपर उठना। 16. चपटी। 17. स्थिर नथुनों वाली। 18. फूले नथुनों वाली। 19. साँस खींचती हुई। 20. फड़कना या नीचे झुकना। 21. बाहर निकालना।

॥ अथ नवमोऽध्यायः ॥

पताकस्त्रिपताकश्च तथा वै कर्तरीमुखः।
अर्धचन्द्रो ह्यरालश्च शुकतुण्डस्तथैव च ॥1॥

मुष्टिश्च शिखराख्यश्च कपित्थः खटकामुखः।
सूच्यास्यः पद्मकोशः सर्पशिरा मृगशीर्षकः ॥2॥

काङ्गूलको ऽलपद्मश्च चतुरो भ्रमरस्तथा।
हंसास्यो हंसपक्षश्च सन्दंशो मुकुलस्तथा ॥3॥

ऊर्णनाभस्ताम्रचूडश्चतुर्विंशतिरीरिता।
असंयुताः संयुताश्च गदतो मे निबोधत ॥4॥

अञ्जलिश्च कपोतश्च कर्कटः स्वस्तिकस्तथा।
खटकावर्धमानश्च ह्युत्सङ्गो निषधस्तथा ॥5॥

दोलः पुष्पपुटश्चैव तथा मकर एव च।
गजदन्तो ऽवहित्थश्च वर्धमानस्तथैव च ॥6॥

एते तु संयुता हस्ता मया प्रोक्तास्त्रयोदश।
नृत्तहस्तानतश्चोर्ध्वं गदतो मे निबोधत ॥7॥

चतुरश्रौ तथोद्वृत्तौ तथा तलमुखौ स्मृतौ।
स्वस्तिकौ विप्रकीर्णौ चाप्यरालखटकामुखौ ॥8॥

॥ नवाँ अध्याय ॥

[आंगिक अभिनय में हस्त तीन प्रकार है—असंयुत, संयुत तथा नृत्तहस्त। असंयुत हस्त 24 हैं]—पताक, त्रिपताक, कर्तरीमुख, अर्धचन्द्र, अराल, शुकतुंड, मुष्टि, शिखर, कपित्थ, खटकामुख, सूची, पद्मकोश, सर्पशीर्ष, मृगशीर्षक, कांगूल, अलपद्म, चतुर, भ्रमर, हंसास्य, हंसपक्ष, सन्देश, मुकुल, ऊर्णनाभ तथा ताम्रचूड। अब संयुत हस्त बताते हैं (1-4)—अंजलि, कपोत, कर्कट, स्वस्तिक, खटका-वर्धमान, उत्संग, निषध, दोल, पुष्पपुट, मकर, गजदंत, अवहित्थ तथा वर्धमान—ये तेरह संयुत हस्त मैंने बतलाए। अब मैं नृत्तहस्त बताता हूँ (5-7)। चतुरश्र, उद्वृत्त, तलमुख, स्वस्तिक, विप्रकीर्ण, अराल खटकामुख।

आविद्धवक्रौ सूच्यास्यौ रेचितावर्धरेचितौ।
उत्तानवञ्चितौ चैव पल्लवौ च तथा करौ ॥9॥

नितम्बावपि विज्ञेयौ केशबन्धौ तथैव च।
लताख्यौ च तथा प्रोक्तौ करिहस्तौ तथैव च ॥10॥

पक्षवञ्चितकौ चैव पक्षप्रद्योतकौ तथा।
ज्ञेयौ गरुडपक्षौ च दण्डपक्षावतः परम् ॥11॥

ऊर्ध्वमण्डलिनौ चैव पार्श्वमण्डलिनौ तथा।
उरोमण्डलिनौ चैव उरःपार्श्वार्धमंडलौ ॥12॥

मुष्टिकस्वतिकौ चापि नलिनीपद्मकोशकौ।
अलपल्लवोल्वणौ च ललितौ वलितौ तथा ॥
चतुःषष्टिकरा ह्येते नामतो ऽभिहिता मया ॥13॥

प्रसारिताः समाः सर्वाः यस्याङ्गुल्योभवन्ति हि।
कुञ्चितश्च तथाङ्गुष्ठः स पताक इति स्मृतः ॥14॥

एष प्रहारपाते प्रतापने नोदने प्रहर्षे च।
गर्वे ऽप्यहमिति तज्ज्ञैर्ललाटदेशोत्थितः कार्यः ॥15॥

पताके तु यदा वक्रानामिका त्वङ्गुलिर्भवेत्।
त्रिपताकः स विज्ञेयः कर्म चास्य निबोधत ॥16॥

आवाहनमवतरणं विसर्जनं वारणं प्रवेशश्च।
उन्नामनं प्रणामो निदर्शनं विविधवचनं च ॥17॥

त्रिपताके यदा हस्ते भवेत्पृष्ठावलोकिनी।
तर्जनी मध्यमायाश्च तदासौ कर्तरीमुखः ॥18॥

पथि चरणरचनरञ्जनरङ्गण करणान्यधोमुखेनैव।
ऊर्ध्वमुखेन तु कुर्याद् दष्टं शृङ्गं च लेखं च ॥19॥

आविद्धवक्र, सूच्यास्य, रेचित, अर्धरेचित, उत्तान-वंचित, पल्लव, नितम्ब, केशबंध, लता, करि, पक्षवंचितक, पक्षप्रद्यो तक गरुडपक्ष, दंडपक्ष, ऊर्ध्वमंडली, पार्श्वमंडली, उरोमंडली, उरःपार्श्वार्धमंडली मुष्टिक स्वस्तिक, नलिनीपद्मकोश, अलपल्लव, उल्वण, ललित तथा वलित। इस प्रकार (असंयुत, संयुत तथा नृत्त हस्त मिला कर) कुल 64 हस्तों के नाम मैंने गिनाए (9-13)।

(अब मैं असंयुत हस्तों के लक्षण बताता हूँ–)

जिसकी सारी अँगुलियाँ समान रूप से (एक दूसरे से सट कर) फैली हुई हैं तथा अँगूठा कुंचित हो वह पताक हस्त है (14)। यह प्रहार करने, आग तापने, प्रेरित करने या चलाने, हर्षित या गर्वित होने में प्रयुक्त होता है तथा 'यह मैं हूँ' ऐसा बताने पर इसे ललाट पर लाया जाता है (15)।

पताक में अनामिका अंगुली जब वक्र हो, तो इसे त्रिपताक जानना चाहिए। इसका विनियोग-आवाहन (बुलाना), उतरना, विसर्जन (विदा देना), रोकना या मना करना, प्रवेश करना, उठना, प्रणाम करना, निर्देश देना या विविध वचन आदि में जानना चाहिए (16, 17)।

त्रिपताक में ही जब तर्जनी अँगुली को मध्यमा के पीछे ले जाया जाए तो कर्तरीमुख हस्त होता है, जिसका उपयोग मार्ग पर पैर रखने, पैरों में महावर आदि लगाने या रंग भरने में होता है तब इसे नीचे झुका कर रखा जाता है, जब दंशन (काटना, डसना), सींग गजाना या लिखना–इनमें होता है तो इसे ऊपर उठाकर रखा जाता है (18-19)।

यस्याङ्गुल्यस्तु विनताः सहाङ्गुष्ठेन चापवत्।
सो ऽर्धचन्द्र इति ख्यातः करः कर्मास्य वक्ष्यते ॥20॥

एतेन बालतरवः शशिलेखा कम्बु कलशवलयानि।
निर्घाटनमायस्तं मध्यौपम्यं च पीनं च ॥21॥

आद्या धनुर्लता कार्या कुञ्चितो ऽङ्गुष्ठकस्तथा।
शेषा भिन्नोर्ध्ववलिता ह्यराले ऽङ्गुलयः करे ॥22॥

एतेन सत्त्वशौण्डीर्यं वीर्यकान्ति धृति दिव्यगाम्भीर्यम्।
आशीर्वादाश्च तथा भावा हितसंज्ञकाः कार्याः ॥23॥

अरालस्य यदा वक्रानामिका त्वङ्गुलिर्भवेत्।
शुकतुण्डस्तु स करः कर्म चास्य निबोधत ॥24॥

एतेन त्वभिनेयं नाहं न त्वं न कृत्यमिति चार्थे।
आवाहने विसर्गे धिगिति वचने च सावज्ञम् ॥25॥

अङ्गुल्यो यस्य हस्तस्य तलमध्ये ऽग्रसंस्थिताः।
तासामुपरि चाङ्गुष्ठः स मुष्टिरिति संज्ञितः ॥26॥

एष प्रहारे व्यायामे निर्गमे पीडने तथा।
संवाहने ऽसियष्टीनां दण्डकुन्तग्रहे तथा ॥27॥

अस्यैव च यदा मुष्टेरूर्ध्वो ऽङ्गुष्ठः प्रयुज्यते।
हस्तः स शिखरो नाम तदा ज्ञेयः प्रयोक्तृभिः ॥28॥

रश्मिकुशाङ्कुशधनुषां तोमरशक्तिप्रमोक्षणे चैव।
अधरोष्ठपादरञ्जनमलकस्योत्क्षेपणे चैव ॥29॥

अँगूठे के साथ अँगुलियाँ धनुष की तरह झुकी हुई हों तो अर्धचन्द्र हस्त होता है। इसके द्वारा निम्नलिखित वस्तुओं या कार्यों का प्रदर्शन होता है—पौधे, चंद्रमा, शंख, कलश, कंगन, बाहर धकेलना, परिश्रम तथा कमर का पतला होना या मोटाई (20, 21)। अर्धचंद्र में पहली अँगुली धनुष की तरह झुकी रहे, अँगूठा कुंचित हो, शेष अँगुलियाँ ऊपर की ओर वलित हों तो अराल हस्त होता है।(22)

इसके द्वारा सत्त्व (सार, बल, प्राण), शूरता, पराक्रम, कांति, धैर्य, दिव्य-गांभीर्य तथा आशीर्वाद आदि हितसूचक भाव दिखाए जाने चाहिए (21, 23)।

अराल हस्त की ही अनामिका जब टेढ़ी हो, तो शुकतुंड हस्त होता है। इसका कर्म इस प्रकार है—इसके द्वारा मैं नहीं, तुम नहीं, यह कार्य नहीं—इस प्रकार के अर्थ का अभिनय करना चाहिए, या आवाहन, विसर्जन, धिक्कार और अवज्ञा के वचनों का (24, 25)।

जिस हस्त की अँगुलियाँ हथेली के बीच आगे स्थित हों, अँगूठा उनके ऊपर रखा हो, तो मुष्टि हस्त होता है। इसका विनियोग प्रहार, व्यायाम, निर्गम, पीडन (थन से दूध दुहने या दबाने), संवाहन, तलवार और लाठी पकड़ने या डंडा, भाला आदि उठाने में होता है (26, 27)।

मुष्टि हस्त में ही अँगूठे को ऊपर रखा जाए तो शिखर हस्त बन जाता है। इससे लगाम, कुश, अंकुश (हाथी के माथे पर मारने की हथौड़ी); तोमर, शक्ति आदि छोड़ना, निचले ओठ या पैर को रँगना तथा बालों का उठाना—ये कार्य प्रदर्शित होते हैं। (28, 29)

अस्यैव शिखराख्यस्य द्व्यङ्गुष्ठकनिपीडिता।
यदा प्रदेशिनी वक्रा स कपित्थस्तदा स्मृतः ॥30॥

असिचापचक्रतोमरकुन्तगदाशक्तिवज्रवर्गाणि।
शस्त्राण्यभिनेयानि त्रु कार्यं पथ्यं च सत्यं च ॥31॥

उत्क्षिप्तवक्रा तु यदानामिका सकनीयसी।
अस्यैव तु कपित्थस्य तदासौ खटकामुखः ॥32॥

होत्रं हव्यं छत्रं प्रग्रहपरिकर्षणं व्यजनकं च।
आदर्शधारणं खण्डनं तथा पेषणं चैव ॥33॥

खटकाख्ये यदा हस्ते तर्जनी सम्प्रसारिता।
हस्तस्सूचीमुखो नाम तदा ज्ञेयः प्रयोक्तृभिः ॥34॥

चक्रं तटित्पताकामञ्जर्यः कर्णचूलिकाश्चैव।
कुटिलगतयश्च सर्वे निर्देश्यास्साधुवादाश्च ॥35॥

यस्याङ्गुल्यस्तु विरलाः सहाङ्गुष्ठेन कुञ्चिताः।
ऊर्ध्वा ह्यसङ्गताग्राश्च स भवेत् पद्मकोशकः ॥36॥

बिल्वकपित्थफलानां ग्रहणं कुचदर्शनं च नारीणाम्।
ग्रहणे ह्यामिषलाभे भवन्ति ताः कुञ्चिताग्रास्तु ॥37॥

अङ्गुल्यः संहतास्सर्वाः सहाङ्गुष्ठेन यस्य च।
तथा निम्नतलश्चैव स तु सर्पशिराः करः ॥38॥

एष सलिलप्रदाने भुजगगतौ तोयसेचने चैव।
आस्फोटने च योज्यः करिकुम्भास्फालनाद्येषु ॥39॥

इसी शिखर हस्त में तर्जनी को टेढ़ी किया जाए तो दो अँगुलियों को अँगूठे से दबाया जाए, तो कपित्थ हस्त होता है। इससे तलवार, धनुष, चक्र, तोमर, भाला, गदा, शक्ति, वज्र आदि शस्त्रों को छोड़ना तथा सत्य और हितकर कार्य करने का अर्थ सूचित होता है (30, 31)।

इसी कपित्थ हस्त में जब अनामिका और कनिष्ठा को ऊपर उठा कर टेढ़ा किया जाए, तो खटकामुख हस्त होता है। इसके द्वारा—होत्र, हव्य, छत्र, लगाम खींचने, पंखा, दर्पण पकड़ने, तोड़ने या पीसने का प्रदर्शन हो सकता है (33)।

खटकामुख हस्त में तर्जनी को फैला दिया जाए, तो इसे प्रयोक्ताओं को सूचीमुख हस्त जानना चाहिए (34)। इससे चक्र, बिजली, पताका, मंजरियाँ, कानों के झुमके, टेढ़ी चाल तथा साधुवाद—ये सब निर्दिष्ट किए जाएँ (35)।

अँगूठे के साथ अँगुलियों को मोड़ कर दूर-दूर रखा जाए और उनके अगले हिस्से को भी मिलने न दिया जाए, तो पद्मकोश हस्त होता है (36)। बेल, कैथा आदि फलों को (हाथ में लेना), स्त्रियों के स्तनों का दर्शन, आदि इससे सूचित होते हैं। (किसी वस्तु को) लेने से साँस की क्रिया दिखाने में इस हस्त में अँगुलियों के अग्रभाग सिकुड़े होंगे (37)। सारी अँगुलियाँ अँगूठे सहित एक दूसरे से मिली हुई हों और हथेली झुकी (गहरी) रखी जाए, तो सर्पशीर्ष हस्त होता है (38)। यह जल देने, सर्प की गति दिखाने, सींचने, ताल ठोंकने तथा हाथी के मस्तक को थपकाने आदि में उपयुक्त होता है (39)।

अधोमुखीनां सर्वासामङ्गुलीनां समागमः।
कनिष्ठाङ्गुष्ठकावूर्ध्वौ स भवेन्मृगशीर्षकः ॥40॥

इह साम्प्रतमस्त्यद्य च शक्तेश्चोल्लासनेऽक्षपाते च।
स्वेदापमार्जनेषु च कुट्टमिते प्रचलितस्तु भवेत् ॥41॥

त्रेताग्निसंस्थिता मध्या तर्जन्यङ्गुष्ठका यदा।
काङ्गुले ऽनामिका वक्रा तथा चोर्ध्वा कनीयसी ॥42॥

एतेन तरुणफलरूपणानि तथाविधानि च लघूनि।
कार्याणि रोषजानि स्त्रीवचनान्यङ्गुलिक्षेपैः ॥43॥

आवर्तिताः करतले यस्याङ्गुल्यो भवन्ति हि।
पार्श्वागतविकीर्णाश्च स भवेदलपल्लवः ॥44॥

प्रतिषेधकृते योज्यः कस्य त्वं नास्ति शून्यवचनेषु।
पुनरात्मोपन्यासः स्त्रीणामेतेन कर्तव्यः ॥45॥

तिस्रः प्रसारिता यत्र तथा चोर्ध्वा कनीयसी।
तासां मध्ये स्थितोऽङ्गुष्ठः स करश्चतुरः स्मृतः ॥46॥

नयविनयनियमसुनिपुणबालातुरसत्त्वकैतवार्थेषु।
वाक्ये युक्ते पथ्ये सत्ये प्रशमे च विनियोज्यः ॥47॥

मध्यमाङ्गुष्ठसन्दंशो वक्रा चैव प्रदेशिनी।
ऊर्ध्वमन्ये प्रकीर्णे च द्व्यङ्गुल्यौ भ्रमरे करे ॥48॥

पद्मोत्पलकुमुदानामन्येषां चैव दीर्घवृन्तानाम्।
पुष्पाणां ग्रहणविधिः कर्तव्यः कर्णपूरश्च ॥49॥

सभी अँगुलियाँ नीचे झुकाकर सटाई जाएँ तथा कनिष्ठा और अँगूठा ऊपर तने हों तो मृगशीर्ष हस्त होता है। इसका उपयोग—यह वस्तु अब यहाँ है यह दिखाने, शक्ति (अस्त्र) को उठाने, पासे फेंकने में होता है। पसीना पोंछना तथा कुट्टमित[1] दिखाने के लिए इसे काँपता हुआ रखा जाता है (40, 41)।

कांगुल हस्त में मध्यमा, तर्जनी तथा अँगूठे अलग-अलग रहते हैं, अनामिका टेढ़ी तथा कनिष्ठा ऊपर रहती है। इसके द्वारा बेर, सुपारी जैसे छोटे फल दिखाए जाते हैं। स्त्रियों के रोषपूर्ण वचन में इसकी अँगुलियाँ घुमाई जाती हैं (42, 43)।

सारी अँगुलियाँ हथेली की ओर मोड़ कर पार्श्व में घुमा कर बिखरा दी जाएँ तो अलपल्लव हस्त बनता है। यह मना करने, 'तुम कौन हो' इस प्रकार के प्रश्न पूछने, शून्य वचन आदि में उपयोज्य है। स्त्रियों के द्वारा स्वयं का परिचय भी इसी के द्वारा किया जाए (44, 45)। तीनों अँगुलियाँ फैली हों, कनिष्ठा ऊपर हो, उनके बीच अँगूठा स्थित हो तो यह चतुर हस्त कहलाता है। इसे नय (नीति), विनय (शिक्षा), नियम, चतुरता, कन्या, रोगी, सत्त्व (सार, बल) तथा कैतव (धूर्तता), युक्तियुक्त वाक्य, हितकर बात, सत्य तथा प्रशम (शान्ति) में विनियोजित करना चाहिए (46, 47)।

मध्यमा और अंगुष्ठ को एक दूसरे से मिला दिया जाए, तर्जनी मुड़ी हुई हो, शेष दो अँगुलियाँ ऊपर छितरा दी गई हों तो यह भ्रमर हस्त है। इससे कमल, नीलकमल, कुमुद (सफेद कमल), और भी लंबे डंठल या टहनी वाले फूलों को तोड़ना या कानों के कुंडलों को दिखाया जाता है (48, 49)।

---

1. कुट्टमित के लक्षण के लिए द्र. नाशा. 22.20 सं. नाशा. 21.17

समाः प्रसारिता स्तिस्रस्तथा चोर्ध्वा कनीयसी।
अङ्गुष्ठः कुञ्चितश्चैव हंसपक्ष इति स्मृतः ॥50॥

एष च निवापसलिले दातव्ये गण्डसंश्रये चैव।
कार्यः प्रतिग्रहाचमनभोजनार्थेषु विप्राणाम् ॥51॥

तर्जन्यङ्गुष्ठसन्दंशस्त्वरालस्य यदा भवेत्।
आभुग्नतलमध्यस्थः स सन्दंश इति स्मृतः ॥52॥

पुष्पापचयग्रथणे ग्रहणे तृणपर्णकेशसूत्राणाम्।
शल्यावयवग्रहणे प्रकर्षणे चाग्रसन्दंशः ॥53॥

समागताग्रास्सहिता यस्याङ्गुल्यो भवन्ति हि।
ऊर्ध्वा हंसमुखस्यैव स भवेन्मुकुलः करः ॥54॥

देवार्चनबलिकरणे पद्मोत्पलमुकुलरूपणे चैव।
विटचुम्बने च कार्यो विकुत्सिते विप्रकीर्णश्च ॥55॥

पद्मकोशस्य हस्तस्य ह्यङ्गुल्यः कुञ्चिता यदा।
ऊर्णनाभः स विज्ञेयः केशचौर्यग्रहादिषु ॥56॥

शिरः कण्डूयने चैव कुष्ठव्याधिनिरूपणे।
सिंहव्याघ्रष्वभिनयः प्रस्तरग्रहणे तथा ॥57॥

मध्यमाङ्गुष्ठसन्दंशो वक्रा चैव प्रदेशिनी।
शेषे तलस्थे कर्तव्ये ताम्रचूलकरेऽङ्गुली ॥58॥

विच्युतश्च सशब्दश्च कार्यो निर्भर्त्सनादिषु।
ताले विश्वासने चैव शीघ्रार्थे संज्ञितेषु च ॥59॥

तीन अँगुलियाँ बराबर सामने फैली हों, कनिष्ठा ऊपर उठी हुई हो, अँगूठा कुंचित हो तो यह हंस-पक्ष हस्त कहलाता है। यह तिलांजलि या तर्पण का जल देने, कनपटी पर हाथ ले जाने तथा ब्राह्मण के द्वारा दान लेने, आचमन या भोजन करने में उपयुक्त होता है (50, 51)।

अराल हस्त में तर्जनी और अँगूठे को मिला दिया जाए और गहरी हथेली तक लाया जाए तो यह संदंश हस्त कहलाता है। इसे आगे ले जाकर फूल इकट्ठे करना, घास-फूस, बाल या सूत्र उठाना, काँटा निकालना या बाण आदि खींचना बताया जाता है (52, 53)। हंसपक्ष हस्त में सारी अँगुलियों के छोर मिलाकर उन्हें ऊर्ध्वमुख रखा जाए तो मुकुल हस्त होता है। इसका उपयोग देवपूजा, उपहार देना, लाल कमल गा नीले कमल की कली दिखाने आदि में होता है। विट के द्वारा चुम्बन या तिरस्कार आदि में इसे बिखरा कर उपयुक्त किया जाता है (54, 55)।

पद्मकोश हस्त की सारी अँगुलियों को कुंचित कर दिया जाए, तो ऊर्णनाभ हस्त बनता है। केश, चोरों को पकड़ना आदि में उपयुक्त होता है (56)

यह सिर खुजलाने, कोढ का रोग प्रदर्शित करने तथा सिंह और व्याघ्र आदि पशुओं तथा पत्थर उठाने के अभिनय में भी काम में आता है। (57)

मध्यमा और अंगूठों को मिलाया जाए, तर्जनी को मोड़ा जाए तथा शेष अँगुलियाँ हथेली से मिली हों तो ताम्रचूड हस्त होता है। भर्त्सना करने में इसे शब्दपूर्वक नीचे की ओर रखा जाता है। ताल, विश्वास दिलाना, शीघ्रता करना आदि में भी इसका उपयोग होता है (58-59)।

॥ अथ संयुतहस्ताः ॥

पताकाभ्यां तु हस्ताभ्यां संश्लेषादञ्जलिः स्मृतः।
देवतानां गुरुणां च मित्राणां चाभिवादने ॥60॥

उभाभ्यामपि हस्ताभ्यमन्योन्यं पार्श्वसङ्ग्रहात्।
हस्तः कपोतको नाम कर्म चास्य निबोधत ॥61॥

एष विनयाभ्युपगमे प्रणामकरणे गुरोश्च सम्भाषे।
अङ्गुल्यो यस्य हस्तस्य ह्यन्योन्यान्तरनिस्सृताः ॥62॥

स कर्कट इति ज्ञेयः करः कर्म च वक्ष्यते।
एष मदनाङ्गमर्दे सुप्तोत्थितजृम्भणे बृहद्देहे ॥63॥

मणिबन्धनविन्यस्तावरालौ स्त्रीप्रयोजितौ।
उत्तानौ वामपार्श्वस्थौ स्वस्तिकः परिकीर्त्तितः ॥64॥

स्वस्तिकविच्युतिकरणाद् दिशो घनाः खं वनं समुद्राश्च।
ऋतवो मही तथौघं विस्तीर्णं वाभिनेयं स्यात् ॥65॥

खटकः खटके न्यस्तः खटकावर्धमानकः।
शृङ्गारार्थेषु योक्तव्यः प्रणामकरणे तथा ॥66॥

अरालौ तु विपर्यस्तौवुत्तानौ वर्धमानकौ।
उत्सङ्ग इति विज्ञेयः स्पर्शस्य ग्रहणे करः ॥67॥

मुकुलं तु यदा हस्तं कपित्थः परिवेष्टयेत्।
स मन्तव्यस्तदा हस्तो निषधो नाम नामतः ॥68॥

सङ्ग्रहपरिग्रहौ धारणं च समयश्च सत्यवचनं च।
सङ्क्षेपः सङ्क्षिप्तं निपीडितेनाभिनेतव्यम् ॥69॥

संयुत हस्त

दोनों हाथ पताक बना कर एक दूसरे से जोड़े जाएँ तो अंजलि हस्त होता है। यह देवता, गुरु और मित्रों को अभिवादन करने में प्रयुक्त होता है (60)।

दोनों (पताक) हस्तों को एक दूसरे से बगल से सटा कर रखने पर कपोत हस्त होता है। इसका उपयोग विनय प्रदर्शन, प्रणाम करना, गुरु से बातचीत आदि में होता है। दोनों हाथों की अँगुलियाँ एक दूसरे से मिल कर एक दूसरे के बीच से निकली हों तो कर्कट हस्त होता है। इसका काम के मद में अंग मरोड़ना, जमुहाई या अंगड़ाई लेना, देह को फैलाना या विशालकाय होने का भाव बताना—इनमें उपयोग होता है (61-63)।

दो अराल हस्त कलाई पर ऊपर मुँह रख कर बायीं भुजा की ओर रखे जाएँ तो स्वस्तिक हस्त होता है। इसका प्रयोग स्त्रियाँ करती हैं। स्वस्तिक बनाकर हाथों को अलग करने पर दिशाएँ, बादल, आकाश, वन, समुद्र, ऋतुएँ, पृथ्वी, बाढ़ या विस्तीर्ण प्रदेश आदि का अभिनय होता है (64-65)।

दो खटकामुख हस्त स्वस्तिक बनाकर एक दूसरे पर रखे जाएँ तो खटकावर्धमानक होता है। इसका उपयोग शृंगारपूर्ण बातों तथा प्रणाम करने में होता है (66)।

दो अराल हस्त उलट कर ऊपर की ओर मुँह कर स्वस्तिक दशा में दोनों कंधों पर रखे जाएँ तो उत्संग हस्त होता है। इसका उपयोग स्पर्श दिखाने के लिए किया जाता है (67)।

जब एक हाथ से मुकुल हस्त बना कर उसको कपित्थ हस्त से लपेटा जाए तब इसे निषध हस्त जानना चाहिए (68)। इसे दबा कर संग्रह, दान लेना, धारण करना, प्रतिज्ञा या सत्य वचन, संक्षेप करना या समेटना आदि अभिनेतव्य है (69)।

असंयुक्त हस्त

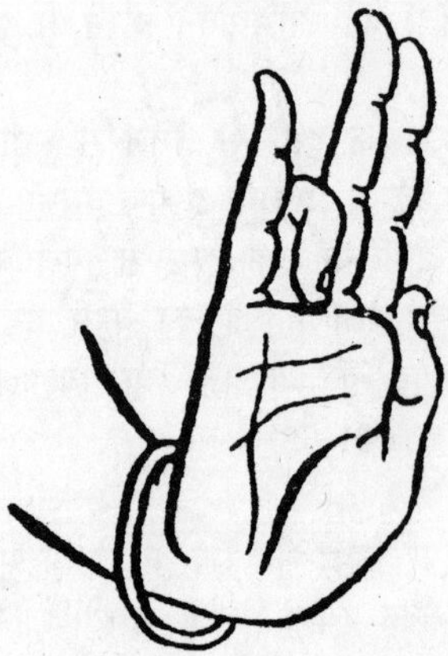

(1) पताक

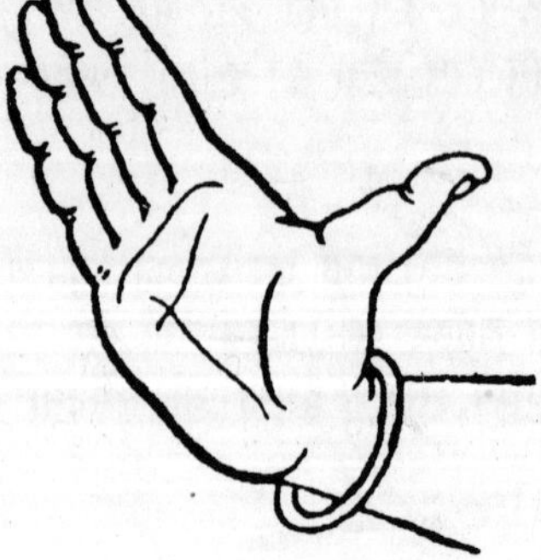

(2) त्रिपताक

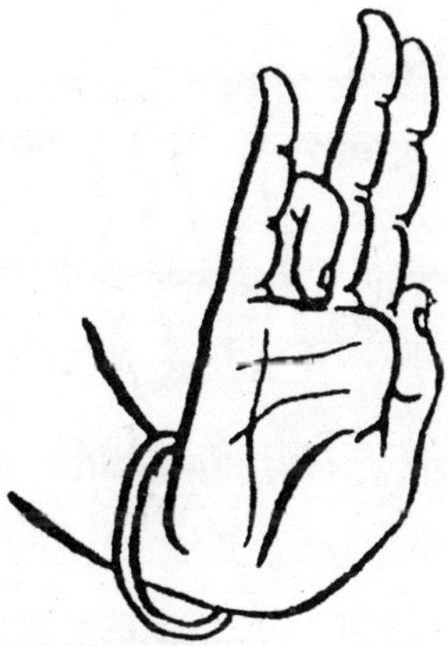

(3) कर्तरीमुख

(4) अर्धचन्द्र

अंसौ प्रशिथिलौ मुक्तौ पताकौ तु प्रलम्बितौ।
यदा भवेतां करणे स दोल इति संज्ञितः ॥70॥

सम्भ्रमविषादमूर्च्छितमदाभिघाते तथैव चावेगे।
व्याधिप्लुते च शस्त्रक्षते च कार्यो ऽभिनययोगः ॥71॥

यस्तु सर्पशिराः प्रोक्तस्तस्याङ्गुलिनिरन्तरः।
द्वितीयः पार्श्वसंश्लिष्टः स तु पुष्पपुटः स्मृतः ॥72॥

धान्यफलपुष्पसदृशान्यनेन नानाविधानि युक्तानि।
ग्राह्याण्युपनेयानि च तोयानयनापनयने च ॥73॥

पताकौ तु यदा हस्तावूर्ध्वाङ्गुष्ठावधोमुखौ।
उपर्युपरि विन्यस्तौ तदासौ मकरः स्मृतः ॥74॥

सिंहव्यालद्वीपि प्रदर्शनं नक्रमकरमत्स्यानाम्।
ये चान्ये क्रव्यादा अभिनेयास्ते ऽर्थयोगेन ॥75॥

कूर्परांसोचितौ हस्तौ यदास्तां सर्पशीर्षकौ।
गजदन्तः स तु करः कर्म चास्य निबोधत ॥76॥

एष वधूवराणामुद्वाहे चातिभारयोगे च।
स्तम्भग्रहणे च तथा शैलशिलोत्पाटने चैव ॥77॥

शुकतुण्डौ करौ कृत्वा वक्षस्याभिमुखाञ्चितौ।
शनैरधोमुखाविद्धो सो ऽवहित्थ इति स्मृतः ॥78॥

दौर्बल्ये निःश्वसिते गात्राणां दर्शने तनुत्वे च।
उत्कंठिते च तज्ज्ञैरभिनययोगस्तु कर्त्तव्यः ॥79॥

ज्ञेयो वै वर्धमानस्तु हंसपक्षौ पराङ्मुखौ।
जालवातायनादीनां प्रयोक्तव्यो विघाटने ॥80॥

दोनों कंधे ढीले और खुले हों, दो पताक हस्त नीचे लटकाए जाएँ तो दोल हस्त होता है, जिसका उपयोग करण के साथ होता है (70)। इसका अभिनय संभ्रम, विषाद, मूर्च्छा, मद का अभिघात (झटका), आवेग, रोग का बढ़ना या शस्त्र से घायल होना—इनमें होता है (71)।

दो सर्पशीर्ष हस्तों को अँगुलियाँ सटाकर पार्श्व में रखा जाए, तो पुष्पपुट होता है (72)। इसके द्वारा धान्य, फल-पुष्प या इनके जैसी वस्तुओं का ग्रहण करना या ले जाना तथा जल लाना ले जाना दिखाया जाता है (73)। दो पताक हस्तों को हथेलियाँ नीचे की ओर करके एक दूसरे पर रख दिया जाए और दोनों के अँगूठे ऊपर तने हों तो मकर हस्त होता है (अँगूठे एक दूसरे के विपरीत दिशाओं में हों)। इसके द्वारा सिंह, सर्प, चीता, घड़ियाल, मगर, मछली तथा और भी इस प्रकार के हिंसक पशुओं का प्रदर्शन होता है (75)।

दो सर्पशीर्ष हस्त स्वस्तिक बना कर अलग-अलग कंधों पर रखे जाएँ तो गजदंत हस्त होता है। यह वर-वधू के विवाह में, बहुत बोझ ढोने में, खंभे को पकड़ने या पहाड़ अथवा चट्टान उखाड़ने में अभिनीत होता है (76-77)।

शुकतुंड हस्त वक्षःस्थल पर एक दूसरे के आमने-सामने लटकते हुए रखे जाएँ; फिर उन्हें नीचा मुख करके धीरे से एक दूसरे से मिलाया जाए तो अवहित्थ हस्त होता है। इसका अभिनय दुर्बलता, साँस छोड़ना, शरीर को देखना, पतलापन, उत्कंठा आदि में करना चाहिए। दो हंसपक्ष हस्त एक दूसरे से विपरीत मुख करके रखे जाएँ, तो वर्धमान हस्त होता है। इसका उपयोग झरोखा या खिड़की आदि को खोलने में होता है (78-80)।

नास्ति कश्चिदहस्तस्तु नाट्ये ऽर्थोऽभिनयं प्रति।
यस्य यद् दृश्यते रूपं बहुशस्तन्मयोदितम् ॥81॥

अन्ये चाप्यर्थसंयुक्ता लौकिका ये करास्त्विह।
छन्दतस्ते प्रयोक्तव्या रसभावविचेष्टितैः ॥82॥

विषण्णे मूर्च्छिते ह्री जुगुप्सा शोकपीडिते।
ग्लाने स्वप्ने विहस्ते च निश्चेष्टे तन्द्रिते जडे ॥83॥

व्याधिग्रस्ते जरार्ते च भयार्ते शीतविप्लुते।
मत्ते प्रमत्ते चोन्मत्ते चिन्तायां तपसि स्थिते ॥84॥

हिमवर्षहते बद्धे वारिणा प्लवसंश्रिते।
स्वप्नायिते च सम्भ्रान्ते नतसंस्फोटने तथा ॥85॥

न हस्ताभिनयः कार्यः कार्यः सत्त्वसमाश्रयः।

❑

नाट्य में हस्त का उपयोग

नाट्य के अभिनय में किसी भी पदार्थ को बिना हस्त मुद्रा के नहीं दिखाया जा सकता। इस दृष्टि से जिस हस्त का जैसा स्वरूप है वह मैंने बताया है (81)। संसार में और भी कई प्रकार के हस्त प्रयोग में आते हैं जो अलग-अलग अर्थों को सूचित करते हैं। रस, भाव आदि की सूचक चेष्टाओं के अनुसार इनका प्रयोग करना चाहिए (82)।

निम्नलिखित स्थितियों में हस्त मुद्राओं का उपयोग नहीं करना चाहिए—विषाद, मूर्च्छा, लज्जा, घृणा, शोक से पीड़ित होना, ग्लानि, स्वप्न, असहायता, निश्चेष्टा, तंद्रा, जड़ता, व्याधिग्रस्त होना, जरा से व्याकुल या आर्त होना, भय से व्याकुल होना, ठंड से ठिठुरना, मत्त, प्रमत्त या उन्मत्त होना, चिंता या तप की स्थिति, बर्फ की वर्षा की मार खाना, बाढ़ से घिरना, स्वप्न में बड़बड़ाना, घबराना तथा नतसंस्फोटन[1]। इनमें सात्विक अभिनय करना चाहिए। (83-85)

❑

1. 'नखसंस्फोटन' पाठ लेने पर नखों से (अत्यधिक भावावेग में) फाड़ना, कुरेदना—यह अर्थ होगा।

॥ अथ दशमोऽध्यायः ॥

एकपादप्रचारो यः सा चारीत्यभिसंज्ञिता।
द्विपादक्रमणं यत्तु करणं नाम तद्भवेत् ॥1॥

करणानां समायोगः खण्ड इत्यभिधीयते।
खण्डैस्त्रिभिश्चतुर्भिर्वा संयुक्तैर्मण्डलं मवेत् ॥2॥

चारीभिः प्रसृतं नृत्तं चारीभिश्चेष्टितं तथा।
चारीभिः शस्त्रमोक्षश्च चार्यो युद्धे च कीर्तिताः ॥3॥

यदेतत्प्रस्तुतं नाट्यं तच्चारीष्वेव संस्थितम्।
न हि चार्या विना किंचिन्नाट्येऽङ्गं संप्रवर्तते ॥4॥

तस्माच्चारीविधानस्य संप्रवक्ष्यामि लक्षणम्।
या यस्मिस्तु यथा योज्या नृत्ते युद्धे गतौ तथा ॥5॥

समपादा स्थितावर्ता शकटास्या तथैव च।
अध्यर्धिका चाषगतिर्विच्यवा च तथापरा ॥6॥

एडकाक्रीडिता बद्धा ऊरूद्वृता तथाड्डिता।
उत्स्पन्दिताथ जनिता स्यन्दिता चापस्यन्दिता ॥7॥

समोत्सारितमत्तल्ली मत्तल्ली चेति षोडश।
एता भौम्यः स्मृताश्चार्यः शृणुताकाशिकीः पुनः ॥8॥

॥ दसवाँ अध्याय ॥

(चारी विधान)

एक पैर का संचार होने पर चारी तथा दोनों पैरों का क्रमण होने पर करण होता है। करणों के मिलने से खण्ड बनता है। तीन या चार खंडों के मिलने से मंडल होता है (1-2)। चारियों से ही नृत्त प्रवर्तित होता है, चारियों से नाट्य प्रयोग में विभिन्न चेष्टाएँ होती हैं तथा चारियों से ही शस्त्रमोक्ष होता है। युद्ध के दृश्य दिखाने में भी चारियों का उपयोग होता है (3)। यह जो नाट्य प्रस्तुत किया जा रहा है, यह चारियों में ही अवस्थित है। चारियों के बिना नाट्य का कोई अंग प्रवृत्त नहीं होता। इसलिए मैं अब चारी विधान का लक्षण बताता हूँ तथा नृत्त, युद्ध और गति में जिस चारी का जैसा उपयोग होगा उसे बताता हूँ (4-5)

भौमी (भूमि पर अभिनीत) चारियाँ 16 हैं—समपादा, स्थितावर्ता, शकटास्या, अध्यर्धिका, चाषगति, विच्च्यवा, एडकाक्रीडिता, बद्धा, ऊरूद्वृत्ता, अड्डिता, उत्स्पंदिता, जनिता, स्यंदिता, अपस्यंदिता, समोत्सारितमत्तल्ली तथा मत्तल्ली (6-7)।

सोलह आकाशिकी चारियाँ इस प्रकार हैं—अतिक्रान्ता, अपक्रान्ता, पार्श्वक्रान्ता, ऊर्ध्वजानु, सूची, नूपुरपादिका, डोलापादा, आक्षिप्ता, आविद्धा, उद्वृत्ता, विद्युद्भ्रान्ता, अलाता, भुजङ्गत्रासिता, मृगप्लुता, दंडा तथा भ्रमरी (8-11)।

अतिक्रान्ता ह्यपक्रान्ता पार्श्वक्रान्ता तथैव च।
ऊर्ध्वजानुश्च सूची च तथा नूपुरपादिका ॥9॥

डोलापादा तथाक्षिप्ता आविद्धोद्वृत्तसंज्ञिते।
विद्युद्भ्रान्ताह्यलाता च भुजङ्गत्रासिता तथा ॥10॥

मृगप्लुता च दण्डा च भ्रमरी चेति षोडश।
आकाशिक्यः स्मृताह्येता लक्षणं च निबोधत ॥11॥

पदैर्निरन्तरकृतैस्तथा समनखैरपि।
समपादा तु सा चारी विज्ञेया स्थानसंश्रया ॥12॥

भूमिघृष्टेन पादेन कृत्वाभ्यन्तरमण्डलम्।
पुनरुत्सारयेदन्यं स्थितावर्ता तु सा स्मृता ॥13॥

निषण्णाङ्गस्तु चरणं प्रसार्य तलसञ्चरम्।
उद्वाहितमुरः कृत्वा शकटास्यां प्रयोजयेत् ॥14॥

सव्यस्य पृष्ठतो वामश्चरणस्तु यदा भवेत्।
तस्यापसर्पणं चैव ज्ञेया साध्यर्धिका बुधैः ॥15॥

पादः प्रसारितः सव्यः पुनश्चैवापसर्पितः।
वामः सव्यापसर्पी वा चाषगत्यां विधीयते ॥16॥

विच्यवात्समपादाया विच्यवां संप्रयोजयेत्।
निकुट्टयंस्तलाग्रेण पादस्य धरणीतलम् ॥17॥

तलसञ्चरपादाभ्यामुत्प्लुत्य पतनं तु यत्।
पर्यायशश्च क्रियते एडकाक्रीडिता तु सा ॥18॥

अन्योन्यजङ्घासंवेधात्कृत्वा तु स्वस्तिकं ततः।
ऊरुभ्यां वलनं यस्मात्मा बद्धा चार्युदाहृता ॥19॥

अब मैं क्रमशः इन सबके लक्षण बताता हूँ। दोनों पैरों को पास रखते हुए, पैरों के नखों को भी बराबर मिलाकर रखा जाए तो समपादा चारी होती है (12)। एक (अग्रतलसंचर) पैर को भूमि पर रगड़ते हुए दूसरे पैर के (जानु के) पास स्वस्तिक बना कर रखे, फिर दोनों को अलग कर यही गति पुनः दोहराए, तो स्थिरतावर्ता चारी होती है (13)। शकटास्या चारी में शरीर के ऊपर के हिस्से (धड़) को सीधा स्थिर रख कर एक अग्रतलसंचर पाद को आगे फैलाए तथा वक्ष को उद्वाहित[1] स्थिति में रखे (14)। बायाँ पैर जब दाहिने पैर के पीछे ले जाए और उसे पीछे हटाया जाए तो अध्यर्धिका चारी होती है (16)। चाषगति चारी में दाहिना पैर आगे फैलाया जाता है और फिर पीछे हटाया जाता है, बायें पैर को भी दाहिने के पीछे रख कर फिर आगे बढ़ाया जाता है (16)। समपादा चारी में पैरों को अलग करने पर विच्यवा चारी होती है। पैरों को अलग करते समय पंजों को (ताल के अनुसार) भूमि पर पटकते हैं (17)। तलसंचर पैरों से उछल कर बारी-बारी से नीचे आने पर एडकाक्रीडिता चारी होती है (18)। जंघाओं (पिंडलियों) को परस्पर गूँथ कर स्वस्तिक बना कर दोनों ऊरुओं से वलन किया जाए, तो बद्धा चारी होती है (19)।

1. उद्वाहित वक्ष—ऊपर उठा हुआ। नाशा. 9/23

तलसञ्चरपादस्य पार्ष्णिर्बाह्योन्मुखी यदा।
जङ्घाञ्चिता तथोद्वृत्ता ऊरूद्वृत्तेति सा स्मृता ॥20॥

अग्रतः पृष्ठतो वापि पादोऽग्रतलसञ्चरः।
द्वितीयपादनिर्घृष्टो यस्यां स्यादड्डिता तु सा ॥21॥

शनैः पादो निवर्तेत बाह्येनाभ्यन्तरेण च।
यद्रेचकानुसारेण सा चार्युत्स्पन्दिता स्मृता ॥22॥

मुष्टिहस्तश्च वक्षस्थः करोऽन्यच्च प्रवर्तितः।
तलसञ्चरपादश्च जनिता चार्युदाहृता ॥23॥

पञ्चतालान्तरं पादं प्रसार्य स्यन्दितां न्यसेत्।
द्वितीयेन तु पादेन तथापस्यन्दितामपि ॥24॥

तलसञ्चरपादाभ्यां घूर्णमानोपसर्पणैः।
समोत्सरितमत्तल्ली व्यायामे समुदाहृता ॥25॥

उभाभ्यामपि पादाभ्यां घूर्णमानोपसर्पणैः।
उद्वेष्टितापविद्धैश्च हस्तैर्मत्तल्ल्युदाहृता ॥26॥

एता भौम्यः स्मृताश्चार्यो नियुद्धकरणाश्रयाः।
आकाशिकीनां चारीणां सम्प्रवक्ष्यामि लक्षणम् ॥27॥

कुञ्चितं पादमुत्क्षिप्य पुरतः सम्प्रसारयेत्।
उत्क्षिप्य पातयेच्चैनमतिक्रान्ता तु सा स्मृता ॥28॥

ऊरुभ्यां वलनं कृत्वा कुञ्चितं पादमुद्धरेत्।
पार्श्वे विनिक्षिपेच्चैनमपक्रान्ता तु सा स्मृता ॥29॥

कुञ्चितं पादमुत्क्षिप्य जानुस्तनसमं न्यसेत्।
उद्घट्टितेन पादेन पार्श्वक्रान्ता विधीयते ॥30॥

तलसंचर पाद का पंजा बाहर की ओर रखा जाए, पिंडली अंचित तथा उद्वृत्त हो तो ऊरूद्वृत्ता होती है (20)। जिसमें एक अग्रतल-संचर पैर आगे या पीछे की ओर रगड़ते हुए दूसरे पैर के पास रखा जाए, वह अड्डिता चारी है (21)।

यदि रेचक के अनुसार पैर को दूसरे पैर के आगे और पीछे घुमाया जाए, तो उत्स्पंदिता चारी होती है (22)। एक मुष्टि हस्त वक्ष पर रखा जाए, दूसरा हाथ प्रवर्तित (गोल चक्कर लगा कर स्थित) हो तथा एक पैर अग्रतलसंचर की स्थिति में रहे तो यह जनिता कही जाती है (23)। एक पैर को दूसरे से पाँच ताल[1] की दूरी पर रखे तो यह स्यंदिता चारी है। इसके विपरीत जब दूसरे को पहले पैर से पाँच ताल की दूरी पर रखे तो अपस्यंदिता होती है (24)। यदि अग्रतलसंचर पाँवों को गोल चक्कर में घुमाते हुए पीछे की ओर लाया जाए, तो 'समोत्सारित मत्तल्ली' होती है (25)। समोत्सारित मत्तल्ली में पैरों से चक्कर और पीछे ले जाने के कार्य के साथ दोनों हाथों को उद्वेष्टित और अपविद्ध भी रखा जाए, तो मत्तल्ली होती है (26)।

यहाँ तक भौमी चारियाँ बताई गईं, जिनका उपयोग युद्ध और करणों में होता है। अब मैं आकाशिकी चारियों के लक्षण बताता हूँ (27)।

कुंचित पैर को ऊपर उठाकर सामने फैलाए और ऊपर से नीचे पटके तो यह अतिक्रांता कहलाती है (28)। दोनों ऊरुओं से वलन करके कुंचित पैर को ऊपर उठाकर बगल में पटके तो अपक्रांता चारी होती है (29)। कुंचित पैर को ऊपर उठाकर घुटने को स्तन के पार्श्व तक रखे और उसे पार्श्व में ले जाए, तो पार्श्वक्रांता होती है (30)।

---

1. ताल—एक बालिश्त की दूरी।

कुञ्चितं पादमुत्क्षिप्य जानुस्तनसमं न्यसेत्।
द्वितीयं च क्रमस्तब्धमूर्ध्वजानुः प्रकीर्तिता ॥31॥

कुञ्चितं पादमुत्क्षिप्य जानूर्ध्वं संप्रसारयेत्।
पातयेच्चाग्रयोगेन सा सूची परिकीर्तिता ॥32॥

पृष्ठतो ह्यञ्चितं कृत्वा पादमग्रतलेन तु।
द्रुतं निपातयेद्भूमौ चारी नूपुरपादिका ॥33॥

कुञ्चितं पादमुत्क्षिप्य पार्श्वात्पार्श्वन्तु दोलयेत्।
पातयेदञ्चितं चैव दोलपादा प्रकीर्तिता ॥34॥

कुञ्चितं पादमुत्क्षिप्य आक्षिप्य त्वञ्चितं न्यसेत्।
जङ्घास्वस्तिकसंयुक्ता चाक्षिप्ता नाम सा स्मृता ॥35॥

स्वस्तिकस्याग्रतः पादः कुञ्चितश्च प्रसारितः।
निपतेदञ्चिताविद्धमाविद्धा नाम सा स्मृता ॥36॥

पादमाविद्धमावेष्ट्य समुत्प्लुत्य निपातयेत्।
परिवृत्य द्वितीयं च सोद्वृत्ता चार्युदाहृता ॥37॥

पृष्ठतो वलितं पादं शिरोघृष्टं प्रसारयेत।
सर्वतो मण्डलाविद्धं विद्युद्भ्रान्ता तु सा स्मृता ॥38॥

पृष्ठप्रसारितः पादो वलितोऽभ्यन्तरीकृतः।
पार्ष्णिप्रपतितश्चैव ह्यलाता संप्रकीर्तिता ॥39॥

कुञ्चितं पादमुत्क्षिप्य त्र्यश्रमूरुं विवर्तयेत्।
कटीजानुविवर्ताच्च भुजङ्गत्रासिता भवेत् ॥40॥

एक पैर से पार्श्वक्रांता करके फिर क्रम से दूसरे पैर से भी पार्श्वक्रांता करे और पहले को स्थिर रखे तो उर्ध्वजानु चारी कही जाती है (31)।

कुंचित पैर को उठा कर घुटने के ऊपर तक फैलाए फिर इसके पंजे को भूमि पर पटके तो सूची चारी होती है (32)। नूपुरपादिका चारी में एक पैर को दूसरे के पीछे अंचित करे और दूसरे को अग्रतलसंचर बना कर तेजी से भूमि पर पटके (33)। कुंचित पैर को ऊपर उठा कर एक पार्श्व से दूसरे पार्श्व तक डोलाए फिर अंचित करके नीचे गिरा दे तो दोलपादा चारी होती है (34)। कुंचित पैर को ऊपर उठा कर अंचित स्थिति में जल्दी से पृथ्वी पर रखे और पिंडलियों से स्वस्तिक बना दे तो आक्षिप्ता होती है (35)। यदि पिंडलियों से स्वस्तिक की उपर्युक्त स्थिति में ही एक पैर को कुंचित करके फैलाए और उसे दूसरे पैर से आविद्ध कर अंचित स्थिति में भूमि पर गिराए तो आविद्धा चारी होती है (36)। उपर्युक्त आविद्धा चारी की स्थिति में आविद्ध पैर को दूसरे से लपेट कर उछाल भर कर नीचे गिराए, फिर बदल कर दूसरे पैर से भी यही क्रिया करे तो उद्वृत्ता चारी होती है (37)। पीछे की ओर घुमा कर ले जाए गए पैर को माथे से रगड़ देता हुआ फैलाए और इसी स्थिति में चारों ओर गोल चक्कर लगाए तो विद्युद्भ्रांता चारी होती है (38)। एक पैर पीछे फैलाया हो, फिर घुमा कर भीतर ले जाए और दूसरे पैर के पंजे के पास पटका जाए तो अलाता चारी होती है (39)। कुंचित पैर को ऊपर उठाकर ऊरु को तिरछा करके गोल घुमाव दे, साथ में कटि और घुटने को भी घुमाए तो भुजंगत्रासिता चारी होती है (40)।

अतिक्रान्तक्रमं कृत्वा चोत्प्लुत्य बिनिपातयेत्।
जङ्घाञ्चिता परिक्षिप्ता सा ज्ञेया हरिणप्लुता ॥41॥

नूपुरं चरणं कृत्वा पुरतः संप्रसारयेत्।
क्षिप्रमाविद्धकरणं दण्डपादा तु सा स्मृता ॥42॥

अतिक्रान्तक्रमं कृत्वा त्रिकं तु परिवर्तयेत्।
द्वितीयपादभ्रमणात्तलेन भ्रमरी स्मृता ॥43॥

आकाशिक्यः स्मृता ह्येता ललिताङ्गक्रियात्मिकाः।
धनुर्वज्रासिशस्त्राणां प्रयोक्तव्या विमोक्षणे ॥44॥

अग्रगौ पृष्ठगौ वापि ह्यनुगौ वापि योगतः।
पादयोस्तु द्विजा हस्तौ कर्तव्यौ नाट्योक्तृभिः ॥45॥

यतः पादस्ततो हस्तो यतो हस्तस्ततस्त्रिकम्।
पादस्य निर्गमं कृत्वा तथोपाङ्गानि योजयेत् ॥46॥

पादचार्यां यथा पादो धरणीमेव गच्छति।
एवं हस्तश्चरित्वा तु कटीदेशं समाश्रयेत् ॥47॥

एताश्चार्यो मया प्रोक्ता ललिताङ्गक्रियात्मिकाः।
स्थानान्यासां प्रवक्ष्यामि सर्वशस्त्रविमोक्षणे ॥48॥

वैष्णवं समपादं च वैशाखं मण्डलं तथा।
प्रत्यालीढं तथालीढं स्थानान्येतानि षण्णृणाम् ॥49॥

द्वौ तालावर्धतालश्च पादयोरन्तरं भवेत्।
तयोः समुत्थितस्त्वेकस्त्र्यश्रः पक्षस्थितोऽपरः ॥50॥

अतिक्रांता चारी में उछाल भर कर नीचे आए, जंघा (पिंडली) अंचित तथा आक्षिप्त हो तो इसे हरिणप्लुता चारी जानना चाहिए (41)। नूपुरपादिका चारी को करके एक पैर आगे फैलाए और तुरत उसे देह के सामने दण्डाकार घुमा कर पीछे हटाए तो दंडपादा चारी होती है (42)। अतिक्रांता चारी करके पीठ के नीचे के हिस्से को घुमाव दे तथा नीचे से दूसरे पैर को घुमाए तो भ्रमरी चारी होती है (43)। ये आकाशिकी चारियाँ हैं जो ललित अंगसंचालन से युक्त होती हैं। इनका प्रयोग धनुष, वज्र, तलवार आदि शस्त्रों का संचालन दिखाने में करना चाहिए (44)। इन चारियों में पैरों की आगे, पीछे या साथ जैसी गति हो उसी के अनुसार हाथों की गति भी होना चाहिए (45)। जिधर पैर जाए, उधर हाथ, जिधर हाथ जाए उधर त्रिक (पीठ का अधोभाग) जाना चाहिए। चारी में पैर बाहर निकाल लेने पर उपांगों (अक्षि, भ्रू आदि) से उसके अनुसार काम ले (46)। पाद चारी में पैर प्रदर्शन करके वापस धरती पर आ जाता है, उसके साथ हाथ कटि पर आ टिकता है (47)।

मैंने ललितांग क्रियात्मक ये चारियाँ बताईं। अब मैं इनके स्थान बताता हूँ, जिनका उपयोग शस्त्र-मोक्ष में होता है। वैष्णव, समपाद, वैशाख, मंडल, प्रत्यालीढ तथा आलीढ—ये नटों के लिए छः स्थान कहे गए हैं (49)।

दोनों पाँवों के बीच ढाई ताल (एक ताल = बारह अंगुल) का अंतर रखना चाहिये। फिर एक पाँव को ऊपर उठाया जाए और दूसरा त्र्यश्र की स्थित में रहे। सौष्ठव का निर्वाह करते हुए अंचिता जंघा बनाई जाए, तो यह वैषणव स्थान होता है (50-51)

किञ्चिदञ्चितजङ्घं व सौष्ठवाङ्गरस्कृतम् ।
वैष्णवस्थानमेतद्धि विष्णुरेवाधिदैवतम् ॥51॥

स्थानेनानेन कर्तव्यः संलापस्तु स्वभावजः।
नानाकार्यान्तरोपेतैर्नृभिरुत्तममध्यमैः ॥52॥

चक्रस्य मोक्षणे चैव धारणे धनुषस्तथा।
धैर्योदात्ताङ्गलीलासु तथा क्रोधे प्रयोजयेत् ॥53 ॥

समपादे समौ पादौ तालमात्रान्तरस्थितौ।
स्वभावसौष्ठवोपेतौ ब्रह्मा चात्रधिदैवतम् ॥54॥

अनेन कार्यं स्थानेन विप्रमङ्गलधारणम।
रूपणं पक्षिणां चैव परं कौतुकमेव च ॥55॥

स्व (ख) स्थानां स्यन्दनस्थानां विमानस्थायिनामापि ।
लिङ्गस्थानां व्रतस्थानां स्थानमेतत्तु कारयेत् ॥56॥

(तालास्त्रयोऽर्धतालाश्च पादयोरन्तरं भवेत्।
तालांस्त्रीनिर्धतालश्च निषण्णोरुं प्रकल्पयेत् ॥57॥

त्र्यश्रौ पक्षस्थितौ चैव तत्र पादौ प्रयोजयेत्।
वैशाखस्थानमेतद्धि स्कन्दश्चात्राधिदैवतम् ॥58॥

स्थाने कर्तव्यमश्वानां वाहनं बुधैः।
व्यायामो निर्गमश्चैव स्थूलपक्षिनिरूपणम् ॥59॥

ऐन्द्रे तु मण्डले पादौ चतुस्तालान्तरस्थितौ।
त्र्यस्रौ पक्षः स्थितौ चैव कटी जानू समौ तथा ॥60॥

इस स्थानक का प्रयोग राजा या उत्तम अथवा मध्यम श्रेणी के पात्र विभिन्न कार्य संपादन करते हुये कर सकते हैं, या वे स्वाभाविक बातचीत में इसका प्रयोग कर सकते हैं (52)

चक्र को चलाने, धनुष धारण करने तथा धैर्य और उदात्त आंगिक के लीलापूर्ण विन्यास में तथा क्रोध में भी इसका प्रयोग होता है (53)।

समपाद स्थानक में दोनों पाँव समान और स्वाभाविक स्थिति में सोष्ठव के साथ में रखे जाते हैं। दोनों के बीच दूरी एक ताल की रहती है। इसके अधिष्ठाता देवता ब्रह्मा हैं (54)।

ब्राह्मणों के द्वारा मांगलिक कृत्य के संपादन, पक्षियों को देखना, कौतुक का अभिनय, आकाश, रथ या विमान में स्थित पात्र, संन्यासी या व्रत का पालन करने वाले पात्रों के लिये इसका प्रयोग किया जाता है। (55-56)।

वैशाखस्थान में दोनों पाँवों के बीच साढे तीन ताल का अंतर होता है। इसमें ऊरु (जाँघे) तिरझे झुका कर आमने सामने रहते हैं। पाँव तिरछे तथा बाजू में रहते हैं। इसके अधिष्ठाता देवता कार्तिकेय हैं (57-58)।

इस स्थानक के द्वारा घोड़े पर सवारी व्यायाम, निर्गमन, तथा बड़े आकार के पक्षियों को बताने का अभिनय होता है। (59)

मण्डल स्थान के देवता इन्द्र हैं। इसमें पाँव चार ताल की दूरी पर तिरछे और आजू बाजू में रखे-रखे जाते हैं। कमर और घुटने सम स्थिति में रहते हैं। मंडल स्थान से धनुष धारण करना, वज्र चलाना, हाथी आदि की सवारी तथा बड़े

धनुर्वज्राणि शस्त्राणि मण्डलेन प्रयोजयेत्।
वाहनं कुञ्जरादीनां स्थूलपक्षिनिरूपणम् ॥61॥

अस्यैव दक्षिणं पादं पञ्चतालान् प्रसार्य तु।
आलीढं स्थानंक कुर्याद्रुद्रश्चात्राधिदैवतम् ॥62॥

अनेन कार्यं स्थानेन वीररौदद्रकृतं तु यत्।
उत्तरोतरसंजल्पो रोषामर्षकृतश्च यः ॥63॥

मल्लानां चैव सम्फेटः शत्रूणां च निरूपणम्।
तथाभिद्रवणं चैव शस्त्राणां चैव मोक्षणम ॥64॥

कुञ्चितं दक्षिणं कुत्वा वामं पादं प्रसार्य च।
आलीढपरिवर्तस्तु पत्यालीढमिति स्मृतम् ॥65॥

आलीढसंहितं शस्त्रं प्रत्यालीढेन मोक्षयेत्।
नानाशस्त्रविमोक्षो हि कार्योऽनेन प्रयोक्तृभिः ॥66॥

न्यायाश्चैवात्र विज्ञेयाश्चत्त्वारः शस्त्रमोक्षणे।
भारतः सात्त्वतश्चैव वार्षगण्यो ऽथ कैशिकः ॥67॥

भारते तु कटिच्छेद्यं पादच्छेद्यं तु सात्त्वते।
वक्षसो वार्षगण्ये तु शिरश्छेद्यं तु कैशिके ॥68॥

कटी कर्णसमा यत्र कूर्परांसशिरस्तथा।
समुन्नतमुरश्चैव सौष्ठवं नाम तद्भवेत् ॥69॥

अत्र नित्यं प्रयत्नो हि विधेयो मध्यमोत्तमैः।
नाट्यं नृत्तं च सर्वं हि सौष्ठवे सम्प्रतिष्ठितम् ॥70॥

❑

पक्षियों का प्रदर्शन किया जाता है। (60-61)

मण्डल स्थान के ही दाहिन पैर को पाँच ताल की दूरी पर फैला कर रखे तो आलीढ़ स्थान बन जाता है। इसके अधिष्ठाता देवता रुद्र हैं। इसका प्रयोग वीर और रौद्र रसों के अभिनय में, रोष या अमर्ष के कारण होने वाली झड़प या उत्तरोतर विवाद की वृद्धि में, पहलवानों की भिड़ंत में, शत्रुओं को दिखाने में, हमला करने और शस्त्र चलाने में होता है। (62-63)

दाहिने पाँव के कुंचित कर के तथा बायें को फैला कर आलीढ स्थान में ही पलट जाये, तो प्रत्यालीढ स्थान होता है। आलीढ स्थान में जिन शस्त्रों का संधान किया था, उन्हें प्रत्यालीढ स्थान के द्वारा छोड़ा जाता है। इस प्रकार इसके द्वारा विविध शस्त्रों को चलाने का अभिनय होता है (64-66)

शस्त्रमोक्ष में ही भारत, सात्वत, वार्षगण्य तथा कैशिक ये चार न्याय जानना चाहिए (67)।

भारत-न्याय कटि से, सात्वत पैरों से, वार्षगण्य वक्ष से और कैशिक सिर के संचालन से किया जाता है (68)।

जिसमें कटि और कान एक दूसरे की बराबरी में सीधे हों, कलाई, कंधे और सिर भी सीधे रहें, वक्ष ऊँचा हो वह सौष्ठव है। मध्यम और उत्तम पात्रों को सौष्ठव के निर्वाह का सदैव प्रयत्न करना चाहिए। नाट्य और नृत्त सब सौष्ठव ही प्रतिष्ठित है (69, 70)।

❑

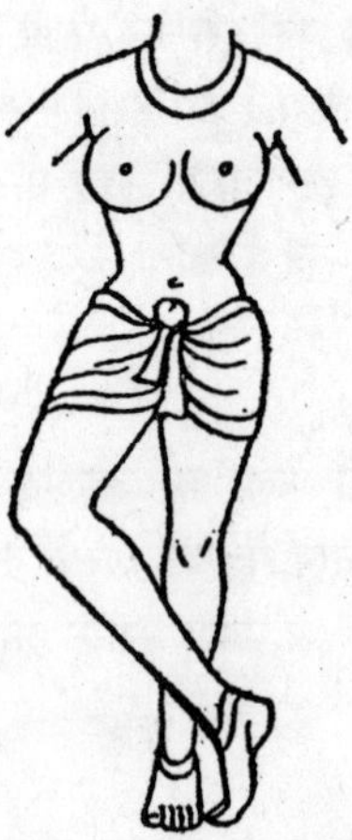

(1) वैष्णव स्थान

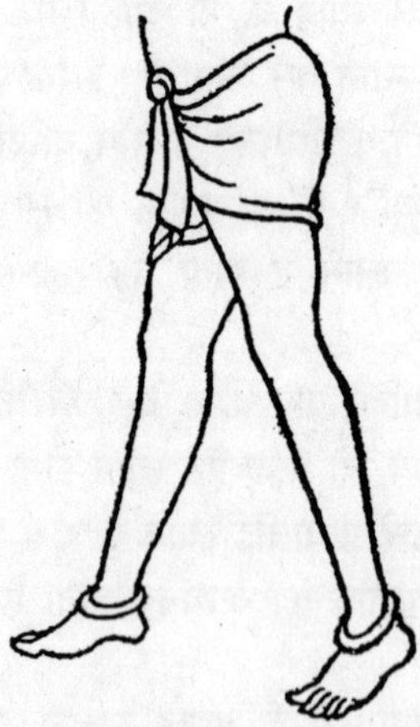

(2) आलीढ़ स्थान

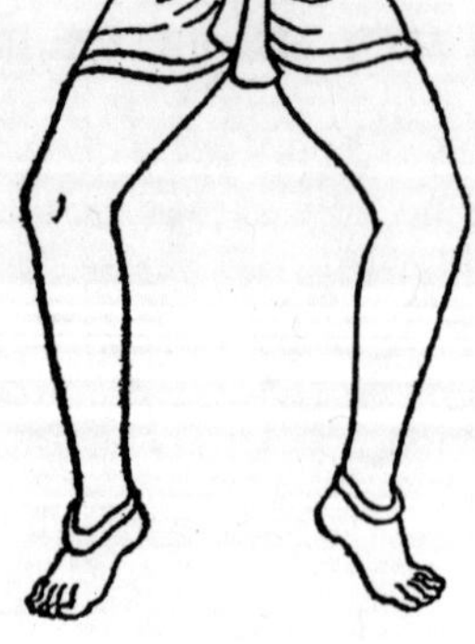

(3) मण्डल स्थान

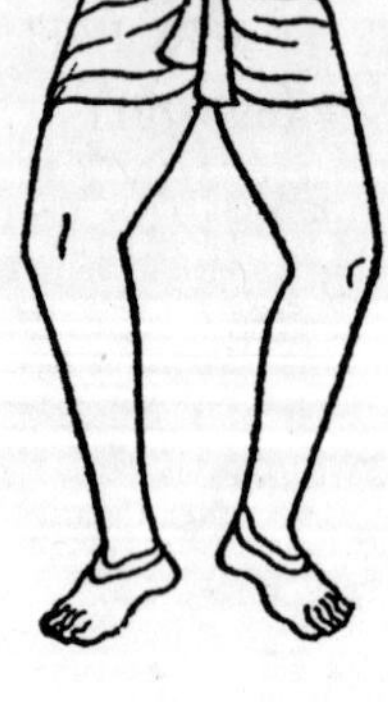

(4) समापाद स्थान

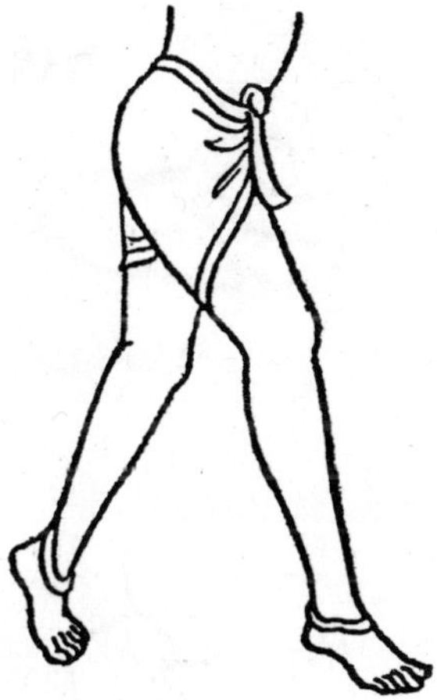

(5) प्रत्यालीढ़ स्थान

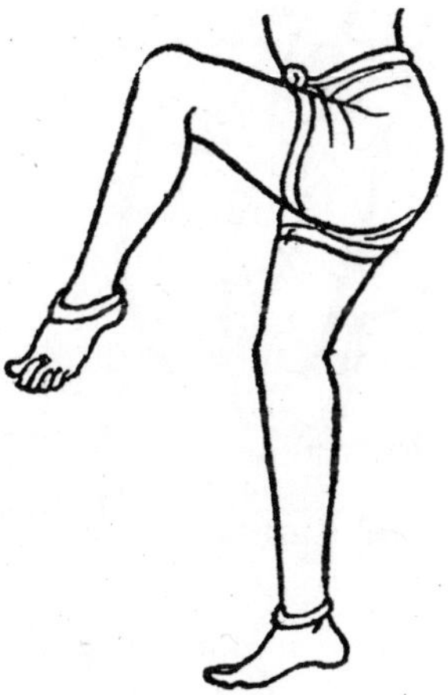

(6) वैशाख स्थान

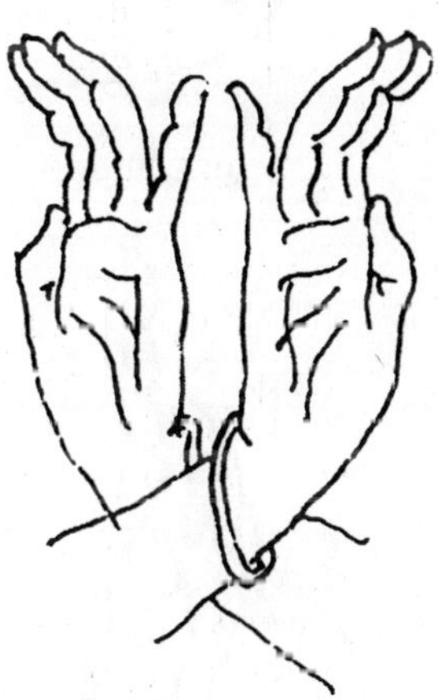

(13) वर्धमान

(5) अराल

(6) शुकतुण्ड

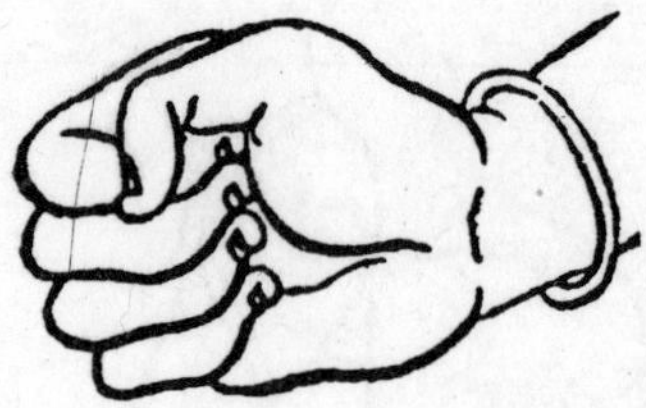

(7) मुष्टि

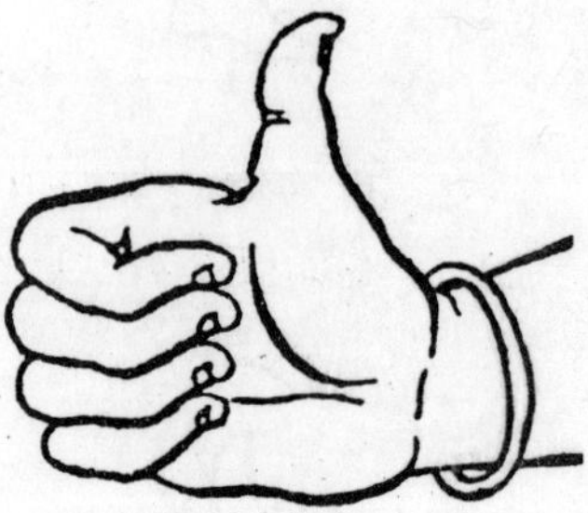

(8) शिखर

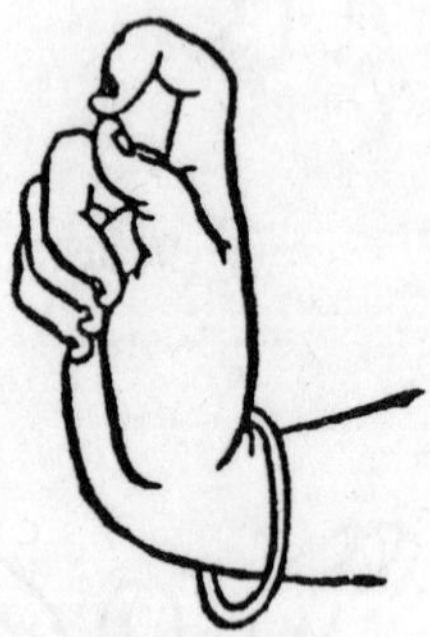

(9) कपित्थ

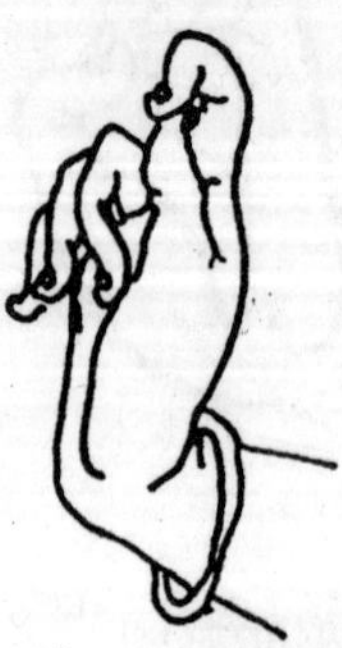

(10) कटकामुख

(11) सूचीमुख

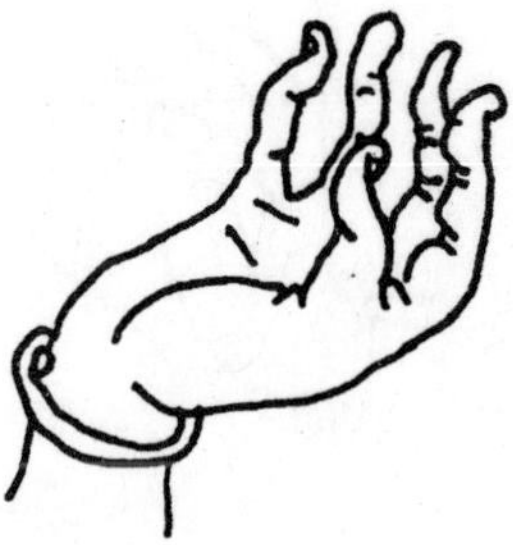

(12) पद्मकोश

(13) सर्पशीर्ष

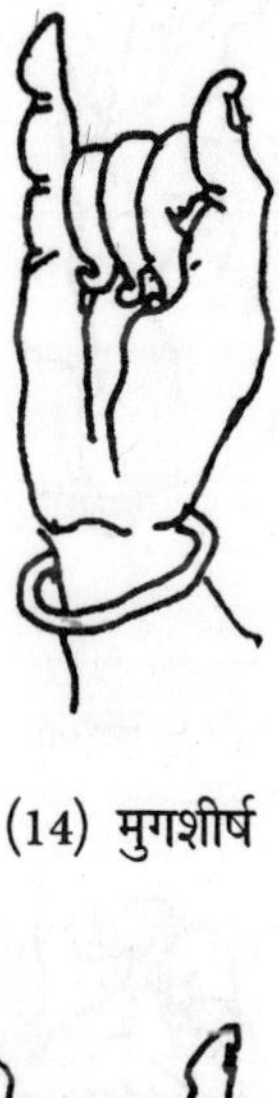

(14) मृगशीर्ष

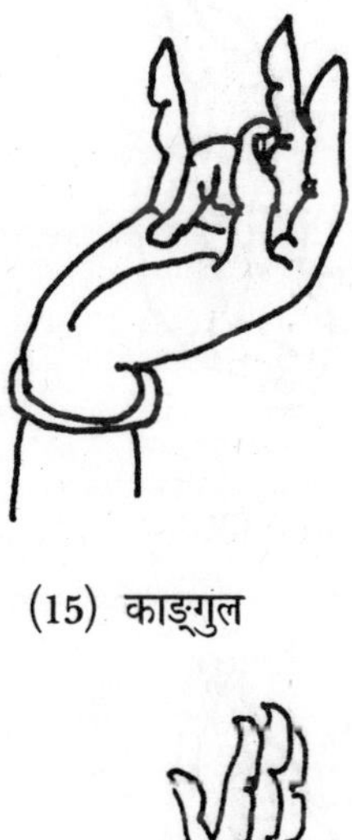

(15) काङ्गुल

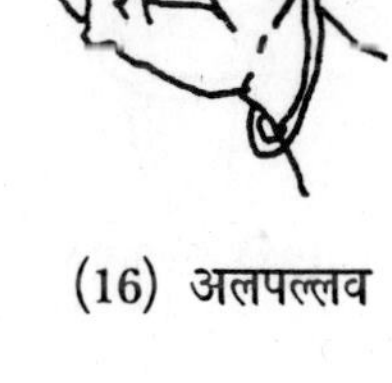

(16) अलपल्लव

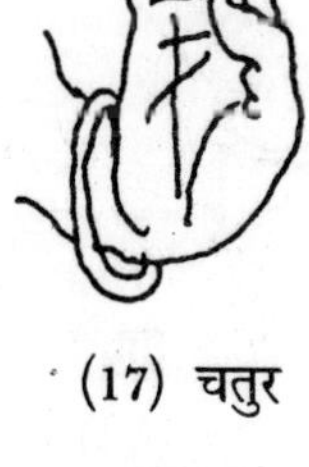

(17) चतुर

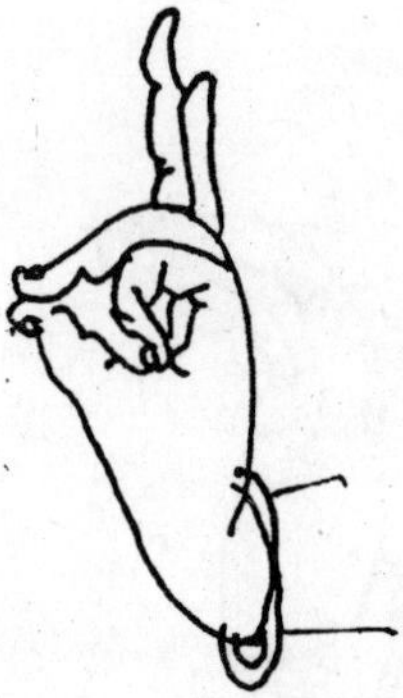

(18) भ्रमर

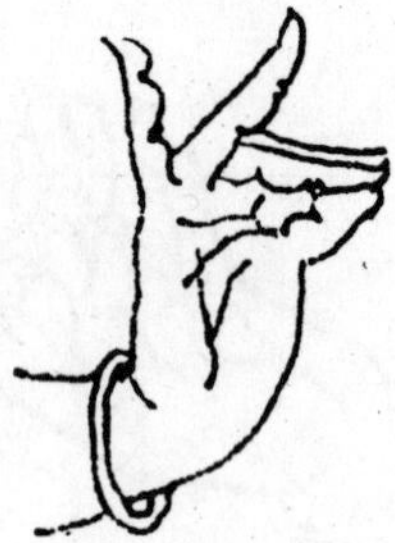

(19) हंसास्य

(20) हंसपक्ष

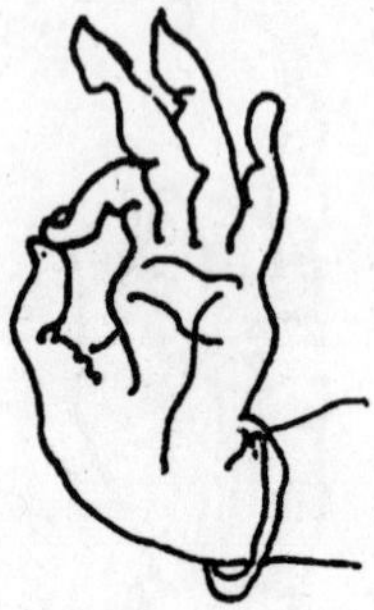

(21) सन्देश

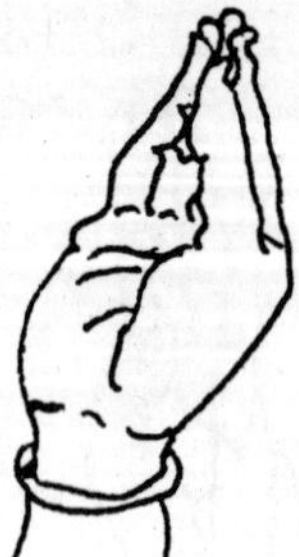

(22) मुकुल

(23) ऊर्णनाभ

(24) ताम्रचूड

संयुक्त हस्त

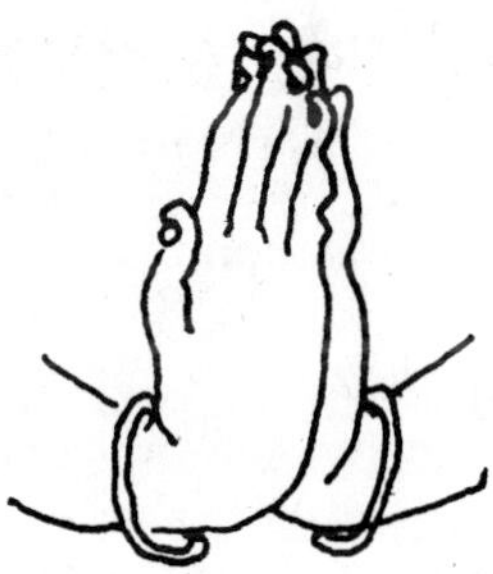

(1) अंजलि

(2) कपोत

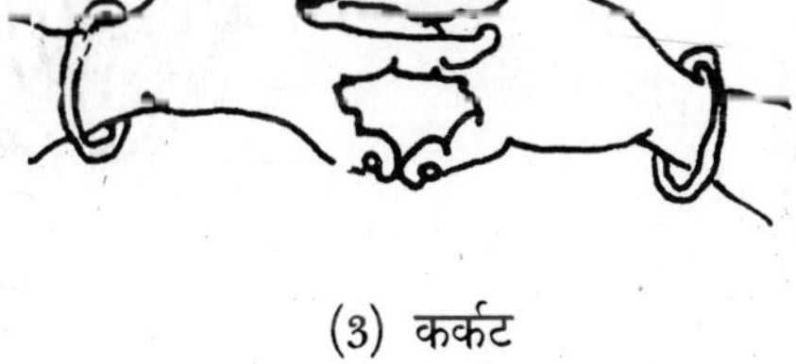

(3) कर्कट

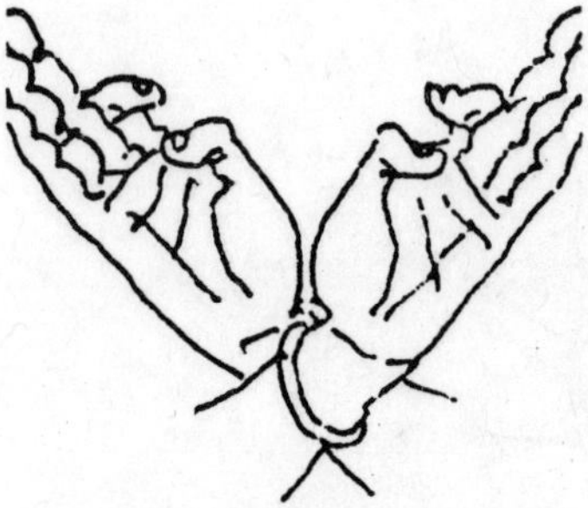

(4) स्वस्तिक

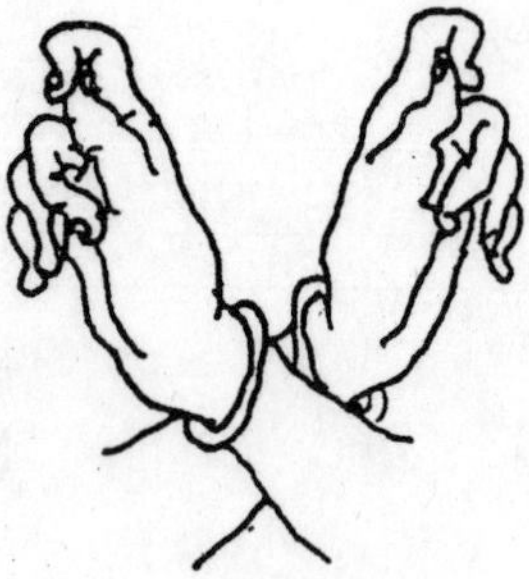

(5) कटकावर्धमान

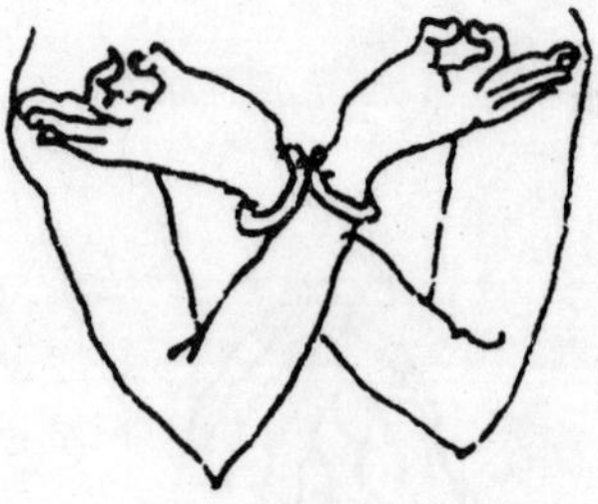

(6) उत्सङ्ग

(7 निषध

(8) दोला

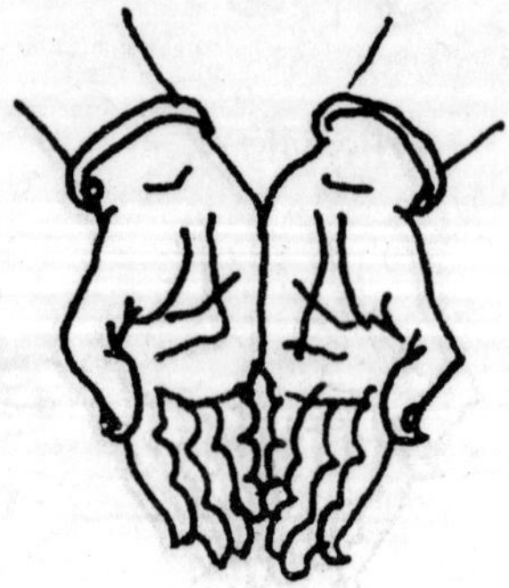

(9) पुष्पपुट

(10) मकर

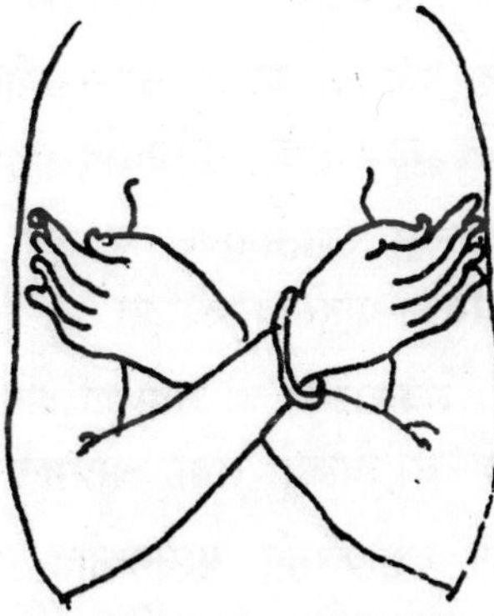

(11) गजदन्त

(12) अवहित्थ

॥ अथ एकादशोऽध्यायः ॥

एताश्चार्चो मया प्रोक्ता यथावच्छस्त्रमोक्षणे।
चारीसंयोगजानीह मण्डलानि निबोधत ॥1॥

अतिक्रान्तं विचित्रं च तथा ललितसंचरम्।
सूचीविद्धं दण्डपादं विहृतालातके तथा ॥2॥

वामविद्धं सललितं क्रान्तं चाकाशगानि तु।
मण्डलानि द्विजश्रेष्ठा भूमिगानि निबोधत ॥3॥

भ्रमरास्कन्दिते स्यातामावर्तं च ततः परम्।
समोत्सारितमप्याहुरेडकाक्रीडितं तथा ॥4॥

अड्डितं शकटास्यं च तथाध्यर्धकमेव च।
पिष्टकुट्टं च विज्ञेयं तथा चाषगतं पुनः ॥5॥

एतान्यपि दशोक्तानि भूमिगानीह नामतः।
अतःपरं प्रवक्ष्यामि लक्षणानि यथाक्रमम् ॥6॥

आद्यं पादं च जनितं कृत्वोद्वाहितमाचरेत्।
अलातं वामकं चैव पार्श्वक्रान्तं च दक्षिणम् ॥7॥

सूचीं वामं पुनश्चैव त्रिकं च परिवर्तयेत्।
तथा दक्षिणमुद्वृत्तमलातं चैव वामकम् ॥8॥

परिच्छिन्नं तु कर्तव्यं बाह्यभ्रमरकेण हि।
अतिक्रान्तं पुनर्वामं दण्डपादं च दक्षिणम्।
विज्ञेयमेतद्व्यायामे त्वतिक्रान्तं तु मण्डलम् ॥9॥

॥ ग्यारहवाँ अध्याय ॥

मंडल-विधान

शस्त्र चलाने के प्रदर्शन में उपयुक्त होने वाली ये चारियाँ मैंने यथावत् बताईं। चारियों के संयोग से होने वाली मंडल जानना चाहिए (1)। दस आकाशगत मंडल ये हैं—अतिक्रान्त, विचित्र, ललितसंचर, सूचीविद्ध, दंडपाद, विहृत, अलातक, वामविद्ध, सललित तथा क्रान्त (2, 3)। दस भूमिगत मंडल इस प्रकार है—भ्रमर, आस्कंदित, आवर्त, समोत्सारित, एडकाक्रीडित, अड्डित, शकटास्य, अध्यर्धक, पिष्टकुट्ट तथा चाषगत (4-5)।

अब मैं (दोनों प्रकार के मंडलों के) क्रमशः लक्षण बताता हूँ—पहले एक पैर से जनिता चारी का प्रदर्शन करे, फिर वक्षःस्थल उद्वाहित रखते हुए शकटास्या चारी का। फिर बायें पैर से अलात और दाहिने से पार्श्वक्रांता चारी करे। फिर बायें पैर से सूची और कमर को घुमा कर भ्रमरी चारी करे। फिर दाहिने पैर से उद्वृत्ता और बायें से अलात चारी का प्रदर्शन करे उसे भ्रमरी चारी में परिवर्तित कर दे। फिर इसी बायें पैर से अतिक्रांता तथा दाहिने से दंडपादा चारी का प्रदर्शन करे। इसे नृत्य-व्यायाम में प्रयुक्त होने वाला अतिक्रांत मंडल जानना चाहिए (6-9)।

आद्यं तु जनितं कृत्वा तेनैव च निकुट्टनम् ॥10॥

आस्पन्दितं तु वामेन पार्श्वक्रान्तं च दक्षिणम्।
वामं सूचीपदं दद्यादपक्रान्तं च दक्षिणम् ॥11॥

भुजङ्गत्रासितं वाममतिक्रान्तं च दक्षिणम्।
उद्वृत्तं दक्षिणं चैव ह्यलातं चैव वामकम् ॥12॥

पार्श्वक्रान्तं पुनः सव्यं सूची वामक्रमं तथा।
विक्षेपो दक्षिणस्य स्यादपक्रान्तश्च वामकः ॥13॥

वाह्यभ्रमरकं चैव विक्षेपं चैव योजयेत्।
विज्ञेयमेतद्व्यायामे विचित्रं नाम मण्डलम् ॥14॥

कृत्वोर्ध्वजानु चरणमाद्यं सूचीं प्रयोजयेत्।
अपक्रान्तः पुनर्वाम आद्यः पार्श्वगतो भवेत् ॥15॥

वामं सूचीं पुनर्दद्यात्त्रिकं च परिवर्तयेत्।
पार्श्वक्रान्तं पुनश्चाद्यमतिक्रान्तं च वामकम् ॥16॥

सूचीमाद्यक्रमं कृत्वा ह्यपक्रान्तं च वामकम्।
पार्श्वक्रान्तं पुनश्चाद्यमतिक्रान्तं च वामकम् ॥17॥

परिच्छिन्नं च कर्तव्यं बाह्यभ्रमरकेण च।
एष चारीप्रयोगस्तु कार्यो ललितसञ्चरे ॥18॥

सूचीं वामपदं दद्यात्त्रिकं च परिवर्तयेत्।
पार्श्वक्रान्तः पुनश्चाद्यो वामोऽतिक्रान्त एव च ॥19॥

सूचीमाद्यं पुनर्दद्यादपक्रान्तं च वामकम्।
पार्श्वक्रान्तं पुनश्चाद्यं सूचीविद्धे तु मण्डले ॥20॥

दाहिने पैर से जनिता चारी करके उससे निकुट्टक पाद बनाए। फिर बायें पैर से स्पन्दिताचारी और दाहिने से पार्श्वक्रांता, फिर बायें से सूची और दाहिने से उपक्रांता, फिर बायें से भुजंगत्रासिता और दाहिने से अतिक्रांत का, फिर दाहिने से उद्वृत्ता और बायें से अलाता का, फिर दाहिने पैर से पार्श्वक्रांता और बायें से सूची का, फिर दाहिने से विक्षिप्ता और बायें से अपक्रांता का (फिर बाहर की ओर से भ्रमरी चारी और विक्षिप्ता भी चाहे तो जोड़े)। नृत्यव्यायाम में इसे विचित्र मंडल जानना चाहिए (10-14)। दाहिने पैर के घुटने को ऊपर उठाकर सूची चारी करे, बायें पैर से अपक्रांता का, फिर दाहिने से पार्श्वक्रांता, फिर बायें से सूची चारी करके पीठ घुमाते हुए भ्रमरी चारी करे। फिर दाहिने से सूची और बायें से अपक्रांता करे अब दाहिने से पार्श्वक्रांता और बायें से अतिक्रांता। अब इसके साथ बाहर की ओर से भ्रमरी चारी जोड़े तो वह ललितसंचर मंडल बनता है (15-18)।

बायें पैर से सूची चारी करके पीठ को घुमाए। फिर दाहिने पैर से पार्श्वक्रांता और बायें से अतिक्रांता, फिर दाहिने से सूची और बायें से अपक्रांता फिर दाहिने से पार्श्वक्रांता चारी की जाए—तो सूचीविद्ध मंडल बनता है (19-20)।

आद्यस्तु जनितो भूत्वा स च दण्डक्रमो भवेत्।
वामं सूचीं पुनर्दद्यात्त्रिकं च परिवर्तयेत् ॥21॥

उद्वृत्तो दक्षिणश्च स्यादलातश्चैव वामकः।
पार्श्वक्रान्तः पुनश्चाद्यो भुजङ्गत्रासितस्तथा ॥22॥

अतिक्रान्तः पुनर्वामो दण्डपादस्तु दक्षिणः।
वामः सूचीत्रिकावर्तो दण्डपादे तु मण्डले ॥23॥

आद्यं तु जनितं कृत्वा तेनैव च निकुट्टकम्।
आस्कन्दितं च वामेन ह्युद्वृत्तं दक्षिणेन च ॥24॥

अलातं वामकं पादं सूचीं दद्यात्तु दक्षिणम्।
पार्श्वक्रान्तः पुनर्वाम आक्षिप्तो दक्षिणस्तथा ॥25॥

समावर्त्य त्रिकं चैव दण्डपादं प्रसारयेत्।
सूचीं वामपदं दद्यात्त्रिकं तु परिवर्तयेत् ॥26॥

भुजङ्गत्रासितश्चाद्यो वामोऽतिक्रान्त एव च।
एष चारीप्रयोगस्तु विहृते मण्डले भवेत् ॥27॥

सूचीमाद्यक्रमं दद्यादपक्रान्तं च वामकम्।
पार्श्वक्रान्तः पुनश्चाद्यो ह्यलातश्चैव वामकः ॥28॥

भ्रान्त्वा चारीभिरेताभिः पर्यायेणाथ मण्डलम्।
षट्संख्यं सप्तसंख्यं वा ललितैः पादविक्रमैः ॥29॥

आद्यं कुर्यादपक्रान्तमभिक्रान्तं च वामकम्।
अपक्रान्तः पुनश्चाद्यो वामोऽतिक्रान्त एव च ॥30॥

पादभ्रमरकश्च स्यादलाते खलु मण्डले।
सूचीमाद्यक्रमं कृत्वा ह्यपक्रान्तं च वामकम् ॥31॥

पहले दाहिने पैर से जनिता चारी करके इसी से दंडपादा चारी करे। फिर बायें पैर से सूची करके पीठ घुमा कर भ्रमरी चारी करे। फिर दाहिने पैर से उद्वृत्ता और बायें से अलाता चारी करे। अब दाहिने पैर से क्रमशः पार्श्वक्रांता और भुजंगत्रासिता चारी करे और फिर बायें से अतिक्रांता तथा दाहिने से दंडपादा करके बायें से सूची करके पीठ को घुमाए तो वह दंडपाद मंडल होता है (21-23)।

दाहिने पैर से जनिता करके उसी को निकुट्टित या तलसंचर की स्थिति में रखे। फिर बायें पैर से आस्कंदिता और दाहिने से उद्वृत्ता चारी करे। अब बायें से अलाता और दाहिने से सूची करे। फिर बायें से पार्श्वक्रांता और दाहिने से आक्षिप्ता करके भ्रमरी चारी करे और दंडपादा करे। अब दाहिने पैर से भुजंगत्रासिता और बायें से अतिक्रांता चारी करे। चारियों का इस प्रकार का प्रयोग विहृत मंडल में होता है (24-27)।

दाहिने पैर से सूची चारी तथा बायें से अपक्रांता करे। फिर दाहिने से पार्श्वक्रांता और बायें से अलाता करे। अब इन्हीं (चारों) चारियों के द्वारा बारी-बारी से छः या सात बार ललित पादन्यास के द्वारा घुमाव का प्रदर्शन करे। [अब दाहिने से अपक्रांता और बायें से अतिक्रांता चारी करे[1] अब दाहिने पैर से अपक्रांता और बायें से अतिक्रांता करके भ्रमरी चारी करे। यह सब अलात मंडल में होता है (28-31)।

---

1. बड़ौदा सं. में यह पंक्ति कोष्ठक में रख कर प्रक्षिप्त मानी गई है।

आद्यो दण्डक्रमश्चैव सूचीकार्यस्तु वामकः।
कार्यस्त्रिकविवर्तश्च पार्श्वक्रान्तश्च दक्षिणः ॥32॥

आक्षिप्तं वामकं कुर्याद्दण्डपादं तु दक्षिणम्।
ऊरूद्वृत्तं च तेनैव कर्त्तव्यं दक्षिणेन तु ॥33॥

सूचीवामक्रमं कृत्वा त्रिकं च परिवर्तयेत्।
अलातश्च भवेद्वामः पार्श्वक्रान्तश्च दक्षिणः ॥34॥

अतिक्रान्तः पुनर्वामो वामबन्धे तु मण्डले।
सूचीमाद्यक्रमं दद्यादपक्रान्तं च वामकम् ॥35॥

पार्श्वक्रान्तः पुनश्चाद्यो भुजगत्रासितः स च।
अतिक्रान्तः पुनर्वाम आक्षिप्तो दक्षिणस्तथा ॥36॥

अतिक्रान्तः पुनर्वाम ऊरूद्वृत्तस्तथैव च।
अलातश्च पुनर्वामः पार्श्वक्रान्तश्च दक्षिणः ॥37॥

सूचीवामं पुनर्दद्यादपक्रान्तश्च दक्षिणः।
अतिक्रान्तः पुनर्वामः कार्यो ललितसंचरः ॥38॥

एष पादप्रचारस्तु ललिते मण्डले भवेत्।
सूचीमाद्यक्रमं कृत्वा ह्यपक्रान्तं च वामकम् ॥39॥

पार्श्वक्रान्तं पुनश्चाद्यं वामं पार्श्वक्रमं तथा।
भ्रान्त्वा चारीभिरेताभिः पर्यायेणाथ मण्डलम् ॥40॥

वामं सूचीं ततो दद्यादपक्रान्तं च दक्षिणम्।
स्वभावगमने ह्येतन्मण्डलं संविधीयते ॥41॥

क्रान्तमेतत्तु विज्ञेयं नामतो नाट्ययोक्तृभिः।
एतान्याकाशगानीह ज्ञेयान्येवं दशैव तु ॥42॥

दाहिने पैर से सूची और बायें से अपक्रांता चारी करे। फिर दाहिने से दंडपादा और बायें से सूची, फिर दाहिने पैर से भ्रमरी चारी करके पार्श्वक्रांता; फिर बायें पैर से आक्षिप्ता और दाहिने से दंडपादा करके दाहिने से ही ऊरूद्वृत्ता चारी करे। अब बायें पैर से सूची करके भ्रमरी चारी करे, फिर बायें से अलाता और दाहिने से पार्श्वक्रांता और बायें से अतिक्रांता करे। यह वामबंध मंडल है (31ख-35क)।

दाहिने पैर से सूची और बायें से अपक्रांता करे। फिर दाहिने से पार्श्वक्रांता और भुजंगत्रासिता—ये दोनों चारियाँ करे। अब बायें से अतिक्रांता तथा दाहिने से आक्षिप्ता करे। फिर बायें से अतिक्रांता और ऊरूद्वृत्ता—ये दोनों करे। अब बायें से अलाता और दाहिने से पार्श्वक्रांता करे। फिर बायें से सूची और दाहिने से अपक्रांता, फिर बायें से अतिक्रांता करके ललित गति का प्रदर्शन करे। यह ललित मंडल में होता है (35ख-39क)।

दाहिने पैर से सूची और बायें से अपक्रांता, दाहिने से पार्श्वक्रांता और बायें से भी पार्श्वक्रांता—इन चारियों से बारी-बारी से घुमाव लेकर बायें पैर से सूची और दाहिने पैर से अपक्रांता करे। इसे नाट्य प्रयोक्ताओं को क्रांत मंडल जानना चाहिए। इसका प्रयोग स्वाभाविक गति में होता है। (39ख-42क)। ये दशमंडल आकाश गत हैं (42ख)।

अतः परं प्रवक्ष्यामि भौमानामपि लक्षणम्।
आद्यस्तु जनितः कार्यो वामश्चास्पन्दितो भवेत् ॥43॥

शकटास्यः पुनश्चाद्यो वामश्चापि प्रसारितः।
आद्यो भ्रमरकः कार्यस्त्रिकं च परिवर्तयेत् ॥44॥

आस्पन्दितः पुनर्वामः शकटास्यश्च दक्षिणः।
वामः पृष्ठापसर्पी च दद्याद्भ्रमरकं तथा ॥45॥

स एवास्पन्दितः कार्यस्त्वेतद्भ्रमरमण्डलम्।
आद्यो भ्रमरकः कार्यो वामश्चैवाड्डितो भवेत् ॥46॥

कार्यस्त्रिकविवर्तश्च शकटास्यश्च दक्षिणः।
ऊरूद्वृत्तः स एव स्याद्वामश्चैवापसर्पितः ॥47॥

कार्यस्त्रिकविवर्तश्च दक्षिणः स्पन्दितो भवेत्।
शकटास्यो भवेद्वामस्तदेवास्फोटनं भवेत् ॥48॥

एतदास्पन्दितं नाम व्यायामे युद्धमण्डलम्।
आद्यन्तु जनितं कृत्वा वामेन तु निकुट्टकम् ॥49॥

शकटास्यः पुनश्चाद्य ऊरूद्वृत्त स एव तु।
पृष्ठापसर्पी वामश्च स च चाषगतिर्भवेत् ॥50॥

आस्पन्दितः पुनः सव्यः शकटास्यश्च वामकः।
आद्यो भ्रमरकश्चैव त्रिकं तु परिवर्तयेत् ॥51॥

पृष्ठापसर्पी वामश्चेत्यावर्ते मण्डलं भवेत्।
कृत्वादौ समपादं तु स्थानं हस्तौ प्रसारयेत् ॥52॥

अब मैं भूमिगत मंडलों के लक्षण भी बताता हूँ। दाहिना पैर जनिता चारी में और बायाँ आस्कंदिता में। फिर दाहिने से शकटास्या करके, बायें को प्रसारित करे। फिर पीठ को घुमाव देकर दाहिने से भ्रमरी चारी करे। अब बायें से आस्कंदिता और दाहिने से शकटास्या फिर बायें से अपक्रांता चारी करके पीछे हटे और फिर भ्रमरी चारी करते हुए बायें पैर से फिर आस्कंदिता चारी करे। यह भ्रमर मंडल है (43-46क)।

दाहिने पैर से भ्रमरी चारी करे और बायें पैर से अड्डिता। फिर पीठ को विवर्तित करते हुए भ्रमरी चारी करे और दाहिने पैर से शकटास्या चारी करे। फिर इसी पैर से ऊरूद्वृत्ता करे और बायें से अतिक्रांता। फिर पीठ को घुमाव देकर भ्रमरी चारी करे और दाहिने पैर से स्पंदिता चारी करे। अब बायें पैर से शकटास्या चारी कर उसे भूमि पर जोर से पटके। यह युद्ध-व्यायाम में प्रयुक्त होने वाला आस्पंदित मंडल है (46ख-49क)।

दाहिने पैर से जनिता चारी करे और बायें को निकुट्टित (तलसंचर) बनाए। फिर दाहिने से क्रमशः शकटास्या और ऊरूद्वृत्ता चारियाँ करे। अब बायें पैर से अतिक्रांता चारी करते हुए उसे पीछे ले जाए और चाषगति चारी करे। अब दाहिने पैर से आस्कंदिता तथा बायें से शकटास्या करे। फिर दाहिने से भ्रमरी करके त्रिक (पीठ) को घुमाव दे। अब बायें पैर से अतिक्रांता चारी करे। यह आवर्त मंडल है (49ख-51क)।

निरन्तरावूर्ध्वतलावावेष्ट्योद्वेष्ट्य चैव हि।
कटीतटे विनिक्षिप्य चाद्यमावर्तयेत्क्रमात् ॥53॥

यथाक्रमं पुनर्वाममावर्तेन प्रसारयेत्।
चार्यानया च भ्रान्त्वा तु पर्यायेणाथ मण्डलम् ॥54॥

समोत्सारितमेतच्च ज्ञेयं व्यायाममण्डलम्।
पादैस्तुभूमिसंयुक्तैः सूचीविद्धैस्तथैव च ॥55॥

एलकाक्रीडितैश्चैव तूर्णैस्त्रिकविवर्तनैः।
सूचीविद्धापविद्धैश्च क्रमेणावृत्य मण्डलम् ॥56॥

एलकाक्रीडितं विद्यात्खण्डमण्डलसंज्ञितम्।
सव्यमुद्घट्टितं कृत्वा शकटास्यश्च वामकः ॥57॥

तेनैवास्कन्दितः कार्य शकटास्यश्च वामकः।
आद्यः पृष्ठापसर्पी च स च चाषगतिर्भवेत् ॥58॥

अड्डितश्च पुनर्वाम आद्यश्चैवापसर्पितः।
वामो भ्रमरकः कार्य आद्य आस्कन्दितो भवेत् ॥59॥

तेनैवास्फोटनं कुर्यादेतदड्डितमण्डलम्।
आद्यं तु जनितं कृत्वा तेनैव च निकुट्टकम् ॥60॥

स एव शकटास्यश्च वामश्चास्कन्दितो भवेत्।
पादैश्च शकटास्यस्थैः पर्यायेणाथ मण्डलम् ॥61॥

विज्ञेयं शकटास्यं तु व्यायामे युद्धमण्डलम्।
आद्यस्तु जनितो भूत्वा स एवास्कन्दितो भवेत् ॥62॥

अपसर्पी पुनर्वामः शकटास्यश्च दक्षिणः।
भ्रान्त्वा चारीभिरेताभिः पर्यायेणाथमण्डलम् ॥63॥

अध्यर्धमेतद्विज्ञेयं नियुद्धे चापि मण्डलम्।
सूचीमाद्यक्रमं कृत्वा ह्यपक्रान्तं च वामकम् ॥64॥

पहले समपाद स्थान बना कर दोनों हाथों को फैलाए। हाथों की हथेली ऊपर हो और उन्हें सटाकर आवेष्टित-उद्वेष्टित करे। अब बायें हाथ को कमर पर रखकर दाहिने को आवर्तित करे। फिर दाहिने को कटि पर रख कर बायें को आवर्तित करे। अब इसके साथ आवर्तित चारी में बारी-बारी से गोलाकार घुमाव ले। इसे समोत्सारित नामक व्यायाम मंडल जानना चाहिए (52ख-55क)।

दोनों पैर भूमि पर सम स्थिति में रखकर सूची और एलकाक्रीड़ित चारियाँ करे। फिर पीठ को द्रुत गति से घुमाव देकर भ्रमरी चारी करे। फिर क्रमशः सूची तथा आविद्धा (अपविद्धा) चारियों के साथ गोल घुमाव ले। इसे खंडमंडल नाम वाला एलकाक्रीड़ित मंडल कहा जाता है (55ख-57क)।

दाहिने पैर को उद्घट्टित करते हुए घुमाएँ, फिर उसी पैर से आस्कंदिता चारी करे और बायें पैर से शकटास्या। अब दाहिने से अतिक्रांता और चाषगति चारियाँ करे। अब बायाँ पैर अड्डिता चारी में रखे और दाहिने से अपक्रांता करे। बायें से फिर भ्रमरी और दाहिने से आस्कंदिता चारी करते हुए उसी को जोर से भूमि पर पटके। यह अड्डित मंडल है (57ख-60क)।

दाहिने पैर से जनिता चारी करके उसी से निकुट्टित पाद (अग्रतलसंचर) का प्रदर्शन करे। अब दाहिने से शकटास्या और बायें से आस्कंदिता चारी करे। अब शकटास्या चारी में दोनों पैरों से गोल घुमाव ले। यह युद्धोपयोगी शकटास्या नामक व्यायाम मंडल है (60ख-62क)।

दाहिने पैर से जनिता चारी करके उसी से आस्कंदिता चारी करे। फिर बायें पैर से अपक्रांता और दाहिने से शकटास्या करे। इन्हीं चारियों से बारी-बारी से घूम कर मंडल बनाए तो यह युद्ध-प्रदर्शन में उपयोगी अध्यर्ध नामक मंडल है (62ख-64क)।

भुजङ्गत्रासितश्चाद्य एवमेव च वामकः।
भुजङ्गत्रासितैर्भ्रान्त्वा पादैरपि च मण्डलम् ॥65॥

पिष्टकुट्टं च विज्ञेयं चारीभिर्मण्डलं बुधैः।
सर्वैश्चाषगतैः पादैः परिक्रम्य च मण्डलम् ॥66॥

एतच्चाषगतं विद्यान्नियुद्धे चापि मण्डलम्।
नानाचारीसमुत्थानि मण्डलानि समासतः ॥67॥

उक्तान्यतः परं चैव समचारीं नियोजयेत्।
समचारीप्रयोगो यस्तत्समं नाम मण्डलम्।
आचार्यबुद्ध्या तानीह कर्तव्यानि प्रयोक्तृभिः ॥68॥

एतानि खण्डानि समण्डलानि
युद्धे नियुद्धे च परिक्रमे च।
लीलाङ्गमाधुर्यपुरस्कृतानि
कार्याणि वाद्यानुगतानि तज्ज्ञैः ॥69॥

❑

दाहिने पैर से सूची चारी और बायें से अपक्रांता करे। फिर दोनों पैरों से क्रमशः भुजंगतासिता चारी करे। इसी चारी से मंडलाकार घूमे तो पिष्टकुट्ट मंडल होता है (64ख-66क)।

चाषगत चारी के पैरों से गोलाकार परिक्रमा करे तो युद्धोपयोगी चाषगत मंडल जानना चाहिए (66ख-67ख)।

अनेक चारियों से बनने वाले मंडल मैंने संक्षेप में बताए। अब समचारी मंडल बताता हूँ। (इसमें आकाशगत और भूमिगत दोनों प्रकार की चारियों का समान मिश्रण करके प्रयोग होता है)। चारियों के समान प्रयोग को समचारी मंडल जानना चाहिए (67ख-68)।

इन मंडलों के खंडों या पूरे मंडलों का युद्ध, बाहुयुद्ध तथा परिक्रमा में उपयोग करना चाहिए। इनका प्रदर्शन लीला और अंगमाधुर्य से युक्त तथा वाद्यों से अनुगत हो (69)।

❑

॥ अथ द्वादशोऽध्यायः ॥

एवं व्यायामसंयोगे कार्यं मण्डलकल्पनम्।
अतः परं प्रवक्ष्यामि गतीस्तु प्रकृतिस्थिताः ॥1॥

तत्रोपवहनं कृत्वा भाण्डवाद्यपुरस्कृतम्।
यथामार्गरसोपेतं प्रकृतीनां प्रवेशने ॥2॥

ध्रुवायां सम्प्रवृत्तायां पटे चैवापकर्षिते।
कार्यः प्रवेशः पात्राणां नानार्थरससम्भवः ॥3॥

स्थानं तु वैष्णवं कृत्वा ह्युत्तमे मध्यमे तथा।
समुन्नतं समं चैव चतुरश्रमुरस्तथा ॥4॥

बाहुशीर्षे प्रसन्ने च नात्युत्क्षिप्ते च कारयेत्।
ग्रीवाप्रदेशः कर्त्तव्यो मयूराञ्चितमस्तकः ॥5॥

कर्णादष्टाङ्गुलस्थे च बाहुशीर्षे प्रयोजयेत्।
उरसश्चापि चिबुकं चतुरङ्गुलसंस्थितम् ॥6॥

हस्तौ तथैव कर्तव्यौ कटिनाभितटस्थितौ।
दक्षिणो नाभिसंस्थस्तु वामः कटितटे स्थितः ॥7॥

पादयोरन्तरं कार्यं द्वौ तालावर्धमेव च।
पादोत्क्षेपस्तु कर्तव्यः स्वप्रमाणविनिर्मितः ॥8॥

चतुस्तालो द्वितालश्चाप्येकतालस्तथैव च।
चतुस्तालस्तु देवानां पार्थिवानां तथैव च ॥9॥

॥ बारहवाँ अध्याय ॥

इस प्रकार व्यायाम के लिए मंडलों की रचना करनी चाहिए। अब मैं विभिन्न पात्रों की गतियाँ बताता हूँ (1)। पात्रों के प्रवेश के पूर्व वाद्यों के वादन के साथ उपवहन[1] मार्ग[2] और रस के अनुसार किया जाए (2)। जब ध्रुवागान जारी हो, तब पट हटा लिया जाए। इस प्रकार विभिन्न प्रकार के रस और भावों के जनक पात्रों का प्रवेश कराना चाहिए (3)। उत्तम और मध्यम पात्रों का प्रवेश वैष्णव स्थान के द्वारा होगा, जिसमें उनका वक्ष सम, समुन्नत तथा चतुरश्र रहेगा, भुजाएँ और मस्तक प्रसन्न तथा बहुत उत्क्षिप्त न हों, गरदन मयूर के समान अंचित हो तथा बाहु और मस्तक कानों से आठ अंगुल की दूरी पर रहें, छाती से ठुड्डी चार अंगुल दूर रहे तथा दोनों हाथ कमर और नाभि पर क्रमशः रखे जाएँ। दाहिना हाथ नाभि पर और बायाँ कटि पर रखा जाएगा (4-7)। दोनों पैरों के बीच की दूरी ढाई ताल रहेगी। पैरों को चलते समय अपनी ऊँचाई के अनुसार ऊपर उठाए (8)। ऊपर उठाने में ऊँचाई चार ताल, दो ताल या एक ताल हो सकती है। देवताओं के लिए तथा राजाओं के लिए चार ताल, मध्यम प्रकृति वालों के लिए तथा स्त्री, नीच पात्रों या संन्यासियों के लिए दो ताल ऊँचाई हो सकती है। डग भरने में समय चार कला, दो कला या एक कला रखी जाती है।

---

1. उपवहन (उपोहन) आलाप के समान है। अभि. के अनुसार ध्रुवा गान में पद, ताल और कला के अनुसार स्वरों को विस्तार देते हुए उठाना उपवहन है। द्र. नाशा. 5.174 के अनन्तर अतिरिक्त श्लोक तथा नाशा. 31.132-140। उपोहन में शुष्काक्षरों का प्रयोग होता है।
2. सब तरफ से समान विस्तार वाला।

द्वितालश्चैव मध्यानां तालः स्त्रीनीचलिङ्गिनाम्।
चतुष्कलोऽथ द्विकलस्तथा ह्येककलः पुनः ॥10॥

चतुष्कलो ह्युत्तमानां मध्यानां द्विकलो भवेत्।
तथा चैककलः पातो नीचानां सम्प्रकीर्त्तितः ॥11॥

स्थितं मध्यं द्रुतं चैव समवेक्ष्य लयं बुधः।
यथाप्रकृति नाट्यज्ञो गतिमेव प्रयोजयेत् ॥12॥

धैर्योपपन्ना गतिरुत्तमानां
मध्या गतिर्मध्यमसम्मतानाम्।
द्रुता गतिश्च प्रचुराधमानां
लयत्रयं सत्त्ववशेन योज्यम् ॥13॥

स्वभावे तूत्तमगतौ कार्यं जनुकटीसमम्।
युद्धचारीप्रयोगेषु पुनः स्तनसमं भवेत् ॥14॥

रङ्गे विकृष्टे भरतेन कार्यो गतागतैः पादगतिप्रचारः
त्र्यस्रसिकोणे चतुरस्ररङ्गे गतिप्रचारश्चतुरस्र एव ॥15॥

स्थस्थरयापि कर्तव्या गतिस्तूर्णपदैस्थ।
समपादं तथा स्थानं कृत्वां रथगतिं व्रजेत् ॥16॥

धनुर्गृहीत्वा चैकेन तथा ह्येकेन कूबरम।
सूतश्चास्य भवेदेवं प्रतोदप्रगहाकुलः ॥17॥

वाहनानि विचित्राणि कर्तव्यानि विभागशः।
द्रुतैश्चूर्णपदैश्चैव गन्तव्यं रङ्गमण्डले ॥18॥

उत्तम पात्रों में चार कला, मध्यम में दो कला तथा नीच पात्रों में एक कला समय डग भरने में रखा जाता है (9-11)। विलंबित, मध्य तथा द्रुत लय के अनुसार बुद्धिमान प्रयोक्ता अलग-अलग पात्रों की गति प्रयुक्त कराए (12)। उत्तम पात्रों की गति धैर्य से युक्त, मध्यम पात्रों की गति मध्यम लय में, अधम पात्रों की गति द्रुत लय में रहेगी, इस प्रकार तीनों प्रकार के लय का उपयोग तीनों प्रकार के पात्रों की गति में करना चाहिए (13)।

उत्तम पात्र की स्वाभाविक गति में घुटने तथा कमर को समस्थति में रखना चाहिये। पर युद्ध या चारी का प्रयोग करना हो, तो घुटने ऊपर उठा कर स्तनों की बराबरी तक वे आये (14)।

विकृष्ट रंगमंच पर नट को अपनी गति सामने की ओर आने और जाने वाली रखनी चाहिये। त्र्यश्र रंगमंच पर यही गति त्रिकोणाकार और चतुरश्र रंगमंच पर चौकोर आकार में होती है (15)।

रथ पर स्थित पात्र की गति चूर्णपद या स्वाभाविक कदमों से दिखाना चाहिये। इसमें पहले समपाद स्थान का प्रयोग करे, फिर रथ की गति से चलने का। रथ पर सवार पुरुष एक हाथ में धनुष और दूसरे से कूबर (रथ का डण्डा) सँभाले रहे। इसका सारथि लगाम खींचने या ढीली करने में व्यस्त दिखाई दे (16-17)।

इसी प्रकार रथ में जुते घोड़े भी अलग-अलग गतियों के द्वारा दिखाये जा सकते हैं। इनको दिखाने के लिए स्वाभाविक तथा तेज कदम रंगमण्डल पर रखने चाहिए (18)।

विमानस्थस्य कर्तव्या ह्येषैव स्यन्दिनी गतिः।
आरूढमुद्वहेद्गात्रं किंचितत्स्यादुन्मुखस्थितम् ॥19॥

अस्यैव वैपरीत्येन कुर्याच्चाप्यवरोहमणम्।
अधोवलोकनैश्चैव मण्डलावर्तनेन च ॥20॥

अङ्कुशग्रहणान्नागं खलीनग्रहणाद्धयम।
प्रग्रहग्रहणाद्यानमेवेमेवेपरेष्वपि ॥21॥

देवानां नृपतीनां च दद्यात् सिंहासनं द्विजाः।
पुरोधसाममात्यानां भवेद् वेत्रासनं तथा ॥22॥

मुण्डासनं तु दातव्यं सेनानीयुवराजयोः।
काष्ठासनं ब्राह्मणानां कुमाराणां कुथासनम् ॥23॥

सिंहासनं तु राज्ञीनां देवीनां मुण्डमासनम्।
पुरोधसोऽमात्यपत्नीनां दद्याद् वेत्रासनं तथा ॥24॥

ब्रुसीमुण्डासनंप्रायं वेत्रासनमथापि वा।
होमे यज्ञक्रियायां च पित्र्यर्थे च प्रयोजयेत् ॥25॥

❑

विमान पर स्थित पुरुष की गति भी रथ की गति के समान ही होती है। पर पात्र इसके साथ अपने देह को आरूढ या चढ़ने की स्थिति में मुँह ऊपर कर के रखे। अवरोहण या नीचे उतरने में इसके विपरीत गति की जाती है। इसमें नीचे देखता हुआ गोला कर घुमाव दे (19-20)।

अंकुश हाथ में लेने पर हाथी की, खलीन (लगाम, रास) लेने पर घोड़े की रास और हाथ में ले कर रथ की गति दिखाई जाती है। इसी प्रकार अन्य गतियाँ भी जाननी चाहिये (21)

देवता तथा राजा के बैठने के लिए सिंहासन और पुरोहित, अमात्य के बैठने के लिए वेत्रासन रखना चाहिए (22)। सेनापति और युवराज के लिए मुंडासन[1] रखना चाहिए, ब्राह्मणों के लिए काष्ठ का[2] और कुमारों के लिए कुथा[3] का आसन देना चाहिए। पटरानी के लिए सिंहासन तथा अन्य रानियों के लिए मुंडासन और पुरोहित तथा अमात्यों की पत्नियों के लिए वेत्रासन का उपयोग करना चाहिए। होम, यज्ञानुष्ठान या पितरों के तर्पण के दृश्यों में ब्रुसी या मुंडासन या वेत्रासन का भी उपयोग हो सकता है (23-25)।

❑

---

1. पेड़ के तने का को कर बनाया आसन, बिना हत्थे का।
2. लकड़ी का।
3. कुथा—भूमि पर बिछाया गलीचा या मोटा वस्त्र।

॥ अथ त्रयोदशोऽध्यायः ॥

ये तु पूर्वं मया प्रोक्तास्त्रयो वै नाट्यमण्डपाः।
तेषां विभागं विज्ञाय ततः कक्ष्यां प्रयोजयेत् ॥1॥

ये नेपथ्यगृहद्वारे मया पूर्वं प्रकीर्तिते।
तयोर्भाण्डस्य विन्यासो मध्ये कार्यः प्रयोक्तृभिः ॥2॥

कक्ष्याविभागो निर्देश्यो रङ्गपीठपरिक्रमात्।
परिक्रमेण रङ्गस्य ह्यन्या कक्ष्या भवेदिह ॥3॥

बाह्यं वा मध्यमं वापि तथैवाभ्यन्तरं पुनः।
दूरं वा सन्निकृष्टं वा देशं तु परिकल्पयेत् ॥4॥

पूर्वप्रविष्टा ये रङ्गं ज्ञेयास्ते ऽभ्यन्तरा बुधैः।
पश्चात्प्रविष्टा विज्ञेया कक्ष्याभागे तु बाह्यतः ॥5॥

तेषां तु दर्शनेच्छुर्यः प्रविशेद् रङ्गमण्डलम्।
दक्षिणाभिमुखः सो ऽथ कुर्यादात्मनिवेदनम् ॥6॥

यतो मुखं भवेद् भाण्डद्वारं नेपथ्यकस्य च।
सा मन्तव्या तु दिक् पूर्वा नाट्ययोगेन नित्यशः ॥7॥

निष्क्रामेद्यश्च तस्माद् वै स तेनैव पथा व्रजेत्।
यतस्तस्य कृतं तेन पुरुषेण निवेदनम् ॥8॥

चतुर्विधाप्रवृत्तिश्च प्रोक्ता नाट्यप्रयोक्तृभिः।
आवन्ती दाक्षिणात्या च पाञ्चाली चोढ्रमागधी ॥9॥

॥ तेरहवाँ अध्याय ॥

कक्ष्या-विभाग

मैंने पहले जो तीन प्रकार के नाट्य-मंडप[1] बताए, उनके नाप को समझ कर कक्ष्या[2] का प्रयोग करे (1)। मैंने पहले जो नेपथ्यगृह और रंगपीठ के बीच की दीवार में बनाए जाने वाले दो द्वारों की चर्चा की है, उनके बीच में भांड (कुतप या वादकों) को बिठाना चाहिए (2)।

रंगपीठ पर परिक्रमा करने से कक्ष्या का विभाजन सूचित होता है। रंगमंच पर परिक्रमा करने से पात्र का एक कक्ष्या से दूसरी कक्ष्या में जाना बताया जाता है (3)। इस प्रकार परिक्रमा के द्वारा बाह्य, मध्यम और आभ्यंतर तथा दूरस्थ और निकटस्थ स्थानों की मंच पर कल्पना की जाती है (4)। जो पात्र पहले प्रवेश कर चुके हैं उन्हें आभ्यंतर कक्षा में स्थित माना जाएगा, तथा जिन्होंने बाद में प्रवेश किया है, उन्हें बाह्य कक्षा में (5)। इन पात्रों से मिलने के लिए यदि अन्य कोई पात्र रंगपीठ पर प्रवेश करे, तो वह दक्षिण की ओर मुख करके[3] अपना परिचय दे या अपनी बात कहे (6)। जिस दिशा की ओर उपर्युक्त नेपथ्यगृह द्वार खुलते हैं तथा जिसकी ओर कुतप मुँह करके बैठता है, वह नाट्य-प्रयोग में सदैव पूर्वदिशा मानी जानी चाहिए (7)। जो पात्र जिस दिशा से रंगमंच पर प्रविष्ट होकर अपना संवाद बोल चुका है, वह उसी दिशा से निष्क्रमण करेगा (8)।

नाट्यप्रयोक्ताओं ने चार प्रकार की प्रवृत्तियाँ बताई हैं—आवंती, दाक्षिणात्या, पांचाली और औढ्रमागधी (9)।

---

1. द्र. सं. नाशा. अ. 2
2. कक्ष्या एक नाट्यधर्मी युक्ति है, जिसके द्वारा रंगमंच का कुछ क्षेत्रों में काल्पनिक विभाजन कर लिया जाता है।
3. कुतप जिस ओर मुख करके बैठता है वह रंगमंच की पूर्व दिशा है, तदनुसार कुतप के दाहिने दक्षिण तथा बायें उत्तर और पीछे पश्चिम जानना चाहिए। कुतप का मुख दर्शकों के सामने होता है।

अत्राह–प्रवृत्तिरिति कस्मात्? उच्यते–पृथिव्यां नानादेशवेषभाषाचाराः वार्ता ख्यापयतीति वृत्तिः प्रवृत्तिश्च निवेदने।...वृत्तिसंश्रितैश्च प्रयोगैरभिहिता देशाः, यतः प्रवृत्तिचतुष्टयमभिनिवृत्तं प्रयोगश्चोत्पादितः।

प्रयोगो द्विविधश्चैव विज्ञेयो नाटकाश्रयः।
सुकुमारस्तथाविद्धो नाट्ययुक्तिसमाश्रयः ॥10॥

यत्त्वाविद्धाङ्गहारं तु छेद्यभेद्याहवात्मकम्।
मायेन्द्रजालबहुलं पुस्तनैपथ्यसंयुतम् ॥11॥

पुरुषैर्बहुभिर्युक्तमल्पस्त्रीकं तथैव च।
सात्त्वत्यारभटीप्रायं नाट्यमाविद्धमेव तत् ॥12॥

डिमः समवकारश्च व्यायोगेहामृगौ तथा।
एतान्याविद्धसंज्ञानि विज्ञेयानि प्रयोक्तृभिः ॥13॥

नाटकं सप्रकरणं भाणो वीथ्यङ्क एव च।
सुकुमारप्रयोगाणि मानुषेष्वाश्रितानि तु ॥14॥

अथ बाह्यप्रयोगे तु प्रेक्षागृहविवर्जिते।
विदिक्ष्वपि भवेद् रङ्गं कदाचिद्भर्तुराज्ञया ॥15॥

धर्मी या द्विविधा प्रोक्ता मया पूर्वं द्विजोत्तमाः।
लौकिकी नाट्यधर्मी च तयोर्वक्ष्यामि लक्षणम् ॥16॥

स्वभावभावोपगतं शुद्धं त्वविकृतं तथा।
लोकवार्ता क्रियोपेतमङ्गलीलाविवर्जितम् ॥17॥

स्वभावाभिनयोपेतं नानास्त्रीपुरुषाश्रयम्।
यदीदृशं भवेन्नाट्यं लोकधर्मी तु सा स्मृता ॥18॥

यहाँ यह प्रश्न उठता है कि 'प्रवृत्ति' यह नाम कैसे चल पड़ा? उत्तर–इस पृथ्वी के विभिन्न देशों में प्रचलित वेष, भाषा और आचार तथा वार्ता–इन सबको मिला कर वृत्ति कहते हैं और वृत्ति की सूचना देने वाला तत्त्व प्रवृत्ति है। विभिन्न देश चार वृत्तियों के प्रयोग से सम्बद्ध माने जाते हैं, अतः इन चारों वृत्तियों के आधार पर चार प्रवृत्तियों का निर्माण कर उनसे नाट्यप्रयोग किया जाता है (या उनका नाट्य में प्रयोग होता है।)

नाट्य का प्रयोग नाट्ययुक्तियों के आधार पर दो प्रकार का जानना चाहिए–सुकुमार तथा आविद्ध (10)। जो आविद्ध (कठोर) अंगहारों वाला, छेद्य, भेद्य तथा युद्ध से युक्त; माया और इन्द्रजाल की प्रचुरता वाला, पुस्त[1] और नेपथ्य[2] से संवलित हो, जिसमें पुरुष पात्र अधिक तथा स्त्री पात्र कम हों तथा सात्त्वती और आरभटी वृत्तियों की प्रधानता हो–ऐसा नाट्यप्रयोग आविद्ध है (10-12)। डिम[3], समवकार[4], व्यायोग[5] तथा ईहामृग[6]–ये चार प्रकार के रूपक आविद्ध नाट्यप्रयोग के उपयुक्त जानने चाहिए (13)। नाटक[7], प्रकरण[8], भाण[9], वीथी[10] तथा अंक[11]–ये रूपक सुकुमारप्रयोग वाले जानने चाहिए, इनमें प्रायः मनुष्य पात्र ही होते हैं (14)।

बाह्यप्रयोग[12] की स्थिति में जब नाट्य प्रेक्षागृह के बाहर खेला जा रहा हो तब भर्ता (नाट्यप्रयोग का आयोजन कराने वाले) की आज्ञा के कारण रंगमंच (पूर्वाभिमुख न हो सके तो) अन्य दिशा की ओर भी बनाया जा सकता है (15)।

हे द्विजोत्तमो, लोकधर्मी और नाट्यधर्मी–यह दो प्रकार की धर्मी मैंने पहले बताई थी। इन दोनों प्रकारों के लक्षण अब बताता हूँ (16)।

जब प्रयोग (लोक) स्वभाव के अनुसार प्रवृत्त हो, शुद्ध तथा विकाररहित हो, लोकवार्ता और लोकक्रिया से युक्त तथा आंगिक अभिनय में लीला से रहित हो, स्वाभाविक अभिनय से युक्त हो, अनेक स्त्री-पुरुष से आश्रित हो–तो ऐसा नाट्यप्रयोग लोकधर्मी है (17-18)।

---

1. पुस्त आहार्य अभिनय के अंतर्गत विभिन्न आकृतियाँ, दृश्य आदि बनाने की विधि। द्र.–सं. नाशा. 20.2-5
2. प्रसाधन आदि आहार्याभिनय की सारी विधियाँ। नेपथ्य शब्द का प्रयोग जवनिका के पीछे का भाग बताने के लिए भी होता है।

3-11. दशरूपकों के प्रकार। द्र.–सं. नाशा. अ. 17

12. जो प्रयोग शास्त्र सम्मत न हो। द्र.–नाशा. 22 ?

अतिवाक्यक्रियोपेतमतिसत्त्वातिभावकम् ।
लीलाङ्गहाराभिनयं नाट्यलक्षणलक्षितम् ॥19॥

स्वरालङ्कारसंयुक्तमस्वस्थपुरुषाश्रयम् ।
यदीदृशं भवेन्नाट्यं नाट्यधर्मी तु सा स्मृता ॥20॥

लोके यदभियोज्यं च पदमत्रोपयुज्यते।
मूर्तिमत् साभिलाषं च नाट्यधर्मी तु सा स्मृता ॥21॥

आसन्नोक्तं च यद्वाक्यं न शृण्वन्ति परस्परम्।
अनुक्तं श्रूयते यच्च नाट्यधर्मी तु सा स्मृता ॥22॥

शैलयानविमानानि चर्मवर्मायुधध्वजाः।
मूर्तिमन्तः प्रयुज्यन्ते नाट्यधर्मी तु सा स्मृता ॥23॥

ललितैरङ्गविन्यासै स्तथोक्षिप्तपदक्रमैः।
नृत्यते गम्यते यच्च नाट्यधर्मी तु सा स्मृता ॥

□

जब वाक्य (संवाद), क्रियाएँ, पात्रों का स्वभाव या चित्तवृत्ति[1] तथा बोलने का ढंग असामान्य हो, लीला (शोभा) के साथ अंगहारों का प्रयोग हो जिससे लक्षणयुक्त नृत्यप्रदर्शन हो सके, स्वर और अलंकारों का प्रयोग हो, स्त्री पुरुष जैसी या पुरुष स्त्री जैसी चेष्टाएँ करे—तब इस प्रकार के नाट्य प्रयोग की पद्धति नाट्यधर्मी कहलाती है (19-20)। जब नाट्य प्रयोग के अंतर्गत लोक में प्रयुक्त होने वाली (जड़) वस्तुओं को साकार और चैतन्य रूप में दिखाया जाए, तो यह नाट्यधर्मी है (21)। रंगमंच पर स्थित पात्र निकटस्थ पात्र के (स्वगत) संवाद को नहीं सुनते, और (आकाशभाषित[2] में) न कहे हुए संवादों को भी सुनते हैं—यह नाट्यधर्मी है (22)। पर्वत, रथ आदि यान, विमान, ढाल, कवच, शस्त्र तथा ध्वज का मूर्त रूप में प्रयोग हो तो यह भी नाट्यधर्मी है (23)।

❑

1. मूल में सत्त्व शब्द का प्रयोग है, अभिनव ने उसका अर्थ उपर्युक्त किया है, पं. बाबूलाल शास्त्री ने 'प्राणी' अर्थ माना है।
2. नाट्योक्ति का प्रकार, जिसमें एक अभिनेता अदृश्य या नेपथ्यगत पात्र से संवाद करता हुआ उस पात्र के उत्तर को भी 'क्या कहा?' कहकर स्वयं ही अनुकृत करता है।

॥ अथ चतुर्दशोऽध्यायः ॥

योो वागभिनयः पूर्वं मया प्रोक्तो द्विजोत्तमाः।
लक्षणं तस्य वक्ष्यामि स्वरव्यञ्जनसम्भवम् ॥1॥

वाचि यत्नस्तु कर्तव्यो नाट्यस्यैषा तनुः स्मृता।
अङ्गनैपथ्यसत्त्वानि वाक्यार्थं व्यञ्जयान्ति हि ॥2॥

वाङ्मयानीह शास्त्राणि वाङ्निष्ठानि तथैव च।
तस्माद् वाचः परं नास्ति वाग्घि सर्वस्य कारणम् ॥3॥

छन्दोहीनो न शब्दो ऽस्ति नच्छन्दश्शब्दवर्जितम्।
एवं तूभयसंयोगो नाट्यस्योद्योतकः स्मृतः ॥4॥

अष्टौ स्थानानि वर्णानामुरः कण्ठः शिरस्तथा।
जिह्वामूलं च दन्ताश्च नासिकोष्ठौ च तालु च ॥5॥

अकुहविसर्जनीयाः कण्ठ्याः, इचुयशास्तालव्याः, ऋटुरषा मूर्धन्याः, लृतुलसा दन्त्याः, उपूपध्मानीया ओष्ठ्याः, ए-ऐ कण्ठतालव्यौ, वकारो दन्तौष्ठ्यः, ङ-ञ-ण-न-मा अनुनासिकाः विसर्जनीयस्य औरस्य इत्येके। सर्वमुखस्थानमवर्णमित्यपरे।

द्वौ द्वौ वर्णौ तु वर्गाद्यौ शषसाश्च त्रयो ऽ परे।
अघोषा घोषवन्तस्तु ततो ऽ न्ये परिकीर्तिताः ॥6॥

❑

॥ चौदहवाँ अध्याय ॥

वाचिक अभिनय

हे द्विजोत्तमो, मैंने पहले जिस वाचिक अभिनय का उल्लेख किया था, अब मैं स्वरों और व्यंजनों (के उच्चारण) से निर्मित उसका लक्षण कहूँगा (1)। अभिनेता को वाक् के विषय में प्रयत्न करना चाहिए, क्योंकि यह वाक् नाट्य का शरीर कही गई है। आंगिक, सात्त्विक और आहार्य—ये वाक्यार्थ[1] को व्यंजित करते हैं (2)। सारे शास्त्र वाक् से व्याप्त और वाक् से निर्मित हैं, इसलिए वाक् से परे कुछ भी नहीं है, वाक् ही सबका कारण है (3)। छन्द से रहित शब्द नहीं और शब्द से रहित छन्द नहीं, इस प्रकार इन दोनों का संयोग नाट्य को चमका देता है (4)। वर्णों के आठ (उच्चारण) स्थान हैं—छाती, कंठ, शिर, जिह्वामूल, दाँत, नासिका ओठ तथा तालु (5)। अ, क्, ख्, ग्, घ्, ङ् तथा विसर्ग—ये कंठ्य हैं। इ, च्, छ्, ज्, झ्, ञ् तथा श्—ये तालव्य हैं। ऋ, ट्, ठ्, ड्, ढ्, ण् और ष्—ये मूर्धन्य हैं। लृ, त्, थ्, द्, ध्, न् और स्—ये दंत्य हैं। उ, प्, फ्, ब्, भ्, म् तथा उपध्मानीय ये ओष्ठ्य हैं। ए और ऐ कंठतालव्य हैं; ओ और औ कंठौष्ठ्य हैं, व दंतौष्ठ्य है, तथा ङ्, ञ्, ण्, न् तथा म्—ये अनुनासिक हैं। कुछ लोगों के मत में विसर्ग के उच्चारण का स्थान (कंठ न होकर) उटस् (छाती) है। अन्य लोगों के अनुसार अकार का उच्चारण स्थान सारा मुख है।

कवर्ग, चवर्ग, टवर्ग, तवर्ग तथा पवर्ग—इन पाँच वर्गों में प्रत्येक वर्ग के प्रथम दो-दो वर्ण तथा श्, ष्, स्—ये अघोष हैं, शेष वर्ण सघोष है (6)।

❑

1. वाक्यार्थ = रस।

॥ अथ पञ्चदशोऽध्यायः ॥

विभूषणं चाक्षरसंहतिश्च
शोभाभिमानौ गुणकीर्तनं च।
प्रोत्साहनोदाहरणे निरुक्तं
गुणानुवादो ऽतिशयः सहेतुः ॥

सारूप्यमिथ्याध्यवसायसिद्धि-
पदोच्चयाक्रन्दमनोरथाश्च।
आख्यानयाच्ञाप्रतिषेधपृच्छा-
दृष्टान्तनिर्भासनसंशयाश्च ॥

आशीः प्रियोक्तिः कपटः क्षमा च
प्राप्तिश्च पश्चात् तपनं तथैव।
अर्थानुवृत्तिर्ह्युपपत्तियुक्ती
कार्यो अनुनीतिः परिदेवनं च ॥

षट्त्रिंशदेतानि तु लक्षणानि
प्रोक्तानि वै भूषणसम्मितानि।
काव्येषु भावार्थगतानि तज्ज्ञैः
सम्यक्प्रयोज्यानि यथारसं तु ॥

॥ पन्द्रहवाँ अध्याय ॥

वाचिक अभिनय–लक्षण, अलंकार और गुण

विभूषण[1], अक्षरसंहति[2], शोभा[3], अभिमान[4], गुणकीर्तन[5], प्रोत्साहन[6], उदाहरण[7], निरुक्त[8], गुणानुवाद[9], अतिशय[10], हेतु[11], सारूप्य[12], मिथ्याध्यवसाय[13], सिद्धि[14], पदोच्चय[15], आक्रन्द[16], मनोरथ[17], आख्यान[18], याच्ञा[19], प्रतिषेध[20], पृष्छा[21], दृष्टान्त[22], निर्भासन[23], संशय[24], आशीः[25], प्रियोक्ति[26], कपट[27], क्षमा[28], प्राप्ति[29], पश्चात्ताप[30], अर्थानुवृत्ति[31], उपपत्ति[32], युक्ति[33], कार्य[34], अनुनीति[35] तथा परिदेवन[36] ये 36 लक्षण काव्य के शोभावर्धक होते हैं। इनका प्रयोग (नाट्य में अभिनेय) काव्य में भाव और अर्थ के साथ रसों के अनुरूप करना चाहिए (1-4)।

1. अनेक गुणों तथा अलंकारों से अलकृंत होना। 2. कम अक्षरों में विचित्र वर्णन। 3. असिद्ध अर्थ को सिद्ध के समान चित्रित करना। 4. अनेक वचनों, युक्तियों से भी किसी बात का सिद्ध न हो पाना। 5. गुणों के विवरण में दोष का अकथन। 6. औपम्य युक्त उत्साहजनक वचन। 7. एक के उदाहरण से अनेक की सिद्धि। 8. तथ्य या तथ्यरहित का लक्षण। 9. हीन व्यक्ति को उत्तम से उपमा देकर उसके गुणों को बढ़ाकर बताना। 10. उत्तम से बढ़ कर कोई वैशिष्ट्य बताना। 11. बहुतों में से एक असाधारण कारण का निर्णय। 12. परोक्ष सारूप्य को दिखाना। 13. अपारमार्थिक तत्त्व से मिथ्या वस्तु का निर्णय। 14. बहुत सी प्रसिद्ध वस्तुओं के बीच एक अप्रसिद्ध का नाम लेना। 15. एकार्थनिष्ठ अनेक शब्दों से किसी वस्तु की प्रशसा। 16. साक्षात् अवाच्य अर्थ का स्फुट कथन। 17. अन्यापदेश के द्वारा हृदयस्थ भाव का प्रदर्शन। 18. पूछे या न पूछे गए अर्थ का निर्णय। 19. प्रारंभ में क्रोध तथा अन्त में हर्ष उत्पन्न करने वाला वाक्य। 20. विपरीत बात को रोकना। 21. प्रश्न उठाते हुए प्रतिपादन। 22. उदाहरण देकर समझाना। 23. अनेक युक्तियों वाला अनेक अर्थों को सिद्ध करने वाला वाक्य। 24. निर्णय न हो पाना। 25. मनोरथ-समुद्भव या शास्त्र समुद्भव शुभाशंसा। 26. आशीर्वचन समन्वित प्रारंभ में अप्रिय, अंत में प्रिय लगने वाला वचन। 27. छलपूर्ण उक्ति। 28. क्रोधजनक वाक्यों में भी क्रोध न होना। 29. एक अवयव देख कर अवयवी का ज्ञान। 30. अकार्य करने, कार्य न कर पाने पर पछतावा। 31. दूसरे के मनोनुकूल चलना। 32. दोषों का शमन। 33. परस्पर अनुकूल अर्थों में संबंध बिठाना। 34. दोष हटाकर गुण को कथ्य से जोड़ना। 35. सेवार्थक मधुर वाक्यों को अपराध क्षमा कर कहना। 36. अन्य के दोषों को अन्य से जोड़ना।

उपमा दीपकं चैव रूपकं यमकं तथा।
काव्यस्यैते ह्यलङ्कारा‌श्चत्त्वारः परिकीर्तिताः॥

यत् किञ्चित् काव्यबन्धेषु सादृश्येनोपमीयते।
उपमा नाम सा ज्ञेया गुणाकृतिसमाश्रया॥

नानाधिकरणार्थानां शब्दानां सम्प्रदीपकम्।
एकवाक्येन संयुक्तं तद्दीपकमिहोच्यते॥

स्वविकल्पेन रचितं तुल्यावयवलक्षणम्।
किञ्चित् सादृश्यसम्पन्नं यद्रूपं रूपकं तु तत्॥

शब्दाभ्यासस्तु यमकं पादादिषु विकल्पितम्।

गूढार्थमर्थान्तरमर्थहीनं
भिन्नार्थमेकार्थमभिप्लुतार्थम्।
न्यायादपेतं विषमं विसन्धि
शब्दच्युतं वै दश काव्यदोषाः॥

श्लेषः प्रसादः समता समाधि-
र्माधुर्यमोजः पदसौकुमार्यम्।
अर्थस्य च व्यक्तिरुदारता च
कान्तिश्च काव्यस्य गुणा दशैते॥

❑

उपमा, दीपक, रूपक और यमक–ये चार काव्य के अलंकार कहे गए हैं (5)। काव्यबंध में गुण और आकार की समानता के आधार पर एक वस्तु को दूसरे से उपमा दी जाती है–वह उपमा है (6)।

भिन्न अर्थों को बताने वाले शब्दों को एक वाक्य में दीपक के समान प्रकाशित करने वाला दीपक[1] अलंकार है (7)। अपने विकल्प से निर्मित तुल्य अवयवों वाला कुछ सादृश्य के आधार पर दो वस्तुओं में रूप की अभिन्नता बताने वाला अलंकार रूपक[2] है (8)। श्लोक के एक चरण या अनेक चरणों में शब्दों की आवृत्ति यमक[3] है (9)। काव्य के दस दोष है–गूढ़ार्थ[4], अर्थांतर[5], अर्थहीन[6], भिन्नार्थ[7], एकार्थ[8], अभिप्लुतार्थ[9], न्यायापेत[10], विषम[11], विसंधि तथा शब्दच्युत[12] (10)। काव्य के दस गुण हैं–श्लेष[13], प्रसाद[14], समता[15], समाधि[16], माधुर्य[17], ओजस्[18], पदसौकुमार्य[19], अर्थव्यक्ति[20], उदारता[21] तथा कांति[22] (11)।

❑

1. एक क्रिया के अनेक कारक होने या अनेक कारकों की एक क्रिया होने पर दीपक माना गया। 2. भेद होने पर अभेद का आरोप करना, जैसे मुखचंद्र। 3. एक ही शब्द भिन्न अर्थों में दोहराया जाए। 4. स्पष्टार्थक के स्थान पर उसका क्लिष्ट पर्याय प्रयुक्त करना। 5. अवर्ण्य का वर्णन। 6. असम्बद्ध तथा अवशिष्टार्थक प्रयोग। 7. असभ्य या ग्राम्य का प्रयोग। 8. एक अर्थ को अनेक शब्दों में दोहराना। 9. दो वाक्यों का गड्डमड्ड होना। 10. देशकाल विरुद्ध या कलाशास्त्रादिविरुद्ध। 11. छंद का भ्रांत प्रयोग। 12. संधि का उचित प्रयोग न होना। 13. ईप्सित अर्थ से संबद्ध पदों की श्लिष्टता। 14. अर्थ की स्पष्टता, 15. शैली का समान रूप से सुबोध होना। 16. अपूर्व या विशिष्ट अर्थ की प्रतीति। 17. बार-बार कहे या सुने जाने पर भी आकर्षक लगने वाला वाक्य-विन्यास। 18. समास युक्त विचित्र पदों का प्रयोग। 19. सुख-प्रयोज्य सुश्लिष्ट संधि पदों में अर्थ की सुकुमारता। 20. अभिव्यक्ति की प्रांजलता। 21. दिव्य-भाव तथा शृंगार और अद्‌भुत की योजना। 22. मन और कानों को आह्लादित करने की क्षमता।

॥ अथ षोडशोऽध्यायः ॥

पाठ्यगुणानिदानीं वक्ष्यामः। तद्यथा—सप्तस्वराः, त्रीणि स्थानानि, चत्वारो वर्णाः, द्विविधा काकुः, षडलङ्काराः, षडङ्गानीति। तत्र सप्त स्वरा नाम—षड्जर्षभगान्धारमध्यमपञ्चमधैवतनिषादाः। त एते रसेषूपपाद्याः। यथा—

हास्यशृङ्गारयोः कार्यौ स्वरौ मध्यमपञ्चमौ।
षड्जर्षभौ तथा चैव वीररौद्राद्भुतेष्वथ॥

गान्धारश्च निषादश्च कर्तव्यौ करुणे रसे।
धैवतश्चैव कर्तव्यो बीभत्से सभयानके॥

त्रीणि स्थानानि—उरः, कण्ठः, शिर इति।

शारीर्यामथ वीणायां त्रिभ्यः स्थानेभ्य एव तु।
उरसः शिरसः कण्ठात् स्वरः काकुः प्रवर्तते॥

उदात्तश्चानुदात्तश्च स्वरितः कम्पितस्तथा।
वर्णाश्चत्वार एव स्युः पाठ्ययोगे तपोधनाः॥

तत्र हास्याशृङ्गारयोः स्वरितोदात्तैर्वर्णैः पाठ्यमुपपाद्यं, वीररौद्राद्भूतेषूदात्तकम्पितैः करुणबीभत्सभयानकेष्वनुदात्तस्वरितकम्पितैरिति। द्विविधा काकुः साकाङ्क्षा निराकाङ्क्षा चेति वाक्यस्य साकाङ्क्षनिराकाङ्क्षत्वात्। तत्र साकाङ्क्षं नाम तारादिमन्द्रान्तम-नियुक्तार्थमनिर्यातितवर्णालङ्कारं कण्ठोरःस्थानगतम्। निराकाङ्क्षं नाम नियुक्तार्थं निर्यातितवर्णालङ्कारं शिरःस्थानगतं मन्द्रादितारान्तमिति।

॥ सोहलवाँ अध्याय ॥

वाचिक अभिनय (पाठ्यगुण)

अब पाठ्य-गुण बताते हैं। सात स्वर, तीन स्थान, चार वर्ण, दो प्रकार की काकु, छः अलंकार तथा छः अंग—ये पाठ्यगुणों में आते हैं। सात स्वर ये हैं—षड्ज, ऋषभ, गांधार, मध्यम, पंचम, धैवत तथा निषाद। इनका उपयोग रस की दृष्टि से इस प्रकार होता है—हास्य और शृंगार में मध्यम तथा पंचम; वीर, रौद्र और अद्भुत में षड्ज तथा ऋषभ तथा करुण रस में गांधार और निषाद तथा भयानक सहित बीभत्स रस में धैवत का प्रयोग करना चाहिए (1-2)।

पाठ्य के उच्चारण के तीन स्थान हैं—छाती, कंठ तथा सिर। शारीरी वीणा[1] में छाती, कंठ तथा सिर इन स्थानों में स्वर और काकु का प्रयोग होता है (3)। पाठ्य के प्रयोग में उदात्त, अनुदात्त, स्वरित तथा कम्पित—ये चार प्रकार के वर्ण काम में आते हैं (4)।

इनमें से हास्य और शृंगार में स्वरित और उदात्त वर्णों के द्वारा पाठ्य का प्रयोग करे। वीर, रौद्र और अद्भुत में उदात्त और कम्पित का; तथा करुण, बीभत्स और भयानक में अनुदात्त, स्वरित और कम्पित का प्रयोग करे। वाक्यसाकांक्ष[2] और निराकांक्ष[3]—दो प्रकार का होता है, जिसके आधार पर काकु भी दो प्रकार की होती है—साकांक्ष और निराकांक्ष। साकांक्ष काकु तार से आरंभ कर मंद्र में अंत होती है, अर्थ की इसमें अपूर्णता रहती है, इसमें वर्ण[4] और अलंकार[5] का निर्वाह अधूरा होता है तथा कंठ और वक्ष इन दो स्थानों से यह प्रवृत्त होती है। निराकांक्ष काकु में अर्थ की पूर्णता रहती है, वर्ण और अलंकार का इसमें पूरा निर्वाह होता है। इसका स्थान सिर है तथा मंद्र से प्रारंभ कर तार तक इसे ले जाया जाता है।

---

1. मनुष्य के उच्चारण अवयव।
2. जिसमें उत्तर या अन्य अर्थ की अपेक्षा हो।
3. अपने आप में पूर्ण।
4. उदात्त, अनुदात्त, स्वरित तथा कम्पित।
5. छः पाठ्यालंकार। आगे देखें।

अथ षडलङ्कारा नाम–

उच्चो दीप्तश्च मन्द्रश्च नीचो द्रुतविलम्बितौ।
पाठ्यस्येते ह्यलङ्कारा लक्षणं च निबोधत॥

उच्चो नाम शिरःस्थानगतस्तास्वरः, स च दूरस्थाभाषणविस्मयोत्तरोत्तरसञ्जल्पदूराह्वानत्रासनाबाधाद्येषु। दीप्तो नाम शिरःस्थानगतस्तारतरः, स चाक्षेपकलहविवादामर्षक्रुष्टाधर्षणक्रोधशौर्यदर्पतीक्ष्णरूक्षाभिधाननिर्भर्त्सनाक्रन्दितादिषु। मन्द्रो नाम उरःस्थानगतो निर्वेदग्लानिचिन्तौत्सुक्यदैन्यव्याधिक्रीडागाढशस्त्रक्षतमूर्च्छामदगुह्यार्थवचनादिषु। नीचो नाम उरःस्थानस्थो मन्द्रतरः स च स्वभावाभाषणव्याधिशमश्रमार्तत्रस्तपतितमूर्च्छितादिषु। द्रुतो नाम कण्ठगतः स च त्वरितः, लल्लनमन्मनभयशीतज्वरत्रासायस्तात्ययिककार्यविदनादिषु। विलम्बितो नाम कण्ठस्थानगतस्तनुमन्द्रः, स च शृङ्गारकरुणवितर्कितविचारामर्षासूयिताव्यक्तार्थप्रवादलज्जाचिन्तातर्जनविस्मयदोषानुकीर्तनदीर्घरोगनिपीडनादिषु। अथाङ्गानि षट्–विच्छेदोऽर्पणं विसर्गोऽनुबन्धो दीपनं प्रशमनमिति। तत्र विच्छेदो नाम विरामकृतः। अर्पणं नाम लीलायमानमधुरवल्गुना स्वरेण पूरयतेव रङ्गं यत्पठ्यते तदर्पणम्। विसर्गो नाम वाक्यविन्यासः। अनुबन्धो नाम पदान्तरेष्वपि विच्छेदः, अनुच्छ्वसनं वा। दीपनं नाम त्रिस्थानशोभि वर्धमानस्वरं चेति। प्रशमनं नाम तारगतानां स्वराणां प्रशाम्यतामवैस्वर्येणावतारणमिति।

पाठ्य के छः अलंकार इस प्रकार हैं—उच्च, दीप्त, मंद्र, नीच, द्रुत और विलंबित। अब इसके लक्षण जानो।

उच्च सिर के स्थान से उत्पन्न तार (ऊँचे) स्वर वाला होता है। इसका प्रयोग दूरस्थ व्यक्ति से संवाद, विस्मय, कहा-सुनी, दूर से पुकारना, डराना, बाधा से देना आदि में होता है। दीप्त भी सिर स्थान से उत्पन्न होता है, पर इसका स्वर तारतर (और भी ऊँचा) होता है। आक्षेप, कलह, विवाद, अमर्ष, चीखना, जोर से खींचना, क्रोध, शौर्य, दर्प, तीखा या रूखा बोलना, डपटना तथा रोना—इनमें यह प्रयुक्त होता है। मंद्र नामक अलंकार वक्ष के स्थान से उत्पन्न है। इसका प्रयोग वैराग्य, ग्लानि, चिंता, उत्सुकता, दीनता, बीमारी, शस्त्रों के गहरे घाव, बेहोशी, नशा, गुह्य या गोपनीय बात या शब्द बताने में होता है। नीच अलंकार भी वक्षःस्थानीय होता है, पर यह और धीमे स्वर में रहता है। यह स्वाभाविक बातचीत, बीमारी, शांति, श्रम, दुःखी, डरे, गिरे या मूर्च्छित को बताने में प्रयुक्त होता है। द्रुत नामक अलंकार कंठगत होता है। इसका प्रयोग शीघ्रता से (द्रुत लय में) किया जाता है। इसे दुलारना, चुप कराना, भय, शीत, ज्वर, त्रास, आवेग और अत्यावश्यक कार्य बताने में योजित करते हैं। विलंबित नामक अलंकार भी कंठ स्थानीय है, यह थोड़ा मंद्र लय में प्रयुक्त होता है। वह शृंगार, करुण, वितर्क, विचार, अमर्ष, असूया, अव्यक्तार्थ प्रवाद (अटपटी या अस्पष्ट बात कहना), लज्जा, चिन्ता, मना करना, विस्मय, दोष बताना, लंबी बीमारी तथा दबाने आदि में प्रयुक्त होता है।

पाठ्य के अंग छः हैं—विच्छेद, अर्पण, विसर्ग, अनुबंध, दीप्रक तथा प्रशमन। विराम (pause) से होने वाला विच्छेद है। लीला (शोभा, सुकुमारता) से युक्त मधुर, कोमल स्वर से रंगशाला को भरते हुए जब पाठ किया जाता है, तो अर्पण होता है। वाक्य की पूर्ति विसर्ग है। शब्दों के बीच में विच्छेद न होना अनुबंध है। जब पाठ तीनों स्थानों (वक्ष, कंठ तथा सिर) से उच्चारित होकर क्रमशः बढ़ता जाए तो यह दीपन है। तार (उच्च) स्वर को बिना बेसुरा किए नीचे उतार लाना प्रशमन है।[1]

---

1. अभिनव द्वारा उद्धृत एक मत के अनुसार इन छः अंगों का संबंध उच्चारण काल से माना गया है। इनके आधार पर वर्णोच्चारण में वर्णध्वनि शून्य काल भी छः प्रकार का हो जाता है। इस प्रकार द्रुत, मध्य और विलंबित—इन तीन लय प्रकारों के अनुसार पाठ्य के छः अंग प्रयुक्त होते हैं।

   अभिनव इससे असहमति प्रकट करते हुए इन अंगों को पदों के विशिष्ट धर्म मानते हैं। पदों का टूटना विच्छेद, न टूटना अनुबंध, पुष्ट होना अर्पण, अपुष्ट होना विसर्ग, आरोहण दीपन तथा अवरोहण प्रशमन है। इस प्रकार भाव, अभाव, उपचय, अपचय, आरोह और अवरोह से नाद भी छः प्रकार का हो जाता है।

तत्र हास्य शृङ्गारयोराकाङ्क्षायामर्पणविच्छेददीपनप्रशमनयुक्तं पाठ्यं कार्यम्। दीपनप्रशमनयुक्तं करुणे। विच्छेदप्रशमनदीपनानुबन्धबहुलं वीररौद्राद्भुतेषु, विसर्गविच्छेदयुक्तं बीभत्सभयानकयोरिति। सर्वेषामप्येषां मन्द्रमध्यतारकृतः प्रयोगस्त्रिस्थानगतः। तत्र दूरस्थाभाषणे तारं शिरसा, नातिदूरे मध्यं कण्ठेन, पार्श्वतो मन्द्रमुरसा प्रयोजयेत् पाठ्यमिति। मन्द्रात् तारं न गच्छेत्, ताराद् वा मन्द्रमिति।

एषां च द्रुतमध्यविलम्बितास्त्रयो लया रसेषूपपाद्याः। तत्र हास्यशृङ्गारयोर्मध्यलयः, करुणे विलम्बितो, वीररौद्राद्भुतबीभत्सभयानकेषु द्रुत इति।

अथ विरामः अर्थसमाप्तौ कार्यवशान्न छन्दोवशात्। कस्मात्, दृश्यन्ते ह्येकद्वित्रिचतुरक्षरा विरामाः।

❑

इनमें से हास्य और श्रृंगार रस के प्रसंग में पाठ्य का प्रयोग अर्पण, विच्छेद, दीपन और प्रशमन से युक्त करना चाहिए, करुण रस में दीपन और प्रशमन से युक्त तथा वीर, रौद्र और अद्भुत रसों में विच्छेद, प्रशमन, दीपन और अनुबन्ध से बहुल पाठ होना चाहिए तथा बीभत्स और भयानक में विसर्ग और विच्छेद से युक्त।

इन सभी अंगों का प्रयोग मन्द्र, मध्य और तार स्वरों के जनक तीन स्थानों (वक्ष, कंठ तथा सिर) से होता है। दूर स्थित पात्र से बात करने में सिर से तार स्वर, बहुत दूर न होने पर कंठ से मध्यम तथा पास होने पर वक्ष से मंद्र स्वर के साथ पाठ्य का प्रयोग करे। मंद्र से सहसा तार पर और तार से मंद्र पर न जाए।

पाठ्य की द्रुत, मध्य और विलंबित—ये तीन प्रकार की लय रसों के अनुसार उपयोग में आती है। हास्य और श्रृंगार में मध्य लय, करुण में विलंबित, वीर, रौद्र, अद्भुत, बीभत्स और भयानक में द्रुत लय का प्रयोग होता है।

विराम का प्रयोग अर्थ पूरा होने पर कार्य-व्यापार की दृष्टि से होना चाहिए, छंद की दृष्टि से नहीं। (एक चरण के भीतर भी) एक, दो, तीन या चार अक्षरों पर विराम संभव है।

❑

॥ अथ सप्तदशोऽध्यायः ॥

नाटकं सप्रकरणमङ्को व्यायोग एव च।
भाणः समवकारश्च वीथी प्रहसनं डिमः॥
ईहामृगश्च विज्ञेयो दशमो नाट्यलक्षणे ॥1॥

सर्वेषामेव काव्यानां मातृका वृत्तयः स्मृताः।
आभ्यो विनिःसृतं ह्येतद् दशरूपं प्रयोगतः ॥2॥

ज्ञेयं प्रकरणं चैव तथा नाटकमेव च।
सर्ववृत्तिविनिष्पन्नं नानाबन्धसमाश्रयम् ॥3॥

वीथी समवकारश्च तथेहामृग एव च।
उत्सृष्टिकाङ्को व्यायागो भाणः प्रहसनं डिमः॥
कैशिकीवृत्तिहीनानि रूपाण्येतानि कारयेत् ॥4॥

प्रख्यातवस्तुविषयं प्रख्यातोदात्तनायकं चैव।
राजर्षिवंश्यचरितं तथैव दिव्याश्रयोपेतम् ॥5॥

नानाविभूतिभिर्युतमृद्धिविलासादिभिर्गुणैश्चैव।
अङ्कप्रवेशकाढ्यं भवति हि तन्नाटकं नाम ॥6॥

नृपतीनां यच्चरितं नानारसभावचेष्टितं बहुधा।
सुखदुःखोत्पत्तिकृतं भवति हि तन्नाटकं नाम ॥7॥

॥ सत्रहवाँ अध्याय ॥

दशरूपकनिरूपण

नाटक, प्रकरण, अंक, व्यायोग, भाण, समवकार, वीथी, प्रहसन, डिम और ईहामृग—ये रूपक के दस भेद हैं। (1)

सभी प्रकार के काव्यों (रूपकों) की माता वृत्ति[1] मानी गई है। वृत्तियों से ही दस प्रकार के रूपक प्रयोग की दृष्टि से निकले हैं (2)।

नाटक और प्रकरण—ये दो प्रकार के रूपक सारी वृत्तियों से युक्त होते हैं तथा विभिन्न प्रकार के काव्यबन्ध इनमें प्रयुक्त होते हैं (3)।

वीथी, समवकार, ईहामृग, उत्सृष्टिकांक, व्यायोग, भाण, प्रहसन तथा डिम—ये आठ रूपक कैशिकी वृत्ति से रहित होते हैं (4)। [नाटक का लक्षण]—नाटक की कथावस्तु प्रख्यात[2] होती है। इसका नायक प्रख्यात और उदात्त होता है। इसमें राजर्षियों के वंशज का चरित्र रहता है। साथ ही दिव्य पात्रों का भी आश्रय[3] लिया जाता है। नाटक विभिन्न विभूतियों, ऋद्धि और विलास आदि गुणों से युक्त तथा अंकों और प्रवेशकों से संपन्न होता है। राजाओं का अनेक रसों और भावों से समन्वित चेष्टाओं वाला तथा सुख-दुःख की उत्पत्ति से होने वाला चरित्र इसमें दिखाया जाता है (5-7)।

---

1. वृत्ति के लिए देखें सं. नाशा. अ. 19
2. इतिहास (रामायण-महाभारत) या पुराण आदि से गृहीत।
3. अभिनव के अनुसार सर्वथा देवचरित्र नाटक में नहीं रह सकता, उससे संपूर्ण रसास्वाद नहीं हो सकेगा।

यत्रार्थस्य समाप्तिर्यत्रच बीजस्य भवति संहारः।
किञ्चिदवलग्नबिन्दुः सोऽङ्क इति सदावगन्तव्यः ॥8॥

एकदिवसप्रवृत्तं कार्यस्त्वङ्को ऽर्थबीजमधिकृत्य।
आवश्यककार्याणामविरोधेन प्रयोगेषु ॥9॥

दिवसावसानकार्यं यद् यङ्के नोपपद्यते सर्वम्।
अङ्कच्छेदं कृत्वा प्रवेशकैस्तद् विधातव्यम् ॥10॥

प्रकरणनाटकविषये पञ्चाद्या दशपरा भवन्त्यङ्काः।
अङ्कान्तरसन्धिषु च प्रवेशकास्तेषु तावन्तः ॥11॥

न महाजनपरिवारं कर्तव्यं नाटकं प्रकरणं वा।
ये तत्र कार्यपुरुषाश्चत्वारः पञ्च वा ते स्युः ॥12॥

काव्यं गोपुच्छाग्रं कर्तव्यं कार्यबन्धमासाद्य।
ये चोदात्ता भावस्ते सर्वे पृष्ठतः कार्याः ॥13॥

सर्वेषां काव्यानां नानारसभावयुक्तियुक्तानाम्।
निर्वहणे कर्त्तव्यो नित्यं हि रसो ऽद्भुतस्तज्ज्ञैः ॥14॥

यत्र कविरात्मशक्त्या वस्तु शरीरं च नायकं चैव।
औत्पत्तिकं प्रकुरुते प्रकरणमिति तद् बुधैर्ज्ञेयम् ॥15॥

यदनार्षमथाहार्यं काव्यं प्रकरोत्यभूतगुणयुक्तम्।
उत्पन्नबीजवस्तु प्रकरणमिति तदपि विज्ञेयं ॥16॥

यन्नाटके मयोक्तं वस्तु शरीरं च वृत्तिभेदाश्च।
तत्प्रकरणे ऽपि योज्यं सलक्षणं सर्वसन्धिषु तु ॥17॥

विप्रवणिक्सचिवानां पुरोहितामात्यसार्थवाहानाम्।
चरितं यन्नैकविधं ज्ञेयं तत्प्रकरणं नाम ॥18॥

(अंक का लक्षण)—जहाँ एक अर्थ (विषय) की समाप्ति हो जाए, बीज[1] का समाहार हो तथा बिन्दु[2] का कुछ स्पर्श हो उसे अंक जाना जाए (8)। अर्थ और बीज का आश्रय लेकर अंक में एक दिन की घटनाएँ दिखाई जाएँ, ऐसे आवश्यक कार्य जो प्रयोग में परस्पर विरोधी न हों अंक में दिखाए जाएँ, दिन भर में होने वाला कार्य यदि सब एक अंक में न दिखाया जा सके, तो अंक का विच्छेद करके शेष कार्य प्रवेशकों के द्वारा सूचित कराया जाए (10)।

प्रकरण और नाटक में पाँच से दस तक अंक रहते हैं। दो अंकों के बीच उतने ही (पाँच से दस तक) प्रवेशक रह सकते हैं (11)। नाटक या प्रकरण में प्रत्येक अंक में पात्रों की भीड़ अधिक न रहे। कार्य करने वाले पुरुष चार या पाँच रहें (12)। काव्य (नाट्य के आलेख) की संरचना कार्यबंध की दृष्टि से गाय की पूँछ के अगले भाग के समान होती है। इसमें सारे उदात्त भाव पीछे दिखाए जाते हैं (13)। सभी प्रकार के रसों, भावों और युक्तियों से समन्वित काव्यों के निर्वहण (उपसंहार) में काव्य मर्मज्ञ रचनाकार को सदैव अद्‌भुत रस का समावेश करना चाहिए (14)।

(प्रकरण का लक्षण)—जहाँ कवि अपनी शक्ति (प्रतिभा, कल्पना) से रूपक की कथा, शरीर और नायक की सृष्टि करता है, उसे बुद्धिमान लोग प्रहसन जानें (15)। जो अभूतपूर्व गुणों से युक्त अनार्ष तथा आहार्य[3] काव्य कवि रचता है, जिसका बीज और कथावस्तु कल्पित हो उसे प्रकरण जानना चाहिए (16)। मैंने नाटक के लिए जो कथावस्तु, शरीर और वृत्ति के भेद बताए हैं उन्हें लक्षण सहित सभी सन्धियों में प्रकरण में भी जोड़ना चाहिए (17)। जिसमें ब्राह्मण, वणिक्, सचिव, पुरोहित, अमात्य, सार्थवाह (व्यापारी)—इनका अनेक प्रकार का चरित रहे वह प्रकरण है (18)।

1-2. बीज, बिन्दु, पताका, प्रकरी तथा कार्य—ये पाँच अर्थ प्रकृतियाँ हैं। आगे अध्याय 18 देखें।

3. पहले के कवियों के काव्य या बृहत्कथा आदि से जिसकी कथा या परिकल्पना ली जाए।

नोदात्तनायककृतं न दिव्यचरितं न राजसम्भोगम्।
बाह्यजनसम्प्रयुक्तं तज्ज्ञेयं प्रकरणं तज्ज्ञैः ॥19॥

दासविटश्रेष्ठियुतं वेशस्त्र्युपचारकारणोपेतम्।
मन्दकुलस्त्रीचरितं काव्यं कार्यं प्रकरणे तु ॥20॥

प्रकरणनाटकभेदादुत्पाद्यं वस्तु नायकं नृपतिम्।
अन्तपुरसङ्गीतककन्यामधिकृत्य कर्तव्या ॥21॥

स्त्रीप्रायाचतुरङ्का ललिताभिनयात्मिका सुविहिताङ्गी।
बहुनृत्तगीतपाठ्या रतिसम्भोगात्मिका चैव ॥22॥

राजोपचारयुक्ता प्रसादनक्रोधदम्भसंयुक्ता।
नायकदेवीदूतीसपरिजना नाटिका ज्ञेया ॥23॥

देवासुरबीजकृतः प्रख्यातोदात्तनायकश्चैव।
त्र्यङ्कस्तथा त्रिकपटस्त्रिविद्रवः स्यात् त्रिशृङ्गारः ॥24॥

द्वादशनायकबहुलो ह्यष्टादशनाडिका प्रमाणश्च।
वक्ष्याम्यस्याङ्कविधिं यावत्यो नाडिका यत्र ॥25॥

अङ्कस्तु सप्रहसनः सविद्रवः सकपटः सवीथीकः।
द्वादशनाडीविहितः प्रथमः कार्यः क्रियोपेतः ॥26॥

कार्यस्तथा द्वितीयः समाश्रितो नाडिकाश्चतस्रस्तु।
वस्तुसमापनविहितो द्विनाडिकः स्यात् तृतीयस्तु ॥27॥

नाडी संज्ञा ज्ञेया मानं कालस्य यन्मुहूर्तार्धम्।
युद्धजलसम्भवो वा वाय्वग्निगजेन्द्रसम्भ्रमकृतो वा।
नगरोपरोधजो वा विज्ञेयो विद्रवस्त्रिविधः ॥28॥

प्रकरण में उदात्त नायक नहीं रहते, दिव्य (देवता) पात्रों का चरित नहीं रहता, राजा का शृंगार नहीं दिखाया जाता तथा बाह्य (अन्तःपुर के बाहर के) पात्रों (वेश्या, दास, भिक्षु, जुआरी आदि) के द्वारा इसकी कथा आगे बढ़ाई जाए (19)। प्रकरण में काव्य दास, विट और श्रेष्ठियों के चरित वाला हो, वेशस्त्री (वेश्या) के उपचार को इसमें कारण के रूप में दिखाया जाए, नीच कुल की स्त्रियों का चरित इसमें बताया जाए (20)।

(नाटिका का लक्षण)—नाटिका की कथा प्रकरण और नाटक से मिली-जुली तथा कल्पित होती है। इसमें राजा नायक होते हैं। इसमें अंतःपुर में होनेवाले संगीतक[1] में निपुण कन्या का आश्रय लिया जाता है (21)। इसमें स्त्री पात्र अधिक होते हैं। अंक चार होते हैं। यह ललित अभिनय से युक्त होती है। सारे अंगों की इसमें अच्छी तरह योजना की जाती है। इसमें नृत्त, गीत और पाठ्य की प्रधानता रहती है तथा रति और संभोग से युक्त भी यह होती है। राजा के उपचार से युक्त, प्रसन्न करना, क्रोध और दंभ के दृश्यों वाली, नायक, देवी और दूती तथा परिजनों से युक्त नाटिका होती है (22)।

(समवकार का लक्षण)—समवकार में देवों और असुरों की प्रख्यात कथा का बीजार्थ रहता है। इसमें प्रख्यात और उदात्त नायक रहते हैं। इसमें तीन अंक रहते हैं तथा तीन प्रकार के कपट, तीन प्रकार के उपद्रव और तीन प्रकार का शृंगार प्रयुक्त किया जाता है। यह बारह नायकों से भरा हुआ होता है। इसे खेलने का समय बारह नाड़ी है। अब मैं प्रत्येक अंक में जितनी नाड़ी का समय प्रयोग की दृष्टि से लगता है उसे बताता हूँ (25)। पहला अंक प्रहसन से युक्त, विद्रव, कपट और वीथी वाला होता है, इसमें बारह नाड़ी का समय लगता है (26)। द्वितीय अंक चार नाड़ी के समय वाला होता है। तृतीय अंक में तीन नाड़ियाँ होती हैं तथा वस्तु का समापन होता है (27)। आधे मुहूर्त का समय एक नाड़ी है। विद्रव तीन प्रकार का होता है—(1) युद्ध और जल से उत्पन्न (2) वायु, अग्नि या बड़े हाथियों की भगदड़ से होनेवाला, (3) नगर पर घेरा डालने से होने वाला (28)।

---

1. नृत्त, गीत तथा वाद्य—तीनों का योग। संगीतक कन्या = संगीतशाला में प्रशिक्षित कन्या। (अभि.)

वस्तुगतक्रमविहितो दैववशाद् वा परप्रयुक्तो वा।
सुखदुःखोत्पत्तिकृत स्त्रिविधः कपटोऽत्र विज्ञेयः ॥29॥

त्रिविधश्चात्र विधिज्ञैः पृथक् पृथक् कार्ययोग-विहितार्थः।
शृङ्गारः कर्तव्यो धर्मे चार्थे च कामे च ॥30॥

दिव्यपुरुषाश्रयकृतो दिव्यस्त्रीकारणोपगतयुद्धः।
सुविहितवस्तु निबद्धो विप्रत्ययकारकश्चैव ॥31॥

उद्धतपुरुषप्रायः स्त्रीरोषग्रथितकाव्यबन्धश्च।
सङ्क्षोभविद्रवकृतः सम्फेटकृतस्तथा चैव ॥32॥

स्त्रीभेदनापहरणावमर्दनप्राप्तवस्तु शृङ्गारः।
ईहामृगस्तु कर्तव्यः सुसमाहितकाव्यबन्धश्च ॥33॥

यद् व्यायोगे कार्यं ये पुरुषा वृत्तयो रसाश्चैव।
ईहामृगेऽपि ते स्युः केवलममरस्त्रिया योगः ॥34॥

प्रख्यातवस्तुविषयः प्रख्यातोदात्तनायकश्चैव।
षड्रसलक्षणयुक्तश्चतुरङ्को वै डिमः कार्यः ॥35॥

शृङ्गारहास्यवर्जः शेषैः सर्वै रसैर्युक्तः।
दीप्तरसकाव्ययोनिर्नाभावोपसम्पन्नः ॥36॥

निर्घातोल्कापातैरुपरागेणेन्दुसूर्ययोर्युक्तः।
युद्धनियुद्धाधर्षणसम्फेटकृतश्च कर्तव्यः ॥37॥

मायेन्द्रजालबहुलो बहुपुस्तोत्थानयोगयुक्तश्च।
देवभुजगेन्द्रराक्षसयक्षपिशाचावकीर्णश्च ॥38॥

इस समवकार में तीन प्रकार का कपट प्रयुक्त होता है जो इस प्रकार हैं–(1) वस्तु (कथा-वस्तु) के क्रम में होने वाला (2) भाग्यवश होने वाला (3) शत्रु से प्रयुक्त। यह कपट सुख या दुःख की उत्पत्ति करने वाला होता है (29)। अलग-अलग कार्य या योग की दृष्टि से इसमें तीन प्रकार का शृंगार विधि जानने वाले प्रयोक्ताओं को रखना चाहिए–धर्मशृंगार, अर्थशृंगार तथा कामशृंगार (30)।

(ईहामृग का लक्षण)–ईहामृग में दिव्य पुरुष (देवता पात्र) रहते हैं। दिव्य स्त्रियों (अप्सराओं आदि) के कारण इसमें युद्ध होता है। इसकी कथावस्तु अच्छी प्रकार से सुगठित रूप में निबद्ध होती है। इसमें अविश्वसनीय घटनाएँ होती हैं। इसमें उद्धत पुरुषों की भरमार होती है। इसके काव्यबंध में स्त्रियों के कारण होने वाले क्रोध की अभिव्यक्ति होती है। इसमें संक्षोभ और विद्रव तथा सम्फेट[1] की उत्पत्ति होती है। शृंगार रस इसमें स्त्रियों के कारण होनेवाले भेद, अपहरण तथा अवमर्दन से उत्पन्न होता है। ईहामृग का काव्यबंध सुचिंतित और सुसंबद्ध होना चाहिए। व्यायोग में जैसे पुरुष, वृत्तियाँ और रस होते हैं, वैसे ही ईहामृग में भी होंगे, केवल दिव्य स्त्रियों से संयोग इसमें और रहता है (31-34)।

(डिम का लक्षण)–डिम की कथावस्तु प्रख्यात होती है। इसका नायक भी प्रख्यात और उदात्त होता है। इसमें छः रसों की निष्पत्ति तथा चार अंक रहते हैं (35)। (आठ रसों में से) शृंगार और हास्य को छोड़ कर शेष सभी रसों से डिम युक्त रहता है। इसका काव्य दीप्त रसों से जन्म लेता है तथा विविध प्रकार के भावों से संपन्न होता है (36)। इसकी कथा में चोट लगना, बिजली गिरना, सूर्य या चंद्रमा का ग्रहण, युद्ध, मल्लयुद्ध, चुनौती और सम्फेट (क्रोध या आवेश से युक्त झड़प) का प्रयोग रहता है (37)। इसमें माया और इंद्रजाल का बाहुल्य रहता है, पुस्त की विधियों[2] तथा उत्थानयोग[3] की भी प्रचुरता होती है। यह देवता, नाग, राक्षस, यक्ष पिशाच आदि से भरा हुआ होता है (38)।

---

1. सम्फेट–क्रोध या आवेग से युक्त झड़प।
2. पुस्त की विधियों के लिए देखिए सं. नाशा. अ. 20
3. उत्थानयोग से आशय पात्रों के परस्पर मिल कर संघर्ष या प्रगति करने से प्रतीत होता है।

षोडशनायकबहुलः सात्त्वत्यारभटिवृत्तिसम्पन्नः।
कार्यो डिमः प्रयत्नान्नानाश्रयभावसम्पन्नः ॥39॥

व्यायोगस्तु विधिज्ञैः कार्यः प्रख्यातनायकशरीरः।
अल्पस्त्रीजनयुक्तस्त्वेकाहकृतस्तथा चैव ॥40॥

बहवश्च तत्र पुरुषा व्यायच्छन्ते यथा समवकारे।
न च तत्प्रमाणयुक्तः कार्यस्त्वेकाङ्क एवायम् ॥41॥

न च दिव्यनायक कृतः कार्यो राजर्षिनायकनिबद्धः।
युद्धनियुद्धाधर्षणसङ्घर्षकृतश्च कर्तव्यः ॥42॥

प्रख्यातवस्तुविषयस्त्वप्रख्यातः कदाचिदेव स्यात्।
दिव्यपुरुषैर्वियुक्तः शैषैर्युक्तो भवेत् पुंभिः ॥43॥

करुणरसप्रायकृतो निवृत्तयुद्धोद्धतप्रहारश्च।
स्त्रीपरिदेवितबहुलो निर्वेदितभाषितश्चैव ॥44॥

नाना व्याकुलचेष्टः सात्त्वत्यारभटिकैशिकीहीनः।
कार्यः काव्यविधिज्ञैः सततं ह्युत्सृष्टिकाङ्कस्तु ॥45॥

प्रहसनमपि विज्ञेयं द्विविधं शुद्धं तथा च सङ्कीर्णम्।
भगवत्तापसविप्रैरन्यैरपि हास्यवादसम्बद्धम् ॥46॥

कापुरुषसम्प्रयुक्तं परिहासाभाषणप्रायम्।
अविकृतभाषाचारं विशेषभावोपपन्नचरितपदम् ॥47॥

नियतगतिवस्तुविषयं शुद्धं ज्ञेयं प्रहसनं तु।
वेश्याचेटनपुंसकविटधूर्ता बन्धकी यत्र स्युः ॥48॥

इसमें सोलह नायक होते हैं, यह सात्वती और आरभटी वृत्तियों से संपन्न होता है। इस प्रकार का विभिन्न आश्रय वाले भावों से संपन्न डिम प्रस्तुत किया जाना चाहिए (39)।

(व्यायोग का लक्षण)—व्यायोग में प्रख्यात नायक की कथा रहती है। इसके स्त्री पात्र थोड़े ही होते हैं तथा एक दिन का वृत्तान्त रहता है (40)। समवकार में जिस प्रकार अनेक पुरुष एक साथ कार्यरत रहते हैं, वैसा इसमें नहीं रहता। इसमें एक ही अंक होता है। इसमें देवता नायक नहीं रहते। राजा नायक हो सकते हैं। युद्ध, मल्लयुद्ध, चुनौती तथा संघर्ष इसमें रहता है (41, 42)।

(उत्सृष्टिकांक का लक्षण)—उत्सृष्टिकांक की कथावस्तु प्रख्यात होती है। वह अप्रख्यात भी कभी-कभी रह सकती है। इसके भी देवता पात्र नहीं होते। शेष पुरुष पात्र इसमें रह सकते हैं (43)।

इसमें करुणरस की प्रधानता होती है। इसकी कथा युद्ध और उद्धत प्रहार समाप्त हो चुकने पर प्रारंभ होती है। इसमें स्त्रियों के विलाप की बहुलता होती है तथा वैराग्यपूर्ण संवाद भी रहते हैं। विभिन्न प्रकार की व्याकुलता से भरी चेष्टाएँ इसमें रहती हैं। सात्वती, आरभटी तथा कैशिकी वृत्तियाँ इसमें नहीं होतीं (44, 45)।

(प्रहसन का लक्षण)—प्रहसन दो प्रकार का जानना चाहिए—शुद्ध तथा संकीर्ण। शुद्ध में संन्यासी, तपस्वी तथा ब्राह्मणों का हास्यपूर्ण चरित्र रहता है (46)। इसकी कथा कापुरुषों (कायरों) से संबद्ध होती है तथा परिहास और संवाद इसमें प्रचुरता से रहते हैं। इनके यथार्थ भाषा और आचार को प्रहसन उपस्थित करता है। इसमें विशेष भावों से युक्त चरित संयोजित होता है तथा कथावस्तु नियत गति वाली होती है (47-48क)।

अनिभृतवेषपरिच्छदचेष्टितकरणैस्तु सङ्कीर्णम् ॥
लोकोपचारयुक्ता या वार्ता यश्च दम्भसंयोगः।
स प्रहसने प्रयोज्यो धूर्तप्रविवादसम्पन्नः ॥49॥

आत्मानुभूतशंसी परसंश्रयवर्णनाविशेषस्तु।
विविधाश्रयो हि भाणो विज्ञेयस्त्वेकहार्यश्च ॥50॥

परवचनमात्मसंस्थं प्रतिवचनैरुत्तरोत्तरग्रथितैः।
आकाशपुरुषकथितैरङ्गविकारैरभिनयैश्चैव ॥51॥

धूर्तविटसम्प्रयोज्यो नानावस्थान्तरात्मकश्चैव।
एकाङ्को बहुचेष्टः सततं कार्यो बुधैर्भाणः ॥52॥

सर्वरसलक्षणाढ्या युक्ता ह्यङ्गैस्त्रयोदशभिः।
वीथी स्यादेकाङ्का तथैकहार्या द्विहार्या वा ॥

अधमोत्तममध्याभिर्युक्ता स्यात् प्रकृतिभिस्तिसृभिः।
उद्घात्यकावगलितावस्पन्दितनाल्यसत्प्रलापाश्च ॥

वाक्केल्यथ प्रपञ्चो मृदवाधिबले छलं त्रिगतम्।
व्याहारो गण्डश्च त्रयोदशाङ्गान्युदाहृतान्यस्याः ॥

❑

संकीर्ण प्रहसन में वेश्या, चेट, नपुंसक, विट, धूर्त और बन्धकी पात्र रहते हैं। इसमें वेशभूषा, चेष्टाएँ आदि खुल्लमखुल्ला या असभ्यतापूर्ण होती हैं। लोकव्यवहार से युक्त वार्ता[1] तथा दंभ के संयोग को धूर्तों के वादविवाद के साथ इस संकीर्ण[2] प्रहसन में संयोजित करना चाहिए (48ख-49)।

(भाण का लक्षण)—भाषा में एक पात्र अपने अनुभवों का विवरण देता है या दूसरे पात्रों के संबंध में वर्णन करता है। इसमें आद्यंत एक पात्र का ही अभिनय होता है पर विवरण अनेक पात्रों के बारे में रहते हैं (50)। दूसरे के संवादों को भाण का रंगमंच पर स्थित पात्र स्वयं बोलता है, उनका उत्तर भी स्वयं देकर संवादों को आगे बढ़ाता है। इस प्रकार सारा भाण आकाशभाषित[3] में चलता है, अभिनय तथा अंगविकार इसके साथ रहते हैं (51)। भाण का एकल पात्र एक धूर्त विट होता है। इसमें विभिन्न अवस्थाएँ प्रस्तुत की जाती हैं। अंक एक ही रहता है। चेष्टाएँ अनेक प्रकार की होती हैं (52)।

(वीथी का लक्षण)—वीथी सभी लक्षणों से संपन्न तथा तेरह अंगों से युक्त होती है। इसमें भी एक ही अंक होता है तथा पात्र एक भी हो सकता है या दो। उत्तम, मध्यम और अधम तीनों प्रकार के पात्रों की कथा इसमें रह सकती है। वीथी के तेरह अंग ये हैं—उद्घात्यक[4], अवगलित[5], अवस्पन्दित[6], नाली[7], असत्प्रलाप[8], वाक्केलि[9], प्रपंच[10], मृदु[11], अधिबल[12], छल[13], त्रिगत[14], व्याहार[15], तथा गंड[16]।

❑

---

1. वार्ता—प्रवृत्ति, या खबर।
2. संकीर्ण—मिश्रित।
3. आकाशभाषित—द्र. ऊपर 13.22 पर पाद टि.।
4. अज्ञात बात को सूचित करने के लिए स्पष्ट अर्थ वाले शब्दों को अन्य अर्थ बताने वाले शब्दों से जोड़ देना। 5. एक कार्य से दूसरे कार्य की सिद्धि। 6. शुभ या अशुभ की सूचना को कौशल से आक्षिप्त करना। 7. हास्यपूर्ण पहेली। 8. असंबद्ध प्रश्न का असंबद्ध उत्तर या मुख के आगे हितकारक बात करना। 9. कई प्रश्नों का एक मात्र उत्तर। 10. हास्यास्पद मिथ्या प्रशंसा जो किसी के कार्य की सिद्धि कराए। 11. विवाद में किसी के दोषों को गुण तथा गुणों को दोष बताना। 12. स्पर्धा में अपनी विशेषताएँ बढ़ा-चढ़ा कर बताना। 13. प्रत्युत्तर से लोभित कर किसी के विरुद्ध आचरण करना। 14. तीन व्यक्तियों की हास्यपूर्ण बातचीत, वाक्य को तीन-तीन टुकड़ों में बाँट कर। 15. नायक के आगे भविष्य में होने वाली वस्तु का वर्णन। 16. आवेग या सम्भ्रम के साथ अपवाद और आक्षेप से भरा कथन करना।

॥ अथ अष्टादशोऽध्यायः ॥

इतिवृत्तं तु नाट्यस्य शरीरं परिकीर्तितम्।
पञ्चभिः सन्धिभिस्तस्य विभागः सम्प्रकल्पितः ॥1॥

इतिवृत्तं द्विधा चैव बुधस्तु परिकल्पयेत्।
आधिकारिकमेकं स्यात् प्रासङ्गिकमथापरम् ॥2॥

यत्कार्यं हि फलप्राप्त्या सामर्थ्यात् परिकल्प्यते।
तदाधिकारिकं ज्ञेयमन्यत् प्रासङ्गिकं विदुः ॥3॥

संसाध्ये फलयोगे तु व्यापारः कारणस्य यः।
तस्यानुपूर्व्यां विज्ञेयाः पञ्चावस्थाः प्रयोक्तृभिः ॥4॥

प्रारम्भश्च प्रयत्नश्च तथा प्राप्तेश्च सम्भवः।
नियता च फलप्राप्तिः फलयोगश्च पञ्चमः ॥5॥

औत्सुक्यमात्रबन्धस्तु यद् बीजस्य निबध्यते।
महतः फलयोगस्य स फलारम्भ इष्यते ॥6॥

अपश्यतः फलप्राप्तिं व्यापारो यः फलं प्रति।
परं चौत्सुक्यगमनं स प्रयत्नः परिकीर्तितः ॥7॥

ईषत् प्राप्तिर्यदा काचित् फलस्य परिकल्प्यते।
भावमात्रेण तं प्राहुर्विधिज्ञाः प्राप्तिसम्भवम् ॥8॥

॥ अठारहवाँ अध्याय ॥

इतिवृत्त (कथा) को नाट्य का शरीर कहा गया है। इसका विभाजन पाँच संधियों के द्वारा कल्पित होता है (1)। इतिवृत दो प्रकार का होता है–आधिकारिक तथा प्रासंगिक फलप्राप्ति की दृष्टि से जो कार्य समर्थ हैं, वे आधिकारिक इतिवृत्त में आते हैं। शेष इतिवृत्त प्रासंगिक होता है (2, 3)। फलयोग की साध्यता में कारण का जो व्यापार है, उसकी क्रमशः पाँच अवस्थाएँ होती हैं–आरंभ, प्रयत्न, प्राप्ति-संभव, नियताप्ति तथा फलयोग (4, 5)।

बीज का औत्सुक्यमात्र को प्रारंभ करने वाला निबंधन, जो आगे चल कर महान् फलयोग में परिणत हो, फलारंभ या आरंभ है (6)।

फल की प्राप्ति की ओर ध्यान न देते हुए भी फल के प्रति व्यापार तथा अत्यंत उत्सुक होना प्रयत्न है (7)। जब फल की थोड़ी सी प्राप्ति विचार या भाव के द्वारा होती लगे, तो नाट्य विधि को जानने वाले इसे प्राप्तिसंभव अवस्था कहते हैं (8)।

नियतां तु फलप्राप्तिं यदा भावेन पश्यति।
नियतां तां फलप्राप्तिं सगुणां परिचक्षते ॥9॥

अभिप्रेतं समग्रं च प्रतिरूपं क्रियाफलम्।
इतिवृत्ते भवेद् यस्मिन् फलयोगः प्रकीर्तितः ॥10॥

इतिवृत्ते यथावस्थाः पञ्चारम्भादिकाः स्मृताः।
अर्थप्रकृतयः पञ्च तथा बीजादिका अपि ॥11॥

बीजं बिन्दुः पताका च प्रकरी कार्यमेव च।
अर्थप्रकृतयः पञ्च ज्ञात्वा योज्या यथाविधि ॥12॥

स्वल्पमात्रं समुत्सृष्टं बहुधा यद् विसर्पति।
फलावसानं यच्चैव बीजं तत् परिकीर्तितम् ॥13॥

प्रयोजनानां विच्छेदे यदविच्छेदकारणम्।
यावत् समाप्तिर्बन्धस्य स बिन्दुः परिकीर्तितः ॥14॥

यद् वृत्तं तु परार्थं स्यात् प्रधानस्योपकारकम्।
प्रधानवच्च कल्प्येत स पताकेति कीर्तिता ॥15॥

फलं प्रकीर्त्यते यस्याः परार्थायैव केवलम्।
अनुबन्धविहीनत्वात् प्रकरीति विनिर्दिशेत् ॥16॥

यदाधिकारिकं वस्तु सम्यक् प्राज्ञैः प्रयुज्यते।
तदर्थो यः समारम्भस्तत्कार्यं परिकीर्तितम् ॥17॥

यत्रार्थे चिन्तितेऽन्यस्मिंस्तल्लिङ्गोऽन्यः प्रयुज्यते।
आगन्तुकेन भावेन पताकास्थानकं तु तत् ॥18॥

सहसैवार्थसम्पत्तिर्गुणवत्युपकारतः।
पताकास्थानकमिदं प्रथमं परिकीर्तिम् ॥19॥

जब अपने विचार में (नायक) निश्चित रूप से फल प्राप्ति होती जान ले, तो गुण से युक्त यह अवस्था नियताप्ति है (9)। जिस कथा में सारे कार्य व्यापार का अनुरूप तथा अभिप्रेत फल प्राप्त हो जाए वह फलयोग है (10)।

जिस प्रकार इतिवृत्त में आरंभ आदि पाँच अवस्थाएँ होती हैं, उसी प्रकार बीज आदि पाँच अर्थप्रकृतियाँ भी (11)। बीज, बिंदु, पताका, प्रकरी तथा कार्य—इन पाँच अर्थप्रकृतियों को नाट्यकार तथा प्रयोगकर्ता जान कर विधिपूर्वक नाटक में प्रयोग करें (12)।

जो थोड़ा सा डालने पर अनेक रूपों में विस्तृत हो जाए तथा फल की ओर ले जाए वह बीज कहा गया (13)। प्रयोजनों के बीच में टूटने पर जो कथाबंध की समाप्ति तक उन्हें जोड़े रखता है वह बिंदु है (14)। जो वृत्तांत नायक के अतिरिक्त किसी अन्य पात्र के लिए हो पर आधिकारिक वृत्त के लिए भी उपकारक हो और आधिकारिक या प्रधान वृत्त की भाँति जिसकी परिकल्पना की जाए—वह पताका है (15)।

जिसका फल केवल अन्य पात्र के लिए ही हो वह प्रधान कथा से सीधे न जुड़ने के कारण प्रकरी[1] कही जाती है (16)। नाटक में आधिकारिक या प्रधान वस्तु के लिए किया गया आरंभ कार्य है (17)। जब कोई एक अर्थ (वृत्तांत प्रयोजन या विचार) चल रहा हो तब उसी प्रकार का दूसरा अर्थ आकस्मिक या अप्रत्याशित रूप में सामने आ जाए तो इसे 'पताकास्थानक' कहते हैं (18)। (पताकास्थानक चार प्रकार का है)—जब दर्शकों को किसी गौण उपाय से या अप्रत्यक्ष रूप से सहसा किसी प्रयोजन, कथांश का बोध हो जाए तो पहला पताका स्थानक होता है[2] (19)।

---

1. रामकथा विषयक नाटकों में सुग्रीव या विभीषण के वृत्तांत पताका के उदाहरण हैं, उत्तररामचरित में वाल्मीकि का वृत्त प्रकरी का उदाहरण है। पताका गर्भ या विमर्श संधि तक चलती है, प्रकरी सीमित है।
2. उदा.—रत्नावली में फाँसी लगाती सागरिका को वासवदत्ता समझ कर राजा को बचाने दौड़ना, फिर रत्नावली को पहचान कर प्रसन्न होना।

वचः सातिशयं श्लिष्टं काव्यबन्धसमाश्रयम्।
पताकास्थानकमिदं द्वितीयं परिकीर्तितम् ॥20॥

अर्थोपक्षेपणं यत्र लीनं सविनयं भवेत्।
श्लिष्टप्रत्युत्तरोपेतं तृतीयमिदमिष्यते ॥21॥

द्व्यर्थो वचनविन्यासः सुश्लिष्टः काव्ययोजितः।
उपन्याससुयुक्तश्च तच्चतुर्थमुदाहृतम् ॥22॥

मुखं प्रतिमुखं चैव गर्भो विमर्श एव च।
तथा निर्वहणं चेति नाटके पञ्चसन्धयः ॥23॥

यत्र बीजसमुत्पत्तिर्नानार्थरससम्भवा।
काव्ये शरीरानुगता तन्मुखं परिकीर्तितम् ॥24॥

बीजस्योद्‌घाटनं यत्र दृष्टनष्टमिव क्वचित्।
मुखन्यस्तस्य सर्वत्र तद् वै प्रतिमुखं स्मृतम् ॥25॥

उद्‌भेदस्तस्य बीजस्य प्राप्तिरप्राप्तिरेव वा।
पुनश्चान्वेषणं यत्र स गर्भ इति संज्ञितः ॥26॥

गर्भनिर्भिन्नबीजार्थो विलोभनकृतोऽथवा।
क्रोधव्यसनजो वापि स विमर्श इति स्मृतः ॥27॥

समानयनमर्थानां मुखाद्यानां सबीजिनाम्।
नानाभावोत्तराणां यद् भवेन्निर्वहणं तु तत् ॥28॥

एते तु सन्धयो ज्ञेया नाटकस्य प्रयोक्तृभिः।
तथा प्रकरणस्यापि शेषाणां च निबोधत ॥29॥

डिमः समवकारश्च चतुःसन्धी प्रकीर्तितौ।
न तयोरवमर्शस्तु कर्तव्यः कविभिः सदा ॥30॥

काव्यबन्ध के भीतर अत्यन्त श्लिष्ट (दो अर्थों वाले) वचनों का विन्यास किया जाए तो दूसरे प्रकार का पताकास्थानक होता है[1] (20)। जब श्लिष्ट संवादों की प्रश्नोत्तर विधि से गुप्तरूप में अर्थ की सूचना हो तो यह तीसरे प्रकार का पताकास्थानक है[2] (21)। काव्य के भीतर द्व्यर्थक वचन विन्यास की सुश्लिष्ट योजना जिससे मुख्य कथा या प्रयोजन के साथ अवांतर अर्थ की भी प्रतीति हो—चौथा पताकास्थानक है[3] (22)।

नाटक में पाँच संधियाँ होती हैं—मुख, प्रतिमुख, गर्भ, विमर्श तथा निर्वहण (23)। 'बीज' नामक अर्थप्रकृति की उत्पत्ति जो विभिन्न रसों, भावों को जन्म दे, वह काव्यशरीर के मुख के समान मुखसंधि है (24)। एक बार देख लिए जाने पर लुप्त से हो चुके बीज का, जो मुखसंधि में प्रकट हुआ था, उद्घाटन करना प्रयत्न संधि है (25)।

उस बीज का प्रकट होना, मिलना, फिर लुप्त होना और फिर अन्वेषण—ये जिसमें हों वह गर्भसंधि है (26)। गर्भसंधि में प्रस्तुत बीज के अर्थ को लोभ देने, क्रोध या व्यसन के साथ और विस्तार दिया जाए तो अवमर्श संधि होती है (27)। मुख आदि संधियों तथा बीज आदि अर्थ-प्रकृतियों में नाना भावों की वृद्धि के साथ प्रस्तुत अर्थ समवेत होकर फल प्राप्ति करा दे तो निर्वहण संधि होती है (28)।

नाटक और प्रकरण में ये पाँचों संधियाँ रहती हैं। शेष रूपकों में सभी संधियाँ नहीं रहतीं (29)। डिम और समवकार में चार संधियाँ होती रहती हैं—इनमें अवमर्श का प्रयोग नहीं करना चाहिए (30)।

---

1. रामाभ्युदय में सुग्रीव की सीतान्वेषण विषयक अतिशयोक्तिपूर्ण प्रतिश्रुति को अभि. ने इसका उदाहरण माना है।
2. उदा.—मुद्रा राक्षस में चाणक्य के 'क्या दुरात्मा राक्षस पकड़ में आ जाएगा?'—इस स्वगत कथन के तुरंत बाद सिद्धार्थक का कथन—'पकड़ में आ गया।'
3. उदा.—रत्नावली में नायिका का राजा को कामदेव समझना, इस समय राजा का द्व्यर्थक वर्णन।

व्यायोगेहामृगौ चापि सदा कार्यौ त्रिसन्धिकौ।
गर्भावमर्शौ न स्यातां तर्योवृत्तिश्च कैशिकी ॥31॥

द्विसन्धि तु प्रहसनं वीथ्यङ्को भाण एव च।
मुखनिर्वहणे तत्र कर्तव्ये कविभिः सदा ॥32॥

विष्कम्भश्चूलिका चैव तथा चैव प्रवेशकः।
अङ्कावतारोऽङ्कमुखमर्थोपक्षेपपञ्चकम् ॥33॥

मध्यमपुरुषनियोज्यो नाटकमुखसन्धिमात्रसञ्चारः।
विष्कम्भकस्तु कार्यः पुरोहितामात्यकञ्चुकिभिः ॥34॥

शुद्धः सङ्कीर्णोवा द्विविधो विष्कम्भकस्तु विज्ञेयः।
मध्यमपात्रैः शुद्धः सङ्कीर्णो नीचमध्यकृतः ॥35॥

अन्तर्यवनिकासंस्थैः सूतादिभिरनेकधा।
अर्थोपक्षेपणं यत्तु क्रियते सा हि चूलिका ॥36॥

अङ्कान्तरानुसारी सङ्क्षेपार्थमधिकृत्य बिन्दूनाम्।
प्रकरणनाटकविषये प्रवेशको नाम विज्ञेयः ॥37॥

अङ्कान्त एव चाङ्को निपतति अस्मिन् प्रयोगमासाद्य।
बीजार्थयुक्तियुक्तो ज्ञेयो ह्यङ्कावतारोऽसौ ॥38॥

विश्लिष्टमुखमङ्कस्य स्त्रिया वा पुरुषेण वा।
यदुपक्षिप्यते पूर्वं तदङ्कमुखमुच्यते ॥39॥

❑

व्यायोग और ईहामृग में तीन संधियाँ रखनी चाहिए। इनमें गर्भ तथा अवमर्श नहीं होतीं तथा कैशिकी वृत्ति भी नहीं रहती (31)। प्रहसन, वीथी, अंक तथा भाण—ये दो-दो संधियों वाले होते हैं—इनमें केवल मुख और निर्वहण संधियों की ही सदैव योजना करनी चाहिए (32)।

अर्थोपक्षेपक पाँच हैं—विष्कंभ या विष्कंभक, चूलिका, प्रवेशक, अंकावतार तथा अंकमुख (33)।

जो पुरोहित, अमात्य, कंचुकी आदि मध्यम पात्रों के द्वारा प्रयुक्त तथा नाटक की मुखसंधि में ही काम में लाया जाए वह विष्कंभक है (34)। विष्कंभक दो प्रकार का है—शुद्ध तथा संकीर्ण। मध्यम पात्रों के ही द्वारा प्रयुक्त शुद्ध तथा मध्यम और नीच दोनों के द्वारा प्रयुक्त होने वाला संकीर्ण है (35)।

जवनिका (पर्दे के पीछे या नेपथ्यगृह) के भीतर से सूत आदि अभिनेता विभिन्न प्रकार की ध्वनियों, शब्दों या संवादों से किसी अर्थ की सूचना दें तो यह चूलिका[1] है (36)। दो अंकों के बीच में होनेवाले, बिंदु अर्थ प्रकृति के वृत्तांतों की संक्षेप में सूचना देने वाला प्रवेशक है जिसे नाटक या प्रकरण में रखा जाता है (37)। एक अंक के अंत में सीधे जब दूसरा अंक बीज के प्रयोजन की युक्ति से होकर आ जाए तो यह अंकावतार[2] है (38)। अंक के प्रारंभ में ही जब स्त्री या पुरुष पात्र के द्वारा पिछले अंक के बाद घट चुकी घटनाओं का विवरण देकर विश्लिष्ट अंक को पिछले अंक से जोड़ दिया जाए तो यह अंकमुख[3] है (39)।

❑

---

1. उदाहरणार्थ शाकुंतल के चौथे अंक में नेपथ्य से वनदेवताओं की उक्ति।
2. उदाहरणार्थ स्वप्नवासवदत्तम् के दूसरे अंक के अंत में वासवदत्ता और चेटी के संवाद जो तीसरे अंक की वस्तु का अवतरण करा देते हैं। या मालविकाग्निमित्र के द्वितीय अंक के अंत में राजा का संवाद।
3. उदाहरणार्थ मुद्रा राक्षस का द्वितीय अंक जिसमें आहितुंडिक पिछली घटनाओं की आरंभ में ही सूचना दे देता है।

॥ अथ ऊनविंशोऽध्यायः ॥

या वाक्प्रधाना पुरुषप्रयोज्या
स्त्रीवर्जिता संस्कृतपाठ्ययुक्ता।
स्वनामधेयर्भरतैः प्रयुक्ता
सा भारती नाम भवेत् तु वृत्तिः ॥1॥

भेदास्तस्यास्तु विज्ञेयाश्चत्वारोऽङ्गत्वमागताः।
प्ररोचनामुखं चैव वीथी प्रहसनं तथा ॥2॥

उद्घात्यकः कथोद्घातः प्रयोगातिशयस्तथा।
प्रवृत्तकावगलिते पञ्चाङ्गान्यामुखस्य तु ॥3॥

या सात्त्वतेनेह गुणेन युक्ता
न्यायेन वृत्तेन समन्विता च।
हर्षोत्कटा संहृतशोकभावा
सा सात्त्वती नाम भवेत् तु वृत्तिः ॥4॥

वीराद्भुतरौद्ररसा निरस्तशृङ्गारकरुणनिर्वेदा।
उद्धतपुरुषप्राया परस्पराधर्षणकृता च ॥5॥

उत्थापकश्च परिवर्तकश्च सल्लापकश्च सङ्घात्यः।
चत्वारोऽस्या भेदा विज्ञेया नाट्यतत्त्वज्ञैः ॥6॥

॥ उन्नीसवाँ अध्याय ॥

वृत्तिविधान

जिस वृत्ति में वाक् (वाचिक अभिनय) की प्रधानता हो, जो पुरुषों के द्वारा प्रयुक्त और स्त्रियों से रहित हो; जिसका पाठ्य संस्कृत में ही हो तथा 'भरत' नाम वाले नटों के द्वारा जिसका नाम 'भारती' किया जाए, वह भारती वृत्ति है। इस भारती वृत्ति के चार भेद हैं। ये (चार भेद) इसके (प्रकार न होकर) अंगभूत हैं—प्ररोचना[1], आमुख[2], वीथी[3], प्रहसन[4] (1-2)

आमुख के पाँच अंग होते हैं—उद्घात्यक[5], कथोद्घात[6], प्रयोगातिशय[7], प्रवृत्तक[8] तथा अवगलित।[9]

जो सात्त्वत (चित्त की एकाग्रता) गुण से युक्त, न्याय और सद्वृत्त से समन्वित उत्कट हर्ष वाली तथा शोकभाव से रहित हो वह सात्त्वती वृत्ति है।

इस सात्त्वती वृत्ति में वीर, अद्भुत और रौद्र रसों की प्रधानता होती है, श्रृंगार, करुण और निर्वेद नहीं होते। इसमें उद्धतपुरुष अधिक रहते हैं तथा उनके द्वारा एक दूसरे के तिरस्कार से यह वृत्ति होती है (5)। नाट्य के तत्त्वज्ञ लोग इसके चार भेद जानें—उत्थापक, परिवर्तक, सल्लापक और संघात्य (6)।

---

1. पूर्वरंग का एक अंग। नाशा. 5, 29
2. नटी, विदूषक या पारिपार्श्विक की सूत्रधार से बातचीत। इसी को प्रस्तावना भी कहा गया है। नाशा. 20, 30-31

3, 4. द्र. नाशा. अ. 18।

5, 9. वीथ्यंगों में भी पठित। (नाशा. 18, 116)। अर्थ समझ कर कुछ पदों या शब्दों को अन्य पदों से संयोजित कर देना उद्घात्यक तथा किसी कथन को अन्य के साथ जोड़ कर अन्य कोई कार्य सिद्ध करा लेना अवगलित है।

6. सूत्रधार के वाक्य या वाक्यार्थ को लेकर नाटक के किसी पात्र का मंच पर प्रवेश, जैसे रत्नावली की प्रस्तावना में पात्र सूत्रधार के कथन को दोहराता हुआ आता है।
7. सूत्रधार द्वारा प्रस्तावना में नाटक की अवतारणा, जैसे विक्रमोर्वशीय या शाकुन्तल में।
8. सूत्रधार द्वारा किसी ऋतु, काल आदि का वर्णन कर पात्र प्रवेश कराना, जैसे वेणी संहार में।

अहमप्युत्थास्यामि त्वं तावद् दर्शयात्मनः शक्तिम्।
इति सङ्घर्षसमुत्थस्तज्ज्ञैरुत्थापको ज्ञेयः ॥7॥

उत्थानसमारब्धानर्थानुत्सृज्य योऽर्थयोगवशात्।
अन्यानर्थान् भजते स चापि परिवर्तको ज्ञेयः ॥8॥

साधर्षजो निराधर्षजो ऽपि वा रागवचनसंयुक्तः।
साधिक्षेपालापो ज्ञेयः सल्लापकः सो ऽपि ॥9॥

मन्त्रार्थवाक्यशक्त्या दैववशादात्मदोषयोगाद् वा।
सङ्घातभेदजननस्तज्ज्ञैः सङ्घात्यको ज्ञेयः ॥10॥

या श्लक्ष्णनैपथ्यविशेषचित्रा
स्त्रीसंयुता या बहुनृत्तगीता।
कामोपभोगप्रभवोपचारा
तां कैशिकीं वृत्तिमुदाहरन्ति ॥11॥

नर्म च नर्मस्फुञ्जो नर्मस्फोटोऽथ नर्मगर्भश्च।
कैशिक्याश्चत्वारो भेदा ह्येते समाख्याताः ॥12॥

आस्थापितशृङ्गारं विशुद्धकरणं निवृत्तवीररसम्।
हास्यप्रवचनबहुलं नर्म त्रिविधं विजानीयात् ॥13॥

नवसङ्गमसम्भोगो रतिसमुदयवेषवाक्यसंयुक्तः।
ज्ञेयो नर्मस्फुञ्जो ह्यवसानभयात्मकश्चैव ॥14॥

'मैं भी (युद्ध के लिए) उठता हूँ, तुम भी अपनी शक्ति बता दो'—इस प्रकार दो लोगों के परस्पर संघर्ष से उत्थापक होता है (7) उत्थान करने वाली वस्तुओं का त्याग कर प्रयोजनवश अन्य अर्थ का ग्रहण किया जाए तो परिवर्तक जानना चाहिए (8)। अपमान करने वाले दुर्वचन, जो चुनौती देते हुए या बिना चुनौती के रागपूर्ण वचनों से उत्पन्न हों, सल्लापक होते हैं (9)। मन्त्रार्थ या वाक्य की शक्ति, भाग्यवश हुई दुर्घटना या अपने दोष के कारण शत्रुसमूह में भेद होना संघात्यक है (10)।

हृदय को आकृष्ट करने वाले सुकुमार पहनावे और प्रसाधन की विशेषता से रमणीय या वैविध्यपूर्ण, स्त्रीबहुल, नृत्त और गीत की बहुलता वाली शृंगार के उपचार (व्यवहार) से युक्त कैशिकी वृत्ति होती है (11)। इसके चार भेद हैं—नर्म, नर्मस्फुंज, नर्मस्फोट तथ नर्मगर्भ (12)। शृंगार का स्थापक, विशुद्ध करणों वाला, वीररस से रहित और हास्य जनक वार्तालाप से भरा हुआ नर्म[1] तीन प्रकार का है (13)। नवीन संगम में प्रेम बढ़ाने वाला वेष, वाक्य आदि से युक्त संभोग नर्मस्फुंज[2] है, इसके अवसान में भय होता है (14)।

---

1. ईर्ष्या को सूचित करना, किसी उपालंभ (शिकायत, उलाहना) देना तथा किसी के हृदयगत भाव को प्रकट करना ये तीन प्रकार नर्म के हैं। पहले का उदाहरण रत्नावली के दूसरे अंक में उदयन के द्वारा अंकित रत्नावली के चित्र पर वासवदत्ता द्वारा ईर्ष्या व्यक्त करना, दूसरे का उदाहरण भी उदयन के प्रति उसी प्रसंग में वासवदत्ता के संवाद तथा तीसरे का उदाहरण सुसंगता द्वारा चित्र बना कर रत्नावली के प्रति कथन है—(अभिभा भा. 3, पृ. 101)।
2. स्फुंज का अर्थ विघ्न है। उ. ा.—रत्नावली में नायक नायिका के बीच नर्म (विनोद) का स्फुंज वासवदत्ता के दोनों के बीच आ जाने से होता है।—वही

विविधानां भावानां लवैर्लवैर्भूषितो बहुविशेषैः।
असमग्राक्षिप्तरसो नर्मस्फोटस्तु विज्ञेयः ॥15॥

विज्ञानरूपशोभाधनादिभिर्नायको गुणैर्यत्र।
प्रच्छन्नं व्यवहरते कार्यवशान्नर्मगर्भो ऽसौ ॥16॥

आरभटगुणप्राया तथैव बहुकपटवञ्चनोपेता।
दम्भानृतवचनवती त्वारभटी नाम विज्ञेया ॥17॥

सङ्क्षिप्तकावपातौ वस्तूत्थापनमथापि सम्फेटः।
ऐते ह्यस्या भेदा लक्षणमेषां सम्प्रवक्ष्यामि ॥18॥

अन्वर्थशिल्पयुक्तो बहुपुस्तोत्थानचित्रनेपथ्यः।
सङ्क्षिप्तवस्तुविषयो ज्ञेयः सङ्क्षिप्तको नाम ॥19॥

हर्षभयसमुत्थानं विद्रवविनिपातसम्भ्रमाचरणम्।
क्षिप्रप्रवेशनिर्गममवपातमिमं विजानीयात् ॥20॥

सर्वरससमासकृतं सविद्रवाविद्रवाश्रयं वापि।
नाट्यं विभाव्यते यत् तद्वद्वस्तूत्थापनं ज्ञेयम् ॥21॥

संरम्भसम्प्रयुक्तो बहुयुद्धनियुद्धकपटनिर्भेदः।
शस्त्रप्रहारबहुलः सम्फेटो नाम विज्ञेयः ॥22॥

हास्यशृङ्गारबहुला कैशिकी परिचक्षिता।
सात्त्वती चापि विज्ञेया वीराद्भुतशमाश्रया ॥23॥

रौद्रे भयानके चैव विज्ञेयारभटी बुधैः।
बीभत्से करुणे चैव भारती सम्प्रकीर्तिता ॥24॥

□

विभिन्न भावों[1] के छोटे अंशों से तथा उनकी अनेक विशेषताओं से विभूषित, जिसमें सारे रस आक्षिप्त या व्यक्त न हों वह नर्मस्फोट[2] है। (15) जहाँ नायक विज्ञान, रूप, शोभा, धन आदि गुणों के द्वारा किसी प्रयोजन से प्रच्छन्न व्यवहार करे वहाँ नर्मगर्भ होता है (16)।

(क्रोध, आवेग आदि) वीरोचित गुणों से भरी हुई, अत्यधिक कपट और छल से युक्त, दंभ तथा झूठे वचनों वाली आरभटी वृत्ति जानना चाहिए (17)। इसके चार भेद हैं—संक्षिप्तक, अवपात, वस्तूत्थापन तथा सम्फेट। अब मैं इनके लक्षण बताता हूँ (18)।

सार्थक शिल्प से युक्त, अत्यधिक पुस्त[3] की विधियों वाला, विचित्र नेपथ्य वाला, जिसमें विषयवस्तु संक्षिप्त हो—ऐसा संक्षिप्तक जानना चाहिए (19)।

जिसमें हर्ष और भय का उत्थान हो, विद्रव (भगदड़), विनिपात (गिरना) तथा संभ्रम (हड़बड़ी) का आचरण हो तथा प्रवेश और निर्गम तेजी से हो उसे 'अवपात' जाने (20)।

जिसमें सभी रस समाहित हों, विद्रव या अविद्रव से जिसमें नाट्य विभावित होता हो उसे 'वस्तूत्थापन' जानना चाहिए (21)।

हड़बड़ी में प्रयुक्त, अत्यधिक युद्ध, बाहुयुद्ध तथा कपट और चीरफाड़ से युक्त शस्त्रप्रहार की बहुलता वाला सम्फेट जानना चाहिए (22)।

कैशिकी में शृंगार और हास्य का बाहुल्य रहता है, सात्वती में वीर, अद्भुत और शांत रसों का आश्रय रहता है। रौद्र और भयानक रसों की अधिकता में आरभटी तथा बीभत्स और करुण की अधिकता होने पर भारती होती है (23, 24)।

❑

---

1. अभि. के अनुसार भय, हास, हर्ष, त्रास, रोष आदि भाव।
2. अभि. के अनुसार रत्नावली में उदयन के सम्मुख चित्रफलक लेने के लिए सागरिका को भेजती हुई सुसंगता के कथन 'जिसके लिए तुम आई थीं वह यहीं है'—में हास्य का अंश है, हास्य नहीं। इसी पर सागरिका के प्रत्युत्तर में रौद्र का अंश है। इस प्रकार के कथन में नर्म (विनोद) तथा उससे ललित शृंगार का स्फोट हुआ है।
3. 'पुस्त' के लिए द्र. नाशा. 21, 5-9,—सं. नाशा. 20, 2-6

॥ अथ विंशोऽध्यायः ॥

आहार्याभिनयो नाम ज्ञेयो नेपथ्यजो विधिः।
तत्र कार्यः प्रयत्नस्तु नाट्यस्य शुभमिच्छता ॥1॥

चतुर्विधं तु नेपथ्यं पुस्तोऽलङ्कार एव च।
तथाङ्गरचना चैव ज्ञेयं सञ्जीवमेव च ॥2॥

पुस्तस्तु त्रिविधो ज्ञेयो नाना रूपप्रमाणतः।
सन्धिमो व्याजिमश्चैव वेष्टिमश्च प्रकीर्तितः ॥3॥

किलिञ्जचर्मवस्त्राद्यैर्यद्रूपं क्रियते बुधैः।
सन्धिमो नाम विज्ञेयः पुस्तो नाटकसंश्रयः ॥4॥

व्याजिमो नाम विज्ञेयो यन्त्रेण क्रियते तु यः।
वेष्ट्यते चैव यद्‍ रूपं वेष्टिमः स तु संज्ञितः ॥5॥

शैलयानविमानानि चर्मवर्मायुधध्वजाः।
ये क्रियन्ते हि नाट्ये तु स पुस्त इति संज्ञितः ॥6॥

अलङ्कारस्तु विज्ञेयो माल्याभरणवाससाम्।
नानाविधः समायोगो ऽप्यङ्गोपाङ्गविधिः स्मृतः ॥7॥

वेष्टिमं विततं चैव सङ्घात्यं ग्रन्थिमं तथा।
प्रालम्बितं तथा चैव माल्यं पञ्चविधं स्मृतम् ॥8॥

चतुर्विधं तु विज्ञेयं नाट्ये ह्याभरणं बुधैः।
आवेध्यं बन्धनीयं च क्षेप्यमारोप्यमेव च ॥9॥

॥ बीसवाँ अध्याय ॥

आहार्याभिनय

नेपथ्य (वेषभूषा, प्रसाधन व रंगोपकरण) की विधि आहार्य अभिनय है। नाट्य का शुभ चाहने वालों को इसके लिए प्रयत्न करना चाहिए (1)। नेपथ्य चार प्रकार का है—पुस्त, अलंकार, अंगरचना तथा संजीव (2)। विभिन्न रूपों तथा प्रमाण (नाप) के अनुसार पुस्त तीन प्रकार का जानना चाहिए—संधिम, व्याजिम तथा वेष्टिम (3)। जब नाट्यप्रयोग के लिए बाँस, चटाई, चमड़ा, वस्त्र आदि से कोई आकृति बनाई जाए, तो इसे संधिम नामक पुस्त जानना चाहिए (4)। जो यंत्रों द्वारा बनाया जाए, वह व्याजिम है तथा ऊपर से लाख या मांड से जोड़ लगाकर कुछ आकार बनाया जाए तो यह वेष्टिम है (5)।

मंच पर (संधिम, व्याजिम तथा वेष्टिम की विधियों से) पर्वत, रथ आदि वाहन, विमान, ढाल, अस्त्र-शस्त्र, ध्वज आदि बनाकर प्रयुक्त किए जाएँ तो (आहार्य अभिनय का यह प्रकार) पुस्त कहलाता है (6)।

माला, आभूषण तथा वस्त्र आदि का अंगों और उपांगों पर समायोजन अलंकार है (7)। मालाएँ पाँच प्रकार की हैं—वेष्टिम[1], वितत[2], संघात्य[3], ग्रंथिम[4] तथा प्रालंबित[5] (8)।

नाट्य में विद्वानों को आभरण या आभूषण चार प्रकार का जानना चाहिए—आवेध्य[6], बंधनीय[7], क्षेप्य[8] तथा आरोप्य[9] (9)।

---

1. अनेक मालाएँ लपेट कर बनाया हुआ। 2. एक दूसरे में श्लिष्ट मालाओं का समूह अथवा वस्त्र पहनते समय ऊपर उठाया हुआ माल्य समूह। 3. बिंधे मोतियों या फूलों के अनेक गुच्छों से बनाई मालाएँ। 4. गाँठ लगाकर बनाई मालाएँ। 5. नीचे तक लटकती हुई मालाएँ। 6. शरीर को बींध कर पहने जानेवाले कुंडल, कानों के झुमके आदि 7. जो शरीर पर ऊपर से बाँधे जाएँ—बाजूबंद, करधनी आदि। 8. जो सरका कर पहने जाएँ—नुपूर, चूड़ियाँ आदि। 9. आरोप्य—जो शरीर पर ऊपर से डाले जाएँ, जैसे विभिन्न प्रकार के हार।

सितो नीलश्च पीतश्च चतुर्थो रक्त एव च।
एते स्वभावजा वर्णा यैः कार्यं त्वङ्गवर्तनम् ॥10॥

संयोगजाः पुनश्चान्ये उपवर्णा भवन्ति हि।
सितनीलसमायोगे कारण्डव इति स्मृतः ॥11॥

सितपीतसमायोगात् पाण्डुवर्णः प्रकीर्तितः।
सितरक्तसमायोगे पद्मवर्णः प्रकीर्तितः ॥12॥

पीतनीलसमायोगाद्धरितो नाम जायते।
नीलरक्तसमायोगाद् कषायो नाम जायते ॥13॥

रक्तपीतसमायोगाद् गौरवर्ण इति स्मृतः।
वर्तनाच्छादनं रूपं स्ववेषपरिवर्जितम् ॥14॥

नाट्यधर्मप्रवृत्तं तु ज्ञेयं तत् प्रकृतिस्थितम्।
स्ववर्णमात्मनश्छाद्यं वर्णकैर्वेषसंश्रयैः ॥15॥

आकृतिस्तस्य कर्तव्या यस्य प्रकृतिरास्थिता।
यथा जन्तुः स्वभावं स्वं परित्यजयान्यदैहिकम् ॥16॥

तत्स्वभावं हि भजते देहान्तरमुपाश्रितः।
वेषेण वर्णकैश्चैवाच्छादितः पुरुषस्तथा ॥17॥

परभावं प्रकुरुते यस्य वेषं समाश्रितः।
प्राणिसंज्ञाः स्मृता ह्येते जीवबन्धाश्च ये ऽ परे ॥18॥

शैलप्रासादयन्त्राणि चर्मवर्मध्वजास्तथा।
नानाप्रहरणाद्याश्च तेऽप्राणिन इति स्मृताः।
अथवा कारणोपेता भवन्त्येते शरीरिणः ॥19॥

यः प्राणिनां प्रवेशो वै सजीव इति संज्ञितः।
चतुष्पदोऽथ द्विपदस्तथा चैवापदः स्मृतः ॥20॥

जर्जरो दण्डकाष्ठं च तथैव प्रतिशीर्षकम्।
छत्रं च चामरं चैव ध्वजो भृङ्गार एव च ॥21॥

अंगवर्तना के लिए चार स्वाभाविक रंग हैं–सफेद, नीला, पीला तथा लाल (10)। इनके संयोग से अन्य उपवर्ण बनते हैं। सफेद और नीले का समान मिश्रण 'कारंडव' कहलाता है। (11) सफेद और पीले को समभाग मिलाकर 'पांडु' वर्ण बनता है तथा सफेद और लाल को सम भाग मिलाकर 'पद्‌म' वर्ण (12)। पीले और नीले के संयोग से 'हरित' उत्पन्न होता है, तथा नीले और लाल के समान मिश्रण से 'कषाय'। लाल और पीले का समान योग गौर वर्ण कहलाता है। (13, 14 क)।

वर्तना (शरीर को रंगने) के द्वारा अपने स्वाभाविक वेष को छिपाना नाट्‌यधर्म की प्रवृत्ति है और नाट्‌य के पात्रों पर यह लागू होती है। विभिन्न रंगों के द्वारा अपना सहज रंग छिपाना चाहिए। जिसका वेष बनाना है उसके अनुसार रंगों का प्रयोग करे। जिसकी भूमिका करनी है, इस विधि से उसकी आकृति बनाए (14 ख-16 क)।

जिस प्रकार जीव एक देह को छोड़कर अन्य देह में प्रवेश करने पर उसी अन्य देह के स्वभाव को प्राप्त कर लेता है उसी प्रकार वेष और रंगों से आच्छादित अभिनेता भी जिसकी भूमिका करता है, उसी के भाव को व्यक्त करने लगता है (16 ख-18 क)।

[पुस्त की विधि से जो दृश्य बनाने हैं, वे प्राणी और अप्राणी दो प्रकार के हो सकते हैं।] जो जीवधारी हैं, वे 'प्राणी' कहे जाते हैं तथा पर्वत, महल, यंत्र, ढाल, ध्वज तथा विभिन्न हथियार अप्राणी। अथवा नाटक में प्रयोजनवश ये (पर्वत, हथियार आदि) भी शरीरधारी हो सकते हैं (18 ख-19)।

प्राणियों के रंगमंच पर प्रवेश को सजीव या संजीव कहते हैं। इसके अंतर्गत चार पैर वाले, दो पैर वाले या पैर रहित प्राणी मंच पर प्रदर्शित किए जाते हैं (20)।

[मंच पर प्रमुख रूप से उपयुक्त उपकरण ये हैं–] जर्जर, दण्डकाष्ठ, प्रतिशीर्षक, छत्र, चामर, ध्वज तथा भृंगार (21)। इस मनुष्य लोक में मनुष्यों के

यत्किञ्चिन्मानुषे लोके द्रव्यं पुंसां प्रयोजकम्।
यच्चोपकरणं सर्वं नाट्ये तत् सम्प्रकीर्तितम् ॥22॥

श्वेतभूम्यां तु यो जातः पुष्यनक्षत्रजस्तथा।
सङ्ग्राह्यो वै भवेद् वेणुर्जर्जरार्थे प्रयत्नतः ॥23॥

प्रमाणमङ्गुलानां तु शतमष्टोत्तरं भवेत्।
पञ्चपर्वा चतुर्ग्रन्थिस्तालमात्रस्तथैव च ॥24॥

कपित्थबिल्ववंशेभ्यो दण्डकाष्ठं भवेदथ।
वक्रं चैव हि कर्तव्यं त्रिभागे लक्षणान्वितम् ॥25॥

तथा शीर्षविधानार्थं पटी कार्या तु मानतः।
सप्रमाणविनिर्दिष्टा द्वात्रिंशच्चाङ्गुलानि वै ॥26॥

बिल्वकल्केन कर्तव्या पटी चीरसमाश्रया।
खिन्नेन बिल्वकल्केन द्रवेण च समागता ॥27॥

भस्मना वा तुषैर्वापि कारयेत् प्रतिशीर्षकम्।
सञ्छाद्य कृतको वस्त्रैर्बिल्वदिग्धैर्वनाश्रयैः ॥28॥

बिल्वकल्केन चीरं तु दिग्धाङ्गं योजयेत् पटीम्।
न स्थूलां न तनुं चैव न मृद्धीं चैव कारयेत् ॥29॥

शुष्कायास्तु ततस्तस्या मलिनातपयोगतः।
छेद्यं बुधस्तु कुर्वीत विधिदृष्टेन कर्मणा ॥30॥

सुतीक्ष्णेण तु शस्त्रेण अर्धार्धं प्रविभज्य च।
स्वप्रमाणं विनिर्दिष्टं ललाटाकृति कोणजम् ॥31॥

अर्धाङ्गुलललाटं तु छेद्यं कार्यं षडङ्गुलम्।
अर्धार्धमङ्गलच्छेद्यं कट्योस्त्र्यङ्गुलं भवेत् ॥32॥

कटान्ते कर्णतालस्य छेद्यं त्वधिकमङ्गुलम।
त्र्यङ्गुलं कर्णविवरं तथास्य छेद्यमेव च ॥33॥

काम में आने वाली जो भी वस्तु है, वह सब नाट्य में उपकरण कही जा सकती है (22)। जर्जर के लिए प्रयत्नपूर्वक ऐसा बाँस ले, जो श्वेत भूमि में उत्पन्न हो तथा पुष्यनक्षत्र में हुआ हो (23)। इसकी नाप एक सौ आठ अंगुल है। इसमें पाँच पर्व (पोरे), चार गाँठें हों तथा यह ताल मात्र हो (ग्रंथियाँ अधिक निकली हुई न हों) (24)।

दंडकाष्ठ कैथे, बेल या बाँस के पेड़ से बनाना चाहिए। यह लक्षणों से युक्त तथा तीन भागों पर टेढ़ा हो (25)।

मुखौटे या चेहरे बनाने के लिये पटी का निर्माण किया जाना चाहिये। इसका माप बत्तीस अंगुल होता है (26)। यह बेल के गूदे को कपड़े पर लगा कर बनाई जाती है। या बेल के गूदे का घोल तैयार कर के उससे भी बनाई जा सकती है (27)। यह प्रतिशीर्षक (मुखौटा) राख, मिट्टी या धान का भूसा मिला कर भी तैयार किया जाता है। इसे बेल के गूदे में सने कपड़ों से ढक दिया जाता है (28)। यह पटी न बहुत मोटी हो, न पतली, इसे धूप में सुखाना चाहिये। सूख जाने के बाद इसमें विधि पूर्वक छेद करना चाहिये। (29-30)। छेद पटी को आधा आधा विभाजित कर के तीखे शस्त्र से किया जाये। ये छेद छह छह अंगुल की दूरी पर हों, कानों के लिए छेद तीन अंगुल के नाप के हों (31)। फिर बारह अंगुल की समान अवटु (गर्दन) बवाई जानी चाहिये। पटी के निर्माण का यह विधआन मैंने बताया। अब इस पटी के ऊपर लगाने के लिये मुकुट बनाने चाहिये। ये मुकुट अनेक शिल्पों (कलाकारी) से युक्त रत्नों से मढे हुए तथा विविध रूपों वाले हों।(32-34)

ततश्च वावटुः कार्या सुसुमा द्वादशाङ्गुला।
पटीच्छेद्यकृतं ह्येतद् विधानं विहितं मया ॥34॥

तस्योपरिगताः कार्या मुकुटा बहुशिल्पजाः।
नानारत्नप्रतिच्छन्ना बहुरूपोपशोभिताः ॥35॥

यत् किञ्चिदस्मिन् लोके तु चराचरसमन्विते।
विहितं कर्म शिल्पं वा तत्तूपकरणं स्मृतम् ॥26॥

या काष्ठयन्त्रभूयिष्ठा कृता सृष्टिर्महात्मना।
न सास्माकं नाट्ययोगे कस्मात खेदावहा हि सा ॥27॥

यद् द्रव्यं जीवलोके तु नाना लक्षणलक्षितम्।
तस्यानुकृतिसंस्थानं नाट्योपकरणं भवेत् ॥28॥

लोकधर्मी भवेत् त्वन्या नाट्यधर्मी तथा परा।
स्वभावो लोकधर्मी तु विभावो नाट्यमेव हि ॥29॥

आयसं तु न कर्तव्यं न च सारमयं तथा।
नाट्योपकरणं तज्ज्ञैर्गुरुखेदकरं भवेत् ॥30॥

काष्ठचर्मसु वस्त्रेषु जतुवेणुदलेषु च।
नाट्योपकरणानीह लघुकर्माणि कारयेत् ॥31॥

चर्मवर्मध्वजाः शैलाः प्रासादा देवतागृहाः।
हयवारणयानानि विमानानि गृहाणि च ॥32॥

पूर्वं वेणुदलैः कृत्वा कृतीर्भावसमाश्रयाः।
ततः सुरङ्गैराच्छाद्य वस्त्रैः सारूप्यमानयेत् ॥33॥

प्रतिपादौ प्रतिशिरः प्रतिहस्तौ प्रतित्वचम्
तृणजैः कीलजैर्भाण्डैः सरूपाणीह कारयेत
यद्रयस्य यादृशं रूपं सारूपप्यगुणसम्भवम्।
मृण्यम तत्र कृत्स्नं तु नानारूपास्तु कारयेत

❑

इस चराचरयुक्त जगत् में जो कुछ भी कर्म या शिल्प है, वह उपकरण है (26)।

महात्मा (विश्वकर्मा) ने यह जो काष्ठयंत्र बहुल सृष्टि की है, वह हमारे लिए नाट्य की दृष्टि से उपयोगी नहीं है, क्योंकि वह (भारी होने से) खेदजनक है (27)।

इस जीवलोक में विभिन्न लक्षणों से लक्षित जो भी द्रव्य है उसकी अनुकृति में निर्मित रचना नाट्योपकरण है (28)। यह अनुकृति दो तरह की हो सकती है—लोकधर्मी और नाट्यधर्मी। लोकधर्मी वस्तु का स्वभाव है, विभाव होने पर वही नाट्य बन जाता है (29)।

नाट्योपकरण लोहे का तथा भारी नहीं बनाना चाहिए क्योंकि भारी होने से वह खेदजनक होगा (30)।

लकड़ी, चमड़ा, वस्त्र, लाख तथा बाँस से हल्के-फुल्के नाट्योपकरण बनाना चाहिए (31)। ढाल, ध्वज, पर्वत, महल, मंदिर, घोड़े, हाथी, रथ, विमान तथा घर—ये सब पहले उस-उस वस्तु की आकृति बाँस से बनाकर अच्छी तरह रंगे वस्त्रों से ढक कर उसके जैसा रूप आकृति दे दे (33)।

❑

॥ अथ एकविंशोऽध्यायः ॥

सामान्याभिनयो नाम ज्ञेयो वागङ्गसत्त्वजः।
तत्र कार्यः प्रयत्नस्तु नाट्यं सत्त्वे प्रतिष्ठितम् ॥1॥

सत्त्वातिरिक्तोऽभिनयो ज्येष्ठ इत्याभिधीयते।
समसत्त्वो भवेन्मध्यः सत्त्वहीनोऽधमः स्मृतः 2॥

अलङ्कारास्तु नाट्यज्ञैर्ज्ञेया भावरसाश्रयाः।
यौवने ऽभ्यधिकाः स्त्रीणां विकारा वक्त्रगात्रजाः ॥3॥

आदौ त्रयोऽङ्गजा स्तेषां दश स्वाभाविकाः परे।
अयत्नजाः पुनः सप्त रसभावोपबृंहिताः ॥4॥

देहात्मकं भवेत् सत्त्वं सत्त्वाद् भावः समुत्थितः।
भावात् समुत्थितो हावो हावाद्धेला समुत्थिता ॥5॥

हेला हावश्च भावश्च परस्परसमुत्थिताः।
सत्त्वभेदे भवन्त्येते शरीरे प्रकृतिस्थिताः ॥6॥

वागङ्गमुखरागैश्च सत्त्वेनाभिनयेन च।
कवेरन्तर्गतं भावं भावयन् भाव उच्यते ॥7॥

तत्राक्षिभ्रूविकाराढ्यः शृङ्गाराकारसूचकः।
सग्रीवारेचको ज्ञेयो हावः स्थितसमुत्थितः ॥8॥

यो वै हावः स एवैषा शृङ्गाररससम्भवा।
समाख्याता बुधैर्हेला ललिताभिनयात्मिका ॥9॥

॥ इक्कीसवाँ अध्याय ॥

सामान्याभिनय

वाक्, अंग और सत्त्व के सम्मिलित प्रयोग से सामान्याभिनय होता है अभिनेताओं को इसमें प्रयत्न करना चाहिए, क्योंकि नाट्य सत्त्व में प्रतिष्ठित है (1)। जिसमें सत्त्व का उत्कर्ष हो वह अभिनय ज्येष्ठ है, जिसमें सत्त्व समान रूप से प्रयुक्त हो वह मध्यम तथा सत्त्व से रहित अभिनय अधम है (2)। नाट्य के जानकार लोगों को भाव और रस पर आधारित अलंकारों से परिचित होना चाहिए। ये अलंकार स्त्रियों के यौवन में मुख और देह से उत्पन्न विकार हैं। इनमें तीन अंगज, दस स्वाभाविक तथा रस और भाव से परिपुष्ट सात अयत्नज अलंकार होते हैं (3, 4)। सत्त्व देहात्मक होता है, सत्त्व से भाव व्यक्त होता है, भाव से हाव और भाव से हेला की अभिव्यक्ति होती है (5)। हेला, हाव और भाव–ये एक दूसरे को व्यक्त करने वाले सत्त्व के भेद से अभिनेता के देह में प्रकट विकार हैं।

वाक्, अंग, मुखराग तथा सात्त्विक अभिनय–(चारों प्रकार के अभिनयों से) कवि के अंतःस्थित भाव को भावित कराने वाला 'भाव' है (7)।

आँखों और भौंहों के संचालन की प्रचुरतावाला, शृंगार को सूचित करने वाला, ग्रीवा की रेचना से युक्त चित्तवृत्तियों से उत्पन्न होने वाली भाव की अवस्था ही 'हाव' है। 'हाव' ही शृंगार रस के आश्रित होकर ललित अभिनय से युक्त 'हेला' बन जाता है (8, 9)। [इस प्रकार भाव, हाव और हेला–ये तीन अंगज अलंकार हुए।]

लीला विलासो विच्छित्तिर्विभ्रमः किलकिञ्चितम्।
मोट्टायितं कुट्टमितं बिब्बोको ललितं तथा ॥10॥

विहृतं चेति विज्ञेया दश स्त्रीणां स्वभावजाः।
वागङ्गालङ्कारैः शिष्टैः प्रीतिप्रयोजितैर्मधुरैः।
इष्टजनस्यानुकृतिर्लीला ज्ञेया प्रयोगज्ञैः ॥11॥

स्थानासनगमनानां हस्तभ्रूनेत्रकर्मणां चैव।
उत्पद्यते विशेषो यः श्लिष्टः स तु विलासः स्यात् ॥12॥

माल्याच्छादनभूषणविलेपनानामनादरन्यासः।
स्वल्पोऽपि परां शोभां जनयति यस्मात् तु विच्छित्तिः ॥13॥

विविधानामर्थानां वागङ्गाहार्यसत्त्वयोगानाम्।
मदरागहर्षजनितो व्यत्यासो विभ्रमो ज्ञेयः ॥14॥

स्मितरुदितहसितभयहर्षगर्वदुःखश्रमाभिलाषाणाम्।
सङ्करकरणं हर्षादसकृत् किलकिञ्चितं ज्ञेयम् ॥15॥

इष्टजनस्य कथायां लीलाहेलादिदर्शने वापि।
तद्भावभावनाकृतमुक्तं मोट्टायितं नाम ॥16॥

केशस्तनाधरादिग्रहणादतिहर्षसम्भ्रमोत्पन्नम्।
कुट्टमितं विज्ञेयं सुखमपि दुःखोपचारेण ॥17॥

इष्टानां भावानां प्राप्तावभिमानगर्वसम्भूतः।
स्त्रीणामनादरकृतो बिब्बोको नाम विज्ञेयः ॥18॥

हस्तपादाङ्गविन्यासो भ्रूनेत्रोष्ठप्रयोजितः।
सौकुमार्याद् भवेद् यस्तु ललितं तत्प्रकीर्तितम् ॥19॥

वाक्यानां प्रीतियुक्तानां प्राप्तानां यदभाषणम्।
व्याजात् स्वभावतो वापि विहृतं नाम तद् भवेत् ॥20॥

शोभा कान्तिश्च दीप्तिश्च तथा माधुर्यमेव च।
धैर्यं प्रागल्भ्यमौदार्यमित्येते स्युरयत्नजाः ॥21॥

स्त्रियों के दस स्वाभाविक अलंकार हैं—लीला, विलास, विच्छित्ति, विभ्रम, किलकिंचित, मोट्टायित, कुट्टमित, बिब्बोक, ललित तथा विहृत (10)।

वाचिक और आंगिक अभिनयों तथा शेष अलंकारों के द्वारा प्रेम के कारण प्रियजन की मधुर अनुकृति 'लीला' है (11)। खड़े रहने, बैठने, चलने तथा हस्त भ्रू, नेत्र के कर्मों को इनके साथ संयोजित करने से जो श्लिष्ट विशेषता आती है वह 'विलास' है (12)।

माला, वस्त्र, गहने, लेप आदि को उपेक्षा के साथ थोड़ा-सा भी लगाने पर परम शोभा जिससे उत्पन्न हो जाए वह 'विच्छत्ति' है (13)।

वाचिक, आंगिक आहार्य तथा सात्त्विक अभिनयों के साथ विविध अर्थों का मद, राग या हर्ष के कारण उलटफेर होना 'विभ्रम' है (14)।

हर्ष के कारण मुस्कान, रोना, हँसना, भय, हर्ष, गर्व, दुःख, श्रम तथा अभिलाष का बार-बार संकर करना किलकिंचित है (15)।

प्रियजन के विषय में बातचीत करते हुए या उसकी लीला, हेला आदि के दर्शन में उसी की भावना में भर कर की गई चेष्टा और कही गई उक्ति मोट्टायित है (16)। केश, स्तन, अधर आदि के ग्रहण से अत्यंत हर्ष और संभ्रम के कारण उत्पन्न सुख जिसे दुःख का बहाना बनाकर ग्रहण किया जाए कुट्टमित जानना चाहिए (17)।

इष्ट वस्तुओं की प्राप्ति से अभिमान और गर्व के कारण उत्पन्न स्त्रियों का अनादर-भाव बिब्बोक है (18)।

भौंहों, नेत्रों और ओठों से प्रयोजित सौकुमार्यपूर्वक हस्त, पाद आदि अंगों का विन्यास 'ललित' कहा जाता है (19)।

प्रेम से युक्त वचन के अवसर होने पर भी स्वभाववश या किसी बहाने से न कहे जाएँ, तो यह 'विहृत' कहलाता है (20)।

अयत्नज अलंकार ये हैं—शोभा, कांति, दीप्ति, माधुर्य, धैर्य, प्रागल्भ्य तथा औदार्य (21)।

रूपयौवनलावण्यैरुपभोगोपबृंहितैः ।
अलङ्करणमङ्गानां शोभेति परिकीर्त्तिता ॥22॥

विज्ञेया च तथा कान्तिः शोभैवापूर्णमन्मथा ।
कान्तिरेवातिविस्तीर्णा दीप्तिरित्यभिधीयते ॥23॥

सर्वावस्थाविशेषेसु दीप्तेषु ललितेषु च ।
अनुल्बणत्वं चेष्टाया माधुर्यमिति संज्ञितम् ॥24॥

चापलेनानुपहता सर्वार्थेष्वविकत्थना ।
स्वाभाविकी चित्तवृत्तिर्धैर्यमित्यभिधीयते ॥25॥

प्रयोगनिस्साध्वसता प्रागल्भ्यं समुदाहृतम् ।
औदार्यं प्रश्रयः प्रोक्तः सर्वावस्थानुगो बुधैः ॥26॥

शोभा विलासो माधुर्यं स्थैर्यं गाम्भीर्यमेव च ।
ललितौदार्यतेजांसि सत्त्वभेदास्तु पौरुषाः ॥27॥

दाक्ष्यं शौर्यमथोत्साहो नीचार्थेषु जुगुप्सनम् ।
उत्तमैश्च गुणैः स्पर्धा यतः शोभेति सा स्मृता ॥28॥

धीरसञ्चारिणी दृष्टिर्गतिर्गोवृषभाञ्चिता ।
स्मितपूर्वमथालापो विलास इति कीर्त्तितः ॥29॥

अभ्यासात् करणानां तु श्लिष्टत्वं यत्र जायते ।
महत्स्वपि विकारेषु तन्माधुर्यमिति स्मृतम् ॥30॥

धर्मार्थकामसंयुक्ताच्छुभाशुभसमुत्थितात् ।
व्यवसायादचलनं स्थैर्यमित्यभिसंज्ञितम् ॥31॥

यस्य प्रभावादाकारा हर्षक्रोधभयादिषु ।
भावेषु नोपलक्ष्यन्ते तद्गाम्भीर्यमिति स्मृतम् ॥32॥

अबुद्धिपूर्वकं यत् तु निर्विकारस्वभावजम् ।
शृङ्गाराकारचेष्टत्वं ललितं तदुदाहृतम् ॥33॥

उपभोग से परिपुष्ट रूप, यौवन और लावण्य[1] के द्वारा अंगों का अलंकरण 'शोभा' है। मन्मथ (काम भाव) से परिपूर्ण शोभा ही 'कांति' जाननी चाहिए तथा अत्यंत विस्तीर्ण कांति ही 'दीप्ति' कही जाती है (23)। सभी विशेष अवस्थाओं में, दीप्ति या ललित में चेष्टा की रमणीयता माधुर्य है (24)।

जो चंचलता से बाधित न हो, सभी स्थितियों में बड़बोलेपन से रहित हो—ऐसी स्वाभाविक चित्तवृत्ति धैर्य कही जाती है (25)।

प्रयोग[2] में घबराहट न होना प्रागल्भ्य है तथा सभी अवस्थाओं में साथ रहने वाले विनय को विद्वानों ने 'औदार्य' कहा है (26)।

पुरुषों के सत्त्व के आठ भेद हैं—शोभा, विलास, माधुर्य, स्थैर्य, गांभीर्य, ललित, औदार्य तथा तेजस् (27)।

दक्षता, शौर्य, उत्साह, अधम वस्तुओं से घृणा तथा उत्तम गुणों में स्पर्धा जिससे हो, वह 'शोभा' है (28)।

धैर्य से संचारित दृष्टि तथा गो या वृषभ के समान सुंदर गति और मुस्कान के साथ बातचीत—ये विलास कहलाते हैं (29)।

अभ्यास[3] के कारण बड़े विकारों में भी करणों[4] का समंजस होना माधुर्य है (30)।

शुभ या अशुभ से प्राप्त, धर्म, अर्थ और काम से संयुक्त निर्णय से विचलित न होना स्थैर्य है (31)।

जिसके प्रभाव से हर्ष, क्रोध और भय भावों में भी आकार पता न चले, वह 'गाम्भीर्य' है (32)।

बिना सोचे-समझे, निर्विकार स्वभाव से उत्पन्न शृंगार के अनुरूप चेष्टा होना 'ललित' कहा जाता है (33)।

---

1. अभिनव के अनुसार रूप, यौवन और लावण्य पुरुष के द्वारा उपभुज्यमान होने पर अन्य ही छाया का परिपोष करते हैं। वह छाया मंद, मध्य, तीव्र के क्रम से संभोग की स्थिति में शोभा, कांति और दीप्ति का आश्रय बनती है।
2. अभिनव के अनुसार चौंसठ कामकलाओं का प्रयोग।
3. अभिनव के अनुसार युद्ध, बाहुयुद्ध, व्यायाम आदि का अभ्यास।
4. करण का अर्थ अभिनव ने यहाँ करचरणादिक्रिया लिया है। इस पारिभाषिक अर्थ में करण नाशा. चतुर्थ अ. में प्रतिपादित है। पं. बाबू लाल शुक्ल ने करण का सामान्य अर्थ (इंद्रिय) लिया है।

दानमभ्युपपत्तिश्च तथा च प्रियभाषणम्।
स्वजने च परे वापि तदौदार्यं प्रकीर्तितम् ॥34॥

अधिक्षेपावमानादेः प्रयुक्तस्य परेण यत्।
प्राणात्ययेऽप्यसहनं तत् तेजः समुदाहृतम् ॥35॥

षडात्मकस्तु शारीरो वाक्यं सूचाङ्कुरस्तथा।
शाखा नाट्यायितं चैव निवृत्यङ्कुर एव च ॥36॥

नानारसार्थयुक्तैवृत्तनिबन्धैः कृतः सचूर्णपदैः।
प्राकृतसंस्कृतपाठो वाक्याभिनयो बुधैर्ज्ञेयः ॥37॥

वाक्यार्थो वाक्यं वा सत्त्वाङ्गैः सूच्यते यदा पूर्वम्।
पश्चाद् वाक्याभिनयः सूचेत्यभिसंज्ञिता सा तु ॥38॥

हृदयस्थो निर्वचनैरङ्गाभिनयः कृतो निपुणसाध्यः।
सूचैवोत्पत्तिकृतो विज्ञेयस्त्वङ्कुराभिनयः ॥39॥

यत् शिरोमुखजङ्घोरुपाणिपादैर्यथाक्रमं क्रियते।
शाखादर्शनमार्गः शाखाभिनयः स विज्ञेयः ॥40॥

नाट्यायितमुपचारैर्यः क्रियते ऽभिनयसूचया नाट्ये।
कालप्रकर्षहेतोः प्रवेशकैः सङ्गमो यावत् ॥41॥

स्थाने ध्रुवास्वभिनयो यः क्रियते हर्षशोकरोषाद्यैः।
भावरससम्प्रयुक्तैर्ज्ञेयं नाट्यायितं तदपि ॥42॥

यत्रान्योक्तं वाक्यं सूचाभिनयेन योजयेदन्यः।
तत्सम्बन्धार्थकथं भवेन्निवृत्यङ्कुरः सो ऽथ ॥43॥

शिरोहस्तकटीवक्षोजङ्घोरुकरणेषु तु।
समः कर्मविभागो यः सामान्याभिनयस्तु सः ॥44॥

ललितैर्हस्तसञ्चारैस्तथा मृद्वङ्गचेष्टितैः।
अभिनेयस्तु नाट्यज्ञै रसभावसमन्वितैः ॥45॥

अपने प्रिय जन तथा अन्य के प्रति भी दान, स्वीकार तथा प्रियभाषण करना 'औदार्य' कहा जाता है (34)।

दूसरे (शत्रु) के द्वारा कहे गए अपशब्द या किए गए अपमान को प्राणों के व्यय होने पर भी सहन न करना 'तेजस्' कहा जाता है (35)।

[यहाँ तक सामान्याभिनय के अंतर्गत सत्त्व पर आधारित अभिनय बताया। अब शारीर अभिनय बताते हैं] शारीर अभिनय छः प्रकार का है—वाक्य, सूचा, अंकुर, शाखा, नाट्यायित तथा निवृत्यंकुर (36)।

गद्य या पद्य में निबद्ध संस्कृत या प्राकृत भाषा में विभिन्न रसों की सामग्री से युक्त पाठ वाक्याभिनय जानना चाहिए (37)। वाक्यार्थ या वाक्य को सात्त्विक और आंगिक अभिनय के द्वारा पहले सूचित कर दिया जाए, और बाद में वाक्याभिनय किया जाए तो इसे 'सूचा' कहते हैं (38)। निर्वचन या बिना वाचिक अभिनय के हृदयस्थ भाव का आंगिक अभिनय किया जाए, फिर सूचा के द्वारा उन भावों को शब्दों के द्वारा व्यक्त किया जाए, तो यह 'अंकुराभिनय' है (39)।

सिर, मुख, जंघा, (पिंडली), ऊरु (जघन), हाथ तथा पाँव से यथाक्रम शाखा के अनुसार किया गया अभिनय 'शाखाभिनय'[1] है (40)। नाट्य में उपचारपूर्वक काल-प्रकर्ष की दृष्टि से मंच पर प्रवेश करनेवाले पात्रों से समागम होते समय सूचाभिनय के साथ किया जाने वाला अभिनय नाट्यायित[2] है (41)। ध्रुवागान के समय हर्ष, शोक, रोष आदि के साथ भाव और रस की अभिव्यक्ति करते हुए जो अभिनय किया जाए, वह भी नाट्यायित है (42)। अन्य पात्र के द्वारा कथित वाक्य को कोई पात्र सूचाभिनय से संयोजित करता हुआ उसका विस्तार करे तो यह निवृत्यंकुर है (43)। सिर, हाथ, कमर, वक्ष, पिंडली तथा ऊरु—इनकी चेष्टाओं में समान क्रियाएँ होना सामान्याभिनय है (44)।

रस और भाव से समन्वित, मृदु आंगिक चेष्टाओं के साथ ललित हस्तसंचारपूर्वक सामान्याभिनय किया जाना चाहिए (45)।

---

1. नाशा. (8.15) के अनुसार आंगिक अभिनय शाखा है। कुछ आचार्यों ने अंगुलियों के संचालन या करवर्तना को भी शाखा कहा है।
2. अभि. के अनुसार जिसमें नट स्वयं सामाजिक होकर नाट्य देखने लगें, नाट्यायित है।

अनुद्‌धतमसम्भ्रान्तमनाविद्धाङ्गचेष्टितम् ।
लयतालकलापातप्रमाणनियतात्मकम् ॥46॥

सुविभक्तपदालापमनिष्ठुरमकाहलम् ।
यदीदृशं भवेन्नाट्यं ज्ञेयमाभ्यन्तरं तु तत् ॥47॥

एतदेव विपर्यस्तं स्वच्छन्दगतिचेष्टितम् ।
अनिबद्धगीतवाद्यं नाट्यं बाह्यमिति स्मृतम् ॥48॥

लक्षणाभ्यन्तरत्वाद्धि तदाभ्यन्तरमिष्यते ।
शास्त्रबाह्यं भवेद् यस्तु तद् बाह्यमिति भण्यते ॥49॥

अनाचार्योषिता ये च ये च शास्त्रबहिष्कृताः ।
बाह्यं प्रयुञ्जते ते तु अज्ञात्वाचार्यकीं क्रियाम् ॥50॥

❑

[आभ्यंतर नाट्य]—अनुद्धत; असंभ्रान्त (हड़बड़ी या घबराहट से रहित); तीव्रवेग वाली आंगिक चेष्टाओं से रहित, लय, ताल, कला, पात और प्रमाण से नियत, जिसमें पदों का उच्चारण साफ-साफ अलग-अलग किया जाए; जो कर्कश और जोर से सुनाई देने वाला न हो—इस प्रकार का नाट्याभिनय किया जाए, तो आभ्यंतर नाट्य होता है (46-47)। आभ्यंतर नाट्य का ही उलटा स्वच्छंद गति और चेष्टाओं वाला, गीत और वाद्य के संयोजन से रहित नाट्य बाह्य नाट्य कहा जाता है (48)। नाट्यशास्त्रीय लक्षणों के भीतर होने से पहले को आभ्यंतर नाट्य तथा शास्त्र-बाह्य होने से दूसरे को बाह्य नाट्य कहते हैं (49)। जो आचार्य के पास रह कर नाट्य में दीक्षित नहीं हो पाए, जो शास्त्र से बहिष्कृत हैं, वे आचार्यनिर्दिष्ट क्रिया को न जान कर बाह्य नाट्य का प्रयोग करते हैं।

❑

॥ अथ द्वाविंशोऽध्यायः ॥

समासतस्तु प्रकृतिस्त्रिविधा परिकीर्तिता।
पुरुषाणामथ स्त्रीणामुत्तमाधममध्यमा ॥1॥

जितेन्द्रियज्ञानवती नानाशिल्पविचक्षणा।
दक्षिणाथ महालक्ष्या भीतानां परिसान्त्वनी ॥2॥

नानाशास्त्रार्थसम्पन्ना गाम्भीर्यौदार्यशालिनी।
स्थैर्यत्यागगुणोपेता ज्ञेया प्रकृतिरुत्तमा ॥3॥

लोकोपचारचतुरा शिल्पशास्त्रविशारदा।
विज्ञानमाधुर्ययुता मध्यमा प्रकृतिः स्मृता ॥4॥

सूचकाः पापकर्माणः परद्रव्यापहारिणः।
एभिर्दोषैस्तु सम्पन्ना भवन्तीहाधमा नराः ॥5॥

अत्र चत्वार एव स्युर्नायकाः परिकीर्तिताः।
मध्यमोत्तमप्रकृतौ नानालक्षणलक्षिताः ॥6॥

धीरोद्धता धीरललिता धीरोदात्तास्तथैव च।
धीरप्रशान्तकाश्चैव नायकाः परिकीर्त्तिताः ॥7॥

❑

॥ बाईसवाँ अध्याय ॥

प्रकृतिविचार

संक्षेप में नाटक के सभी स्त्री-पुरुष पात्रों के स्वभाव तीन प्रकार के होते हैं—उत्तम, मध्यम तथा अधम (1)। जितेंद्रिय, ज्ञान से युक्त, विभिन्न शिल्पों में दक्ष, उदार, महान् लक्ष्य वाली, डरे हुए लोगों को सांत्वना देने वाली, विभिन्न शास्त्रों के अर्थ से संपन्न, गांभीर्य तथा औदार्य से युक्त, स्थैर्य और त्याग के गुणों वाली प्रकृति उत्तम जानना चाहिए (2, 3)।

लोकोपचार में चतुर, शिल्पशास्त्र में विशारद तथा विज्ञान और माधुर्य से युक्त प्रकृति मध्यमा प्रकृति होती है (4)। चुगलखोर, पापकर्म करने वाले, दूसरे के धन का अपहरण करने वाले—इस तरह के दोषों से भरे लोग अधम प्रकृति वाले होते हैं (5)

मध्यम और उत्तम प्रकृति में विभिन्न लक्षणों से लक्षित चार प्रकार के नायक होते हैं—धीरोद्धत, धीरललित, धीरोदात्त तथा धीरप्रशांत (6-7)।

❑

॥ अथ त्रयोविंशोऽध्यायः ॥

अङ्गाद्यभिनयस्यैव यो विशेषः क्वचित् क्वचित्।
अनुक्त उच्यते चित्रः स चित्राभिनय स्मृतः ॥1॥

उत्तानौ तु करौ कृत्वा स्वस्तिकौ पार्श्वसंस्थितौ।
उद्वाहितेन शिरसा तथा चोर्ध्वनिरीक्षणात् ॥2॥

प्रभातं गगनं रात्रिः प्रदोषं दिवसं तथा।
ऋतून् घनान् वनान्तांश्च विस्तीर्णांश्च जलाशयान् ॥3॥

दिशो ग्रहान् सनक्षत्रान् किञ्चित् खस्थं च यद् भवेत्।
तस्य त्वभिनयः कार्यो नाना दृष्टिसमन्वितः ॥4॥

एभिरेव करैर्भूयस्तेनैव शिरसा पुनः।
अधो निरीक्षणेनाथ भूमिस्थान् सम्प्रदर्शयेत् ॥5॥

स्पर्शस्य ग्रहणेनैव तथोल्लुकसनेन च।
चन्द्रज्योत्स्नां सुखं वायुं रसं गन्धं च निर्दिशेत् ॥6॥

वस्त्रावगुण्ठनात् सूर्यं रजोधूमानिलांस्तथा।
भूमितापमथोष्णं च कुर्याच्छायाभिलाषतः ॥7॥

ऊर्ध्वाकेकरदृष्टिस्तु मध्याह्ने सूर्यमादिशेत्।
उदयास्तगतं चैव विस्मयार्थैः प्रदर्शयेत् ॥8॥

॥ तेईसवाँ अध्याय ॥

चित्राभिनय

आंगिक अभिनय के विशेष विचित्र प्रकार, जो पहले नहीं बताए गये, चित्राभिनय के अंतर्गत आते हैं (1)।

हाथों को उत्तान (ऊपर उठी स्थिति में) कर के पार्श्व में स्वस्तिक बना कर रखा जाए और उद्वाहित सिर से ऊपर देखे तो प्रभात, गगन, रात्रि, साँझ, दिन ऋतुएँ, बादल, वन के छोर, बड़े जलाशय, दिशाएँ, ग्रह, नक्षत्र तथा जो कुछ भी आकाश में स्थित हो विभिन्न दृष्टियों का उपयोग करते हुए उसका अभिनय करे। उपर्युक्त हस्त (उत्तान और स्वस्तिक) के द्वारा तथा उसी शिर (उद्वाहित) के द्वारा नीचे देखने पर भूमि पर स्थित (विभिन्न वस्तुओं का) प्रदर्शन करे।

स्पर्श के ग्रहण (जैसे किसी को छू रहा हो ऐसा दिखाकर) तथा उल्लुकसन (उलूक की मुद्रा में ऊपर की ओर हिलाना) के द्वारा चंद्रमा, चाँदनी, सुख, वायु, रस तथा गंध का निर्देश करे। (6) वस्त्र का अवगुंठन बनाकर सूर्य, धूल, धुआँ का तथा हवा और लू, गर्मी आदि का अभिनय छाया की अभिलाषा के द्वारा करे (7)। आवेकर दृष्टि को ऊपर उठाकर मध्याह्न के सूर्य का निर्देश करे तथा उदय होते और अस्त होते सूर्य को विस्मय के भाव द्वारा प्रदर्शित करे (८)।

यानि सौम्यार्थयुक्तानि सुखभावकृतानि च।
गात्रस्पर्शैस्सरोमाञ्चैस्तेषामभिनयो भवेत् ॥9॥

यानि स्युस्तीक्ष्णरूपाणि तानि चाभिनयेत् सुधीः।
अंसस्पर्शैस्तथोद्वेगैस्तथा मुखविकुण्ठनैः ॥10॥

यज्ञोपवीतदेशस्थमरालं हस्तमादिशेत्।
स्वस्तिकौ विच्युतौ हारस्रग्दामार्थान् निदर्शयेत् ॥11॥

भ्रमणेन प्रदेशिन्याः दृष्टेः परिगमेन च।
अलपद्मकपीडायाः सर्वार्थग्रहणं भवेत् ॥12॥

श्रव्यं श्रवणयोगेन दृश्यं दृष्टिविलोकनैः।
आत्मस्थं परसंस्थं वा मध्यस्थं वा विनिर्दिशेत् ॥13॥

विद्युदुल्काघनरवा विस्फुल्लिङ्गार्चिषस्तथा ।
त्रस्ताङ्गाक्षिनिमेषैश्च तेऽभिनेयाः प्रयोक्तृभिः ॥14॥

उद्वेष्टितपरावृत्तौ करौ कृत्वा नतं शिरः।
असंस्पर्शे तथानिष्टे जिह्मदृष्टेन कारयेत् ॥15॥

वायुमुष्णं तमस्तेजो मुखप्रच्छादनेन च।
रेणुतोयपतङ्गांश्च भ्रमरांश्च निवारयेत् ॥16॥

कृत्वा स्वस्तिकसंस्थानौ पद्मकोशावधोमुखौ।
सिंहर्क्षवानरव्याघ्रश्वापदांश्च निरूपयेत् ॥17॥

स्वस्तिकौ त्रिपताकौ तु गुरूणां पादवन्दने।
खटकस्वस्तिकौ चापि प्रतोदग्रहणे स्मृतौ ॥18॥

छत्रध्वजपताकाश्च निर्देश्या दण्डधारणात्।
नाना प्रहरणं चाथ निर्देश्यं धारणाश्रयम् ॥19॥

शुकाश्च शारिकाश्चैव सूक्ष्मा ये चापि पक्षिणः।
शिखि सारसहंसाद्याः स्थूला ये ऽपि स्वभावतः ॥20॥

सुखकारक सौम्य पदार्थों को अभिनय अंगों के स्पर्श को रोमांच के साथ दिखा कर होता है (9)।

तीक्ष्ण पदार्थों का अभिनय बुद्धिमान् नट कंधे के स्पर्श, उद्वेग और मुँह फेरने के द्वारा करे (10)।

अराल हस्त को यज्ञोपवीत (जनेऊ) पहनने के स्थान की ओर ले जाकर नीचे की ओर स्वस्तिक बनाए, तो इससे हार, माला आदि का निर्देश होता है (11)।

प्रदेशिनी (तर्जनी) अंगुली को घुमाने और दृष्टि को आसपास डालने तथा अलपद्म हस्त की अंगुलियों को मिलाकर हथेली पर दबाने से सभी पदार्थों का ग्रहण होता है (12)।

श्रव्य वस्तु का सुनने के प्रदर्शन और दृश्य का दृष्टि डालने पर निर्देश होता है, ये वस्तुएँ आत्मस्थ, परसंस्थ या मध्यस्थ हो सकती हैं (13)। बिजली, उल्का, बादल की गड़गड़ाहट, चिंगारी, लपट आदि त्रस्त चक्षु और पलक झपकाने के द्वारा अभिनीत होते हैं (14)।

असंस्पर्श (स्पर्श न कर पाना, न मिलना) तथा अनिष्ट बताने में जिह्वा दृष्टि के साथ उद्वेष्टित और परावृत्त हस्त करके नत शिर से अभिनय करे (15)। गर्म हवा, अँधेरा, तेज रोशनी, धूल, पानी, सूर्य भ्रमर आदि से बचने का भाव मुँह ढकते हुए अभिनीत करे (16)।

सिंह, भालू, चीता आदि जन्तुओं का निरूपण दोनों हाथों से स्वस्तिक और अधोमुख पद्मकोश बना कर करे (17)। गुरुजनों की चरण वन्दना में त्रिपताक हस्तों को स्वस्तिक बनाएँ, चाबुक पकड़ने के अभिनय में खटकास्वस्तिक का प्रयोग करे (18)।

दंड (डंडा) हाथ में लेने से छत्र, ध्वज, पताका आदि का निर्देश होता है, इसी प्रकार विभिन्न अस्त्र-शस्त्रों का भी दंड के ग्रहण या धारण से निर्देश होता है (19)।

तोता, मैना आदि छोटे पक्षियों तथा मोर, सारस, हंस आदि स्वभावतः बड़े पक्षियों का अभिनय रेचक तथा अंगहारों से किया जाता है। गधा, ऊँट, खच्चर, सिंह, व्याघ्र, बैल, भैंसा, भूत, पिशाच, यक्ष, दानव तथा राक्षस आदि का अभिनय गति प्रचार तथा आंगिक अभिनय से होता है (20-22)।

रेचकैरङ्गहारैश्च तेषामभिनयो भवेत्।
खरोष्ट्राश्वतरासिंहव्याघ्रगोमहिषादयः ॥21॥

गतिप्रचारैरङ्गैश्च तेऽभिनेयाः प्रयोक्तृभिः।
भूताः पिशाचा यक्षाश्च दानवाः सह राक्षसैः ॥22॥

लोको वेदस्तथाध्यात्मं प्रमाणं त्रिविधं स्मृतम्।
वेदाध्यात्मपदार्थेषु प्रायो नाट्यं प्रतिष्ठितम् ॥23॥

वेदाध्यात्मोपपन्नं तु शब्दच्छन्दस्समन्वितम्।
लोकसिद्धं भवेत् सिद्धं नाट्यं लोकात्मकं तथा ॥24॥

न च शक्यं हि लोकस्य स्थावरस्य चरस्य च।
शास्त्रेण निर्णयं कर्तुं भावचेष्टाविधिं प्रति ॥25॥

नानाशीलाः प्रकृतयः शीले नाट्यं प्रतिष्ठितम्।
तस्माल्लोकप्रमाणं हि विज्ञेयं नाट्ययोक्तृभिः ॥26॥

❑

नाट्य में तीन प्रमाण माने गए हैं—लोक, वेद तथा अध्यात्म। नाट्य प्रायः वेद और अध्यात्म में प्रतिष्ठित है (23)। वेद तथा अध्यात्म से युक्त तथा शब्द और छंद से समन्वित नाट्य लोकसिद्ध तथा लोकात्म होता है (24)।

इस स्थावर जंगम (जड़-चेतन) लोक की भाव और चेष्टाओं का निर्णय शास्त्र से संभव नहीं (25)। लोक में विभिन्न प्रकार के स्वभाव वाले लोग होते हैं और स्वभाव में ही नाट्य प्रतिष्ठित है। इसलिए नाट्यप्रयोक्ता को लोक प्रमाण को स्वीकार करना चाहिए (26)।

❑

॥ अथ चतुर्विंशोऽध्यायः ॥

अनुरूपा विरूपा च तथा रूपानुरूपिणी।
त्रिप्रकारेह पात्राणां प्रकृतिश्च विभाविता ॥1॥

नानावस्थाक्रियोपेता भूमिका प्रकृतिस्तथा।
भृशमुद्योतयेन्नाट्यं स्वभावकरणाश्रयम् ॥2॥

यथा जीवत् स्वभावं हि परित्यज्यान्यदेहिकम्।
परभावं प्रकुरुते परभावं समाश्रितः ॥3॥

एवं बुधः परं भावं सोऽस्मीति मनसा स्मरन्।
येषां वागङ्गलीलाभिश्चेष्टाभिस्तु समाचरेत् ॥4॥

सुकुमारप्रयोगो यो राज्ञामामोदसम्भवः।
शृङ्गाररसमासाद्य तन्नारीषु प्रयोजयेत् ॥5॥

युद्धोद्धताविद्धकृता संरम्भारभटाश्च ये।
न ते स्त्रीभिः प्रयोक्तव्याः योक्तव्याः पुरुषेषु ते ॥6॥

एवं कार्यं प्रयोगज्ञैर्भूमिकाविनिवेशनम्।
स्त्रियो हि स्त्रीगतो भावः पौरुषः पुरुषस्य च ॥7॥

यथावयो यथावस्थमनुरूपेति सा स्मृता।
पुरुषः स्त्रीकृतं भावं रूपात् प्रकुरुते तु यः॥
रूपानुरूपा सा ज्ञेया प्रयोगे प्रकृतिर्बुधैः ॥8॥

॥ चौबीसवाँ अध्याय ॥

भूमिका विचार

अभिनेताओं की दृष्टि से नाटक के पात्रों की भूमिकाएँ तीन प्रकार की होती हैं—अनुरूपा, विरूपा तथा रूपानुसारिणी (1)।

जिस पात्र की भूमिका करनी है उसी के स्वभाव को प्रकट करते हुए विभिन्न अवस्थाओं और क्रियाओं से युक्त भूमिका नाट्य को चमका देती है (2)। जैसे जीव एक देह से दूसरे देह में पहुँच कर अपना स्वभाव छोड़कर परभाव के आश्रित होकर परभाव (दूसरे के शील) को प्रकट करता है, वैसे ही चतुर अभिनेता मन में 'मैं वह पात्र हूँ' ऐसा ध्यान करता हुआ उस पात्र के भाव को प्रकट करे, जिसका वाणी, आंगिक अभिनय तथा लीला और चेष्टा का अनुकरण उसे करना है (3, 4)।

राजाओं को आमोदित करने वाले सुकुमार प्रयोगों में शृंगार की प्रचुरता होने पर भूमिकाएँ स्त्रियों से करवाए (5)। उद्धत युद्ध, तीव्र, वेग तथा हड़बड़ी से युक्त पात्रों का अभिनय स्त्रियों से न करा कर पुरुषों से कराए (6)। इस प्रकार प्रयोग के जानकार लोग भूमिकाएँ निर्धारित करें—अर्थात् स्त्री प्रधान भावों वाली भूमिका स्त्रियों को और पुरुष प्रधान भावों वाली भूमिका पुरुष अभिनेता को दें (7)। आयु और अवस्था के अनुसार स्त्री की भूमिका स्त्री और पुरुष की भूमिका पुरुष करे तो यह 'अनुरूपा प्रकृति' कहलाती है। पुरुष रूप के द्वारा स्वीकृत भाव को करके दिखाए तो इसे रूपानुरूपा प्रकृति (भूमिका) जानना चाहिए (8)।

यत्र स्त्रीणां पाठ्याद् गुणैर्नराणां च कण्ठमाधुर्यम्।
प्रकृतिविपर्ययजनितौ विज्ञेयौ तावलङ्कारौ ॥
ललितं सौष्ठवं यच्च सो ऽ लङ्कारः परो मतः ॥9॥

गीतं नृत्तं तथा वाद्यं प्रस्तारगमनक्रिया।
शिष्यनिष्पादनं चैव षडाचार्यगुणाः स्मृताः ॥10॥

ऊहापोहौ मतिश्चैव स्मृतिर्मेधा तथैव च।
मेधास्मृतिर्गुणश्लाघारागः सङ्घर्ष एव च।
उत्साहश्च षडेवैतान् शिष्यस्यापि गुणान् विदुः ॥11॥

❑

जहाँ स्त्रियों में पाठ्य के कारण तथा पुरुषों में गुणों के कारण कंठमाधुर्य हो, वहाँ इन दोनों को प्रकृतिविपर्यय जनित अलंकार जानना चाहिए (9)। ललित और सौष्ठव ही परम अलंकार है (9)।

गीत, नृत्त तथा वाद्य और प्रस्तारगमन क्रिया (ताल का ज्ञान) और शिष्यों को तैयार करना—ये छः आचार्य के गुण हैं (10)। ऊहापोह, मति, स्मृति, गुणों की सराहना में अनुराग, संघर्ष (स्पर्धा) और उत्साह—ये छः शिष्य के गुण जाने जाते हैं (11)।

❑

॥ अथ पञ्चविंशोऽध्यायः ॥

सिद्धिस्तु द्विविधा ज्ञेया वाङ्मनो ऽ ङ्गसम्भवा।
दैवी च मानुषी चैव नानाभावसमुत्थिता ॥1॥

दशाङ्गा मानुषी सिद्धिर्दैवी तु द्विविधा स्मृता।
नाना सत्त्वाश्रयकृता वाङ्नेपथ्यशरीरजा ॥2॥

स्मितापहासिनी हासा साध्वहो कष्टमेव च।
प्रबद्धनादा च तथा सिद्धिर्ज्ञेयाथ वाङ्मयी ॥3॥

पुलकैश्च सरोमाञ्चैरभ्युत्थानैस्तथैव च।
चेलदानाङ्गुलिक्षेपैः शारीरी सिद्धिरिष्यते ॥4॥

न शब्दो यत्र न क्षोभो न चोत्पातनिदर्शनम्।
सम्पूर्णता च रङ्गस्य दैवी सिद्धिस्तु सा स्मृता ॥5॥

दैवात्मपरसमुत्था त्रिविधा घाता बुधैस्तु विज्ञेयाः।
औत्पातिकश्चतुर्थः कदाचिदथ सम्भवत्येषु ॥6॥

वाताग्निवर्षकुञ्जरभुजङ्गमण्डपनिपाताः ।
कीटव्यालपिपीलिकपशुप्रवेशनाश्च दैवककृताः ॥7॥

मात्सर्याद् द्वेषाद् वा तत्पक्षत्वात् तथार्थभेदत्वात्।
एते तु परसमुत्था ज्ञेया घाता बुधैर्नित्यम् ॥8॥

अतिहसितरुदितविस्फोटितान्यथोत्क्रुष्टतालिकापाताः।
गोमयलोष्टपिपीलिकविक्षेपाश्चारिसम्भूताः ॥9॥

॥ पच्चीसवाँ अध्याय ॥

सिद्धि निरूपण

वाचिक, सात्विक और आंगिक अभिनयों से होने वाली विभिन्न भावों से व्यक्त सिद्धि दो प्रकार की जाननी चाहिए—दैवी तथा मानुषी (1)। मानुषी सिद्धि के दस अंग हैं और दैवी सिद्धि दो प्रकार की है। ये दोनों वाचिक, आहार्य तथा आंगिक और सात्विक अभिनयों का कई प्रकार से आश्रय लेने पर होती हैं (2)।

प्रेक्षकों का मुस्काना, अपहास या हास करना, साधु-साधु (वाह-वाह) कहना, कष्ट है—(हाय, हाय) कहना, जोर से आवाज करना—ये सब वाङ्मयी सिद्धि के लक्षण हैं (3)।

पुलकित होना, रोमांचित होना, खड़े हो जाना, वस्त्र या अँगूठी (उतार कर अभिनेता की ओर) फेंकना—इन सबके द्वारा शारीरी सिद्धि जानी जाती है (4)।

जब प्रेक्षागार में न कोई शब्द हो, न कोई क्षोभ, न कोई उत्पात देखा जाए और प्रेक्षागार दर्शकों से (खचाखच) भरा (भी) हो तो इसमें दैवीसिद्धि है (5)।

प्रयोग में घात (विघ्न) तीन प्रकार के जानने चाहिए—दैव (भाग्य) समुत्थ, आत्मसमुत्थ तथा परसमुत्थ। इनमें चौथा औत्पातिक घात भी कभी-कभी आ मिलता है (6)।

आँधी, आग लगना, वर्षा, हाथी या साँप का आ घुसना, मंडप का गिर पड़ना, कीड़े, चींटियों या अन्य पशुओं का प्रवेश—ये सब दैवकृत घात हैं (7)।

ईर्ष्या, द्वेष, अपने पक्ष (का प्रयोग) को आगे बढ़ाने की चिंता, रुपये-पैसे का लालच देकर किसी को फोड़ लिया जाना—ये परकृत (अन्य लोगों द्वारा कराए गए) घात हैं (8)।

बहुत जोर से हँसना; रोना; स्फोट करना; चीख-पुकार या। बहुत जोर से ताली बजाना; गोबर, ढेले, चींटियाँ आदि मंच पर फेंकना—ये (परकृत घात के अंतर्गत) शत्रुओं द्वारा कराए जाने वाले घात हैं (9)।

औत्पातिकाश्च घाता मत्तोन्मत्तप्रवेशलिङ्गकृताः।
पुनरात्मसमुत्था ये घातांस्तांस्तान् प्रवक्ष्यामि ॥10॥

वैलक्षण्यमचेष्टितविभूमिकत्वं स्मृतिप्रमोषश्च।
अन्य वचनं च काव्ये तथार्तनादो विहस्तत्वम् ॥11॥

●

सिद्ध्या मिश्रो घातस्सर्वगतश्चैकदेशजो वापि।
नाट्यकुशलैः सलेख्या सिद्धिर्वा स्याद् विघातो वा ॥12॥

चारित्राभिजनोपेताः शान्तवृत्ताः कृतश्रमाः।
यशोधर्मपराश्चैव मध्यस्थवयसान्विताः ॥13॥

षडङ्गनाट्यकुशलाः प्रबुद्धाः शुचयः समाः।
चतुरातोद्यकुशला वृत्तज्ञास्तत्त्वदर्शिनः ॥14॥

देशभाषाविधानज्ञाः कलाशिल्पप्रयोजकाः।
चतुर्धाभिनयोपेता रसभावविकल्पकाः ॥15॥

शब्दच्छन्दोविधानज्ञा नानाशास्त्रविचक्षणाः।
एवंविधास्तु कर्त्तव्याः प्राश्निकाः दशरूपके ॥16॥

अव्यग्रैरिन्द्रियैः शुद्ध ऊहापोहविशारदः।
त्यक्तदोषो ऽनुरागी च स नाट्ये प्रेक्षकः स्मृतः ॥17॥

यस्तुष्टे तुष्टिमायाति शोके शोकमुपैति च।
क्रुद्धः क्रोधे भये भीतः स श्रेष्ठः प्रेक्षकः स्मृतः ॥18॥

एवं भावानुकरणे यो यस्मिन् प्रविशेन्नरः।
स तत्र प्रेक्षको ज्ञेयो गुणैरेभिरलङ्कृतः ॥19॥

पूर्वाह्णस्त्वथ मध्याह्नस्त्वपराह्णस्तस्थैव च।
दिवा समुत्था विज्ञेया नाट्यवाराः प्रयोगतः ॥20॥

प्रादोषिकार्धरात्रिश्च तथा प्राभातिको ऽपरः।
नाट्यवारा भवन्त्येते रात्रावित्यनुपूर्वशः ॥21॥

औत्पातिक घात नशैलची, पागल या संन्यासियों के प्रवेश से होते हैं। अब मैं आत्मसमुत्थ (प्रयोगकर्ताओं की अपनी त्रुटियों से होने वाले) घात बताता हूँ (10)।

असहजता या घबराहट, चेष्टा न करना, गलत भूमिका करना, भूमिका (संवाद) भूल जाना, अन्य के संवाद बोलने लगना, चीखने लगना, अस्त-व्यस्त ढंग से हाथ चलाना—ये आत्मसमुत्थ घात हैं (11)।

नाट्यकुशल (सूत्रधार आदि को) सिद्धि और घात दोनों का योग--पूरा या एकदेशज—लिखकर समीक्षा करनी चाहिए कि कहाँ सिद्धि है और कहाँ घात (12)।

प्रत्येक प्रयोग के प्राश्निक या निर्णायक बनाने चाहिए। ये प्राश्निक सच्चरित्र कुलीन, शान्त स्वभाव के; कृतश्रम (जिन्होंने नाट्यशास्त्र आदि के अध्ययन में परिश्रम किया हो), यशोधर्मपरायण, मध्यस्थ (पक्षपात न करने वाले; बुजुर्ग; छः अंगों वाले नाट्य में कुशल, पवित्र, समबुद्धि वाले; चारों आतोद्यों के जानकार; छन्दों के मर्मज्ञ, तत्त्वदर्शी; देश की विभिन्न भाषाओं को समझने वाले; कला और शिल्प के प्रयोग करने में समर्थ; चार प्रकार के अभिनयों, रस, भाव, शब्द, छंदोविधान आदि से परिचित तथा विभिन्न शास्त्रों में पारंगत हों। (13-16)

अव्यग्र इंद्रियों के साथ शुद्ध मन वाला, ऊहापोह में विशारद; दोषों को छोड़ने वाला तथा प्रेम से युक्त—ऐसा नाट्य का (आदर्श) प्रेक्षक होता है (17)। जो (पात्र के) संतोष में संतुष्ट हो; शोक में शोक करे, क्रोध में क्रोध तथा भय में भय का अनुभव करे—वह श्रेष्ठ प्रेक्षक माना जाता है (18)। भावानुकरण में जिसमें भावानुप्रवेश की क्षमता हो—इस तरह के गुणों वाला प्रेक्षक जानना चाहिए (19)।

नाट्यप्रयोग दिन या रात में हो सकता है। रात में संध्या, आधी रात और रात ढलने पर होता प्रभात—ये नाट्य प्रयोग के समय हैं। दिन में पूर्वाह्ण; मध्याह्न तथा अपराह्ण नाट्यप्रयोग के समय हैं (20, 21)।

यच्छ्रोत्ररमणीयं स्याद् धर्मोत्थानकृतं च यत्।
पूर्वाह्णे तत्प्रयोक्तव्यं शुद्धं वा विकृतं तथा ॥22॥

सत्त्वोत्थानगुणैर्युक्तं वाद्यंभूयिष्ठमेव च।
पुष्कलं सत्त्वयुक्तं च अपराह्णे प्रयोजयेत् ॥23॥

कैशिकीवृत्तिसंयुक्तं शृङ्गाररससंश्रयम्।
नृत्तवादित्रगीताढ्यं प्रदोषे नाट्यमिष्यते ॥24॥

यन्नर्महास्यबहुलं करुणप्रायमेव च।
प्रभातकाले तत्कार्यं नाट्यं निद्राविनाशनम् ॥25॥

अर्धरात्रे नियुञ्जीत समध्याह्ने तथैव च।
सन्ध्याभोजनकाले च नाट्यं नैव प्रयोजयेत् ॥26॥

अथवा देशकालौ च न परीक्ष्यौ प्रयोक्तृभिः।
यथैवाज्ञापयेद् भर्ता तदा योज्यमसंशयम् ॥27॥

तथा समुदिताश्चैव विज्ञेया नाटकाश्रिताः।
पात्रं प्रयोगमृद्धिश्च विज्ञेयास्तु त्रयो गुणाः ॥28॥

बुद्धिमत्त्वं सुरूपत्वं लयतालज्ञता तथा।
रसभावज्ञता चैव वयस्स्थत्वं कुतूहलम् ॥29॥

ग्रहणं धारणं चैव गात्रावैकल्यमेव च।
जितसाध्वसतोत्साह इति पात्रगतो विधिः ॥30॥

सुवाद्यता सुगानत्वं सुपाठ्यत्वं तथैव च।
शास्त्रकर्मसमायोगः प्रयोग इति संज्ञितः ॥31॥

शुचिभूषणतायां तु माल्याभरणवाससाम्।
विचित्ररचना चैव समृद्धिरिति संज्ञिता ॥32॥

यदा समुदिताः सर्वे एकीभूता भवन्ति हि।
अलङ्कारः स तु तथा मन्तव्यो नाटकाश्रयः ॥33॥

□

सुनने में मनोहर तथा धार्मिक आख्यान वाला शुद्ध या मिश्रित नाट्यप्रयोग पूर्वाह्ण में करना चाहिए (22)।

सत्व के उत्थानगुण से युक्त, वाद्यभूयिष्ठ (जिसमें बाजे अत्यधिक बजते हों, तथा पर्याप्त सिद्धि युक्त नाट्य अपराह्ण में प्रयुक्त करे (23)। कैशिकीवृत्ति से युक्त, शृंगार रस का आश्रय तथा नृत्त, वाद्य और गीत से संपन्न नाट्य प्रदोष (संध्या के समय) प्रयोजनीय है (24)। जो नर्म (मजाक) तथा हास्य की बहुलता वाला या करुणप्राय हो ऐसा निद्रानाशक नाट्य प्रभात के समय करना चाहिए (25)। आधी रात या मध्याह्न में भी नाट्यप्रयोग करे पर संध्या (पूजा) और भोजन के समय प्रयोग न करे (26)।

अथवा (आवश्यकता होने पर) प्रयोक्ता देशकाल का विचार न करे, भर्ता (प्रयोग कराने वाला) जैसा आदेश दे; संशय रहित होकर वैसा ही प्रयोग करे (27)।

नाटक के सम्मिश्रित रूप में तीन गुण होते हैं—पात्र, प्रयोग और ऋद्धि (28)।

पात्र में ये विशेषताएँ होनी चाहिए—बुद्धिमत्ता, सुरूपता, लयतालज्ञता, रसभावज्ञता, उचित आयु, कौतूहल, ग्रहण (भूमिका को समझना), धारण (समझकर स्मरण रखना), देह की अविकलता (चुस्त दुरुस्त होना), घबराहट से उबरने की क्षमता तथा उत्साह (29; 30)।

अच्छे वाद्य, अच्छा गान, अच्छा पाठ तथा शास्त्र (सिद्धांत) और कर्म (व्यवहार) का सम्यक् योग यह प्रयोग है (31)।

आभूषणों, माल्य और आभरण तथा वस्त्रों की शुचिता और इसकी वैविध्यपूर्ण आकर्षक रचना समृद्धि कही जाती है (32)।

जब ये तीनों गुण मिलकर एक साथ प्रयोग में रहें, तो उसे नाटक का अलंकार मानना चाहिए (33)।

❑

॥ अथ षड्विंशोऽध्यायः ॥

ततं चैवावनद्धं च घनं सुषिरमेव च।
चतुर्विधं तु विज्ञेयमातोद्यं लक्षणान्वितम् ॥1॥

ततं तन्त्रीकृतं ज्ञेयमवनद्धं तु पौष्करम्।
घनं तालस्तु विज्ञेयः सुषिरो वंश उच्यते ॥2॥

प्रयोगस्त्रिविधो ह्येषां विज्ञेयो नाटकाश्रयः।
ततं चैवावनद्धं च तथा नाट्यकृतो ऽ परः ॥3॥

तते कुतपविन्यासो गायनः सपरिग्रहः।
वैपञ्चिको वैणिकश्च वंशवादस्तथैव च ॥4॥

मार्दङ्गिकः पाणविकस्तथा दार्दरिको ऽ परः।
अवनद्धविधावेष कुतपः समुदाहृतः ॥5॥

एवं गानं च वाद्यं च नाट्यं च विविधाश्रयम्।
अलातचक्रप्रतिमं कर्तव्यं नाट्ययोक्तृभिः ॥6॥

यत् तु तन्त्रीकृतं प्रोक्तं नानातोद्यसमाश्रयम्।
गान्धर्वमिति तज्ज्ञेयं स्वरतालपदात्मकम् ॥7॥

अस्य योनिर्भवेद् गानं वीणा वंशस्तथैव च।
एतेषां च वक्ष्यामि विधिं स्वरसमुत्थितम् ॥8॥

गान्धर्वं त्रिविधं विद्यात् स्वरतालपदात्मकम्।
त्रिविधस्यापि वक्ष्यामि लक्षणं कर्म चैव हि ॥9॥

॥ छब्बीसवाँ अध्याय ॥

आतोद्यविधान

लक्षणों से युक्त आतोद्य चार प्रकार का जानना चाहिए—तत, अवनद्ध, घन और सुषिर (1)। तन्त्री (तार) से बने वाद्य तत हैं। पुष्कर आदि (चमड़े से मढ़े) वाद्य अवनद्ध, (मंजीरे आदि) ताल वाद्य घन तथा वंशी आदि (फूँक कर बजाए जाने वाले वाद्य) सुषिर हैं (2)। नाटक के प्रयोग में इन वाद्यों का प्रयोग तीन प्रकार का जानना चाहिए—तत, अवनद्ध तथा नाट्यकृत (3)। 'तत' के प्रयोग में वैपंचिक (विपंची वीणा बजाने वाला), वीणावादक तथा बाँसुरी बजाने वाला—इनके साथ गायक बैठता है—यह तत-प्रयोग में कुतप विन्यास है (4)। मार्दंगिक[1], पाणविक[2] तथा दार्दरिक[3] क्रम से बैठें—यह अवनद्ध प्रयोग का कुतपविन्यास है (5)।

इस प्रकार नाट्य प्रयोक्ताओं को गान, वाद्य और नाट्य को प्रयोग में अलातचक्र के सामन मिलाकर प्रयुक्त करना चाहिए (6)।

स्वर, ताल और पद के अनुसार विभिन्न तन्त्रीवाद्यों का आश्रय लेना गान्धर्व है (7)। गायन, वीणा और वंशी इनके मूलस्रोत हैं। अब मैं स्वरों के योग से होने वाली इनकी विधि बताता हूं (8)। स्वर, ताल और पद के अनुसार गांधर्व तीन प्रकार का है। तीनों प्रकारों के लक्षण और कार्य अब बताता हूँ (9)।

---

1. मार्दंगिक—मृदंग बजाने वाला
2. पाणविक—पणव बजाने वाला
3. दार्दरिक—दर्दर बजानेवाला

द्व्यधिष्ठानाः स्वराः वैणाः शारीराश्च प्रकीर्तिताः।
एतेषां सम्प्रवक्ष्यामि विधानं लक्षणान्वितम् ॥10॥

स्वरा ग्रामौ मूर्च्छनाश्च तानाः स्थानानि वृत्तयः।
शुष्कं साधारणे वर्णा ह्यलङ्कारश्च धातवः ॥11॥

श्रुतयो यतयश्चैव नित्यं स्वरगतात्मकाः।
दारव्यां समवायस्तु वीणायां समुदाहृतः ॥12॥

स्वरा ग्रामावलङ्कारा वर्णाः स्थानानि जातयः।
साधारणे च शारीर्यां वीणायामेष सङ्ग्रहः ॥13॥

व्यञ्जनानि स्वरा वर्णाः सन्धयो ऽथ विभक्तयः।
नामाख्यातोपसर्गाश्च निपातास्तद्धिताः कृतः ॥14॥

छन्दोविधिरलङ्कारा ज्ञेयः पदगतो विधिः।
निबद्धं चानिबद्धं च द्विविधं तत्पदं स्मृतम् ॥15॥

ध्रुवस्त्वावापनिष्क्रामौ विक्षेपो ऽथ प्रवेशनम्।
शम्या तालः सन्निपातः परिवर्तः सवस्तुकः ॥16॥

मात्रा प्रकरणाङ्गानि विदारी यतयो लयाः।
गीतयो ऽवयवा मार्गाः पादमार्गाः सपाणयः ॥17॥

इत्येकविंशतिविधं ज्ञेयं तालगतं बुधैः।
गान्धर्वसङ्ग्रहो ह्येष विस्तरं तु निबोधत ॥18॥

❑

स्वरों के अधिष्ठान दो हैं—वैण (काष्ठ निर्मित वीणा में) तथा शारीर (मनुष्य देह रूपी वीणा में)। अब मैं लक्षणों से युक्त इनका विधान बताता हूँ (10)।

दारवी (काष्ठ की) वीणा में निम्नलिखित तत्त्वों का विधान है—स्वर, ग्राम, मूर्च्छना, तान, स्थान, वृत्ति, शुष्क, साधारण, वर्ण, अलंकार, धातु, श्रुति, यति ये इसमें स्वरगत रहते हैं (11, 12)। शारीरी वीणा में प्रयुक्त तत्त्वों का संग्रह यह है—स्वर, ग्राम, अलंकार, वर्ण, स्थान, जाति तथा साधारण (13)।

पदगत विधि में निम्नलिखित तत्त्व आते हैं—व्यंजन, स्वर, वर्ण, संधि, विभक्ति, नाम, आख्यात, उपसर्ग, निपात, तद्धित, कृदन्त, छन्दोविधि तथा अलंकार।

पद दो प्रकार का है—निबद्ध तथा अनिबद्ध (14, 15)।

तालगत गान्धर्व संग्रह में 21 तत्व हैं—ध्रुवा, आवाप, निष्क्राम, विक्षेप, प्रवेशन, शम्या, ताल, सन्निपात, परिवर्त, वस्तु, मात्रा, प्रकरण के अंग विदारी, यति, लय, गीति, अवयव, मार्ग, पादमार्ग तथा पाणि (16-18)।

❑

॥ अथ सप्तविंशोऽध्यायः ॥

षड्जोदीच्यवती चैव षड्जमध्या तथैव च।
मध्यपञ्चमबाहुल्यात् कार्या शृङ्गारहास्ययोः ॥1॥

षाड्जी त्वथार्षभी चैव स्वस्वरांशपरिग्रहात्।
वीररौद्राद्भुतेष्वेते प्रयोज्ये गानयोक्तृभिः ॥2॥

निषादें ऽशे तु नैषादी गान्धारे षड्जकैशिकी।
करुणे तु रसे कार्या जातिर्गानविशारदैः ॥3॥

धैवती धैवतांशे तु बीभत्से सभयानके।
ध्रुवाविधाने कर्तव्या जातिर्गाने प्रयत्नतः ॥4॥

गान्धारीरक्तगान्धार्यौ गान्धारांशोपपत्तितः।
करुणे तु रसे कार्ये निषादें ऽशे तथैव च ॥5॥

मध्यमा पञ्चमी चैव नन्दयन्ती तथैव च।
गान्धारपञ्चमी चैव मध्यमोदीच्यवा तथा।
मध्यपञ्चमबाहुल्यात् कार्या शृङ्गारहास्ययोः ॥6॥

कार्मारवी तथा चान्ध्री गान्धारोदीच्यवा तथा।
वीरे रौद्रे ऽ द्भुते कार्याः षड्जर्षभांशयोजिताः।
कैशिकी धैवतांशे तु बीभत्से सभयानके ॥7॥

एकैव षड्जमध्या ज्ञेया सर्वरससंश्रया जातिः।
तस्यास्त्वंशाः सर्वे स्वरास्तु विहिताः प्रयोगविधौ ॥8॥

॥ सत्ताईसवाँ अध्याय ॥

जाति विचार

[ध्रुवागायन में रसों के अनुसार जाति]—शृंगार और हास्य में षड्जोदीच्यवती तथा षड्जमध्या जाति का मध्यम और पंचम स्वर की बहुलता के साथ प्रयोग करना चाहिए (1)।

वीर, रौद्र तथा अद्भुत रसों में षाड्जी, आर्षभी का अपने-अपने स्वर के अंश के साथ गायकों को प्रयोग करना चाहिए (2)।

करुण रस में निषाद अंश के साथ नैषादी तथा गांधार अंश के साथ षड्जकैशिकी जाति का प्रयोग करना चाहिए (3)। बीभत्स तथा भयानक रस में धैवत अंश के साथ धैवती जाति का प्रयोग ध्रुवागान में करना चाहिए (4)। करुण रस में गांधार अंश के योग से गांधारी और रक्त गांधारी जातियों का प्रयोग हो सकता है, तथा निषाद अंश के साथ भी इनका प्रयोग हो सकता है (5)।

शृंगार तथा हास्य में मध्यम और पंचम स्वरों की बहुलता के साथ मध्यमा, पंचमी, नन्दयंती, गांधारपंचमी तथा मध्यमोदीच्यवती का प्रयोग भी हो सकता है (6)। वीर, रौद्र और अद्भुत रसों में षड्ज और ऋषभ अंश के योग से कार्मारवी, आंध्री तथा गांधारोदीच्यवा का प्रयोग हो सकता है तथा बीभत्स तथा भयानक में धैवत अंश के साथ कैशिकी का (7)।

एक अकेली षड्जमध्या जाति ही सभी रसों का आश्रय है, और सारे स्वर प्रयोगविधि में उसके अंश हैं (8)।

योो यदा बलवान् यस्मिन् स्वरो जातिसमाश्रयात्।
तत्प्रवृत्तं रसे कार्यं गानं गेये प्रयोक्तृभिः ॥9॥

मध्यपञ्चमभूयिष्ठं गानं शृङ्गारहास्ययोः।
षड्जर्षभप्रायकृतं वीररौद्राद्भुतेषु च ॥10॥

गान्धारसप्तमश्चायं करुणे गानमिष्यते।
तथा धैवतभूयिष्ठं बीभत्से सभयानके ॥11॥

□

जाति का आश्रय लेते हुए जिस रस के साथ जो स्वर बलवान हो, उसे आधार बनाकर प्रयोक्ता को गेय का गान करना चाहिए। (9) शृंगार और हास्य में मध्यम और पंचम का प्रयोग अधिक कर गायन होता है, वीर, रौद्र और अद्भुत में षड्ज और ऋषभ का; करुण में गांधार और सप्तम का तथा बीभत्स और भयानक में धैवत का (10, 11)।

❑

॥ अथ अष्टाविंशोऽध्यायः ॥

आतोद्यं सुषिरं नाम ज्ञेयं वंशगतं बुधैः।
वैण एव विधिस्तत्र स्वरग्रामसमाश्रयः ॥1॥

द्विकत्रिकचतुष्कास्तु ज्ञेया वंशगताः स्वराः।
कम्प्यमानार्धमुक्ताश्च व्यक्तमुक्तास्तथैव च ॥2॥

तत्रोपरि यथा ह्येकः स्वरो वैणस्वरान्तरे।
प्राप्नोत्यन्यत्वमेवेह तथा वंशगतो ऽपि हि ॥3॥

द्विकस्त्रिकश्चतुष्को वा श्रुतिसंख्यो भवेत् स्वरः।
अनीरणात् तु शेषाणां स्वराणां श्रुतिसम्भवम् ॥4॥

व्यक्तमुक्ताङ्गुलिस्तत्र स्वरो ज्ञेयश्चतुःश्रुतिः।
कम्प्यमानाङ्गुलिश्चैव त्रिश्रुतिः परिकीर्तितः ॥5॥

द्विकोऽर्धाङ्गुलिमुक्तः स्यादिति श्रुत्याश्रिताः स्वराः।
एते स्युर्मध्यमग्रामे भूयः षड्जाश्रिताः पुनः।
व्यक्तमुक्ताङ्गुलिकृताः षड्जमध्यमपञ्चमाः ॥6॥

ऋषभो धैवतश्चापि कम्प्यमानाङ्गुलीकृतौ।
अर्धमुक्ताङ्गुलिश्चैव गान्धारोऽथ निषादवान् ॥7॥

स्वरसाधारणे चापि काकल्यन्तरसंज्ञके।
निषादगान्धारकृतौ षड्जमध्यमयोरपि ॥8॥

॥ अट्ठाईसवाँ अध्याय ॥

सुषिर विधान

सुषिर नामक आतोद्य का प्रयोग वंशी के रूप में (नाट्य संगीत में) होता है। इसमें स्वर ग्राम की विधि वीणा के अनुसार ही होती है (1)। वंशी में होने वाले स्वर द्विक[1], त्रिक[2] चतुष्क[3] क्रमशः कंपमान, अर्धमुक्त तथा व्यक्तमुक्त होते हैं (2)। इसके आगे (यदि श्रुतियों का विस्तार किया जाय तो) जैसे वीणा का स्वर आरोही और उत्तरवर्ती स्वर से परिवर्तन प्राप्त कर लेता है वैसे ही वंश स्वरों की भी स्थिति होती है (3)। श्रुति की संख्या के अनुसार स्वर द्विक, त्रिक, या चतुष्क हो सकते हैं। फूँकने की गति या बाल के अनुसार शेष स्वर भी वंशी से फूट सकते हैं। (4)। व्यक्तमुक्त स्वर चार श्रुति वाला और कंपमान अंगुलि वाला स्वर तीन श्रुति वाला होता है। (5)। अर्धांगुलिमुक्त स्वर दो श्रुति वाला होता है–इस प्रकार ये श्रुति की संख्या पर आश्रित होते हैं। ये मध्यमग्राम में होने वाले श्रुत्याश्रित स्वर हैं। षड्जग्राम के श्रुत्याश्रित स्वरों में षड्ज, मध्यम और पंचम व्यक्त मुक्तांगुलि वाले होते हैं (6)। ऋषभ तथा धैवत कंपमान अंगुलि वाले तथा निषाद से युक्त धैवत अर्धमुक्तांगुलि होता है (7)।

साधारण स्वर तथा काकली स्वर भी कंपमानांगुलि होते हैं। निषाद तथा गांधार तथा षड्ज और मध्यम का विपर्यय श्रुतिलक्षण के सिद्धिभाव के कारण होता है। वंशी के स्वर वीणा और कंठ दोनों के प्रयोग में गति होने पर सिद्ध होते हैं। (8, 9)।

1-3. दो, तीन या चार श्रुतियों वाले स्वर। द्विक को कंपित, त्रिक को अर्धमुक्त और चतुष्क को व्यक्तमुक्त किया जाता है।

विपर्ययः सन्निकर्षे श्रुतिलक्षणसिद्धितः।
वैणकण्ठप्रवेशेन सिद्धा वंशाश्रिताः स्वराः ॥9॥

यं यं गाता स्वरं गच्छेत् तं तं वंशेन वादयेत्।
शारीरवैणवंश्यानामेकीभावः प्रशस्यते ॥10॥

अविचलितमविच्छिन्नं वर्णालङ्कारसंयुतं विधिवत्।
ललितं मधुरं स्निग्धं वेणोरेवं स्मृतं वाद्यम् ॥11॥

❑

गायक जिस-जिस स्वर की ओर जाये, उस स्वर को वंशी से बजाये। शारीर वीणा, काष्ठ वीणा, तथा वंशी का तालमेल प्रशंसनीय माना जाता है। अविचलित, अविच्छिन्न (न टूटता हुआ), वर्ण और अलंकार से युक्त, विधि सहित; ललित, मधुर तथा स्निग्ध ऐसा वेणु का वाद्य होता है (10-11)।

❑

॥ अथ ऊनत्रिंशोऽध्यायः ॥

वाद्यं तु यद् घनं प्रोक्तं कलापातलयान्वितम्।
कालस्तस्य प्रमाणं हि विज्ञेयं तालयोगतः ॥1॥

या लौकिकी कला काष्ठा निमेषश्च स्मृता बुधैः।
न सा तालकला ज्ञेया ह्यन्यैषां तालगाः कलाः ॥2॥

त्रिविधा सा च विज्ञेया त्रिमार्गनियताद्भुतैः।
चित्रे द्विमात्रा कर्तव्या वृत्तौ सा द्विगुणा स्मृता ॥3॥

चतुर्गुणा दक्षिणे स्यादित्येवं त्रिविधा कला।
निमेषा पञ्च विज्ञेयागीतकाले कलान्तरम् ॥4॥

ततः कलाकालकृतो लय इत्यभिसंज्ञितः।
त्रयो लयास्तु विज्ञेया द्रुतमध्यविलम्बिताः ॥5॥

त्र्यश्रश्चाचपुटे प्रोक्तो गुरुलघ्वक्षरान्वितः।
आदौ गुर्वक्षरं ज्ञेयं लघुनी गुरु चैव हि ॥6॥

आदौ द्वे गुरुणी यत्र लघु च प्लुतमेव च।
स विज्ञेयः प्रयोगज्ञैस्तालश्चञ्चत्पुटाश्रयः ॥7॥

सन्निपातस्ततः शम्या तालः शम्या तथैव च।
एवमेककलः शुद्धो योज्यश्चच्चत्पुटो बुधैः ॥8॥

शम्यातालौ द्विरभ्यस्तौ तालः शम्या तथापि वा।
सन्निपातादिके ज्ञेयः शम्यादिश्च तथा परः ॥9॥

॥ उन्तीसवाँ अध्याय ॥

ताल-विचार

कला, पात और लय से युक्त घन वाद्य का ताल के योग से प्रमाण काल होता है। (1)। लोक में जो कला, काष्ठा तथा निमेष हैं, उनको ताल की कला नहीं जानना चाहिए, ताल की कला लोक से भिन्न है (2)। तीन मार्गों[1] से नियत (निर्धारित) वह ताल की कला तीन प्रकार की जाननी चाहिए। चित्र मार्ग में दो मात्रा, वृत्ति या वार्तिक मार्ग में चार मात्रा तथा दक्षिण मार्ग में आठ मात्रा की 'कला' मानी जाती है। पाँच निमेष का समय गीत-काल में दो कलाओं के बीच का समय माना जाता है (3, 4)। कला और मात्रा के संयोग से लय उत्पन्न होता है। द्रुत, मध्य और विलंबित—ये तीन लय हैं (5)।

चञ्चत्पुट या चाचपुट ताल में प्रथम दो गुरु, फिर लघु और प्लुत का प्रयोग होता है। यह त्र्यश्र और चतुरश्र दो प्रकार का होता है। त्र्यश्र चाचपुट में पहले गुरु, फिर दो लघु और फिर गुरु का प्रयोग होता है (6, 7)।

इसकी पात कला इस प्रकार है—सन्निपात, शम्या, ताल और शम्या। इनसे एक कला वाला चाचपुट बनता है। अथवा शम्या-ताल, शम्या-ताल, ताल-शम्या, ताल-शम्या—यह भी पात कला हो सकती है (8, 9)।

---

1. मार्ग = पाणि।

तालादिश्च त्रिभिर्भेदैर्युतश्चञ्चतपुटो भवेत्।
शम्यादिकस्तु विज्ञेयस्तज्ज्ञैरासारितादिषु ॥10॥

तालादिस्तथा प्रोक्तो विद्वद्भिः पाणिकादिषु।
चञ्चत्पुटस्य ये भावाः सन्निपातादयश्च ये।
त एव भेदा विज्ञेया बुधैश्चाचपुटे पृथक् ॥11॥

सन्निपातादिकस्त्वस्य बलवानितरौ तथा।
षट्कलौऽष्टकलश्चैव तालो ह्यस्मात् प्रवर्तते ॥12॥

द्विप्रकारः पुनश्चायं निःशब्दःशब्दवांस्तथा।
अनयोर्मिश्रभावात् तु मिश्रस्तालः प्रकीर्तितः ॥13॥

शम्यातालप्रवेशेन त्र्यश्रोऽन्योऽपि विधीयते।
षट्पितापुत्रककृतः पञ्चपाणिरुदाहृतः ॥14॥

आद्यं प्लुतं द्वितीयं च लघु यत्राक्षरं भवेत्।
तृतीयं च चतुर्थं च गुरुणी पञ्चमं लघु ॥15॥

प्लुतान्तः षट्पितापुत्रो गुरुलाघवसंयुतः।
पञ्चपाणिः स विज्ञेयः षट्पातास्तु षडक्षरः ॥16॥

सन्निपातास्ततस्तालः शम्यातालस्तथैव च।
शम्या चैव हि तालश्च षट् पातास्तस्य कीर्तिताः ॥17॥

तालादिस्त्र्यश्रभेदो ऽ न्य सम्पक्वेष्टकसंज्ञितः।
गुरुपञ्चाक्षराद्यन्तप्लुतमात्रासमन्वितः ॥18॥

त्र्यश्रं सर्वगुरुं कृत्वा निष्क्रामं त्वत्र योजयेत्।
शम्याद्वयं ततस्त्वेष उद्घट्टः कथितो बुधैः ॥19॥

चतुरश्रस्त्रिभिर्भेदैस्तालस्तु परिकीर्तितः।
चतुष्कलो ह्यष्टकलः कलाः षोडश चैव हि ॥20॥

इस प्रकार चाचपुट के चार भेद हो जाते हैं–सन्निपातादि, शम्यादि, तथा तालादि। नाट्य में चाचपुट सन्निपात, शम्या, ताल और शम्या–इस पात कला से प्रयुक्त होता है, आसारित गीतों में शम्या-ताल, शम्या-ताल, ताल-शम्या, ताल-शम्या–इस क्रम से पाणिकादि गीतों में तालादि की पातकला होती है। चच्चत्पुट के भाव और सन्निपात आदि वैसे के वैसे ही चाचपुट में भी प्रयुक्त होते हैं (10, 11)। केवल इस (चाचपुट) का सन्निपात आदि अधिक बलवान् होता है। छः तथा आठ कलाओं वाले ताल इसी से प्रवृत्त होते हैं (12)। यह दो प्रकार का है–निःशब्द तथा शब्द वाला। इन दोनों के मिश्रण से मिश्रताल होता है। शम्या और ताल के मिश्रण से अन्य प्रकार का त्र्यश्र ताल बनता है, जिन्हें षट्पिता-पुत्रक या पंचपाणि कहते हैं (13, 14)।

जहाँ पहला अक्षर प्लुत तथा दूसरा लघु हो तृतीय चतुर्थ गुरु हों तथा पंचम फिर लघु हो और जो प्लुत में अंत होता हो–ऐसा गुरु-लघु से संयुक्त ताल षट्पिता-पुत्र है। इसी में छः पात और छः अक्षर होने पर पंचपाणि कहा जाता है (15, 16)।

सन्निपात, ताल, शम्या, ताल, शम्या, ताल ये इसके छः पात हैं (17)। ताल आदि के त्र्यश्र भेद में संपक्वेष्टक नामक ताल होता है, जिसके बीच के पाँच अक्षर गुरु तथा आदि और अन्त में प्लुत मात्राएँ होती हैं (18)। त्र्यश्र में सारे वर्ण गुरु रखे और कलाओं का क्रम इस प्रकार रखे–निष्क्राम, शम्या, शम्या–तो यह उद्घट्ट ताल कहा जाता है (19)। चतुरश्र ताल तीन प्रकार का होता है–चतुष्कल, अष्टकल तथा सोलह कलाओं वाला (20)।

त्र्यश्रस्तालस्तु षड्भेदस्त्रिकलः षट्कलस्तथा।
कला द्वादश चैव स्यात् चतुर्विंशतिरेव च ॥21॥

चत्वारिंशत् तथाष्टौ च तथा षण्णवतिः कलाः
तालो नवविधश्चायं समासात् परिकीर्तितः ॥22॥

तत्रावापो ऽथ निष्क्रामो विक्षेपो ऽथ प्रवेशनम्।
चतुर्विकल्प इत्येव निःशब्दः परिकीर्तितः ॥23॥

शम्या तालो ध्रुवश्चैव सन्निपातस्तथा परः।
इति शब्देन संयुक्तो विज्ञेयो ऽपि चतुर्विधः ॥24॥

एतेषामेव वक्ष्यामि हस्ताङ्गुलिविकल्पनम्।
उत्तानाङ्गुलिसङ्कोच आवाप इति संज्ञितः ॥25॥

निष्कामो ऽधोगतस्य स्यादङ्गुलीनां प्रसारणात्।
तस्य दक्षिणतः क्षेपो विक्षेप इति संज्ञितः ॥26॥

निवर्तनं च हस्तस्य प्रवेशो ऽधोमुखस्य तु।
यदा चतुष्कलो योगस्तदा त्वेष विधिः स्मृतः ॥27॥

निष्क्रामश्च प्रवेशश्च द्विकले परिकीर्तितौ।
आवापनिष्क्रामकृतो द्विकलो योग इष्यते ॥28॥

एषामन्तरपातास्तु पातसंज्ञाः प्रकीर्तिताः।
शम्या तालस्तु विज्ञेयः सन्निपातस्तथैव च ॥29॥

सव्यहस्तनिपातः स्याच्छम्या तालस्य वामतः।
हस्तयोस्तु समः पातः सन्निपात इति स्मृतः ॥30॥

कला या त्रिविधा प्रोक्ता तस्या पातो ध्रुवः स्मृतः।
यथाक्षरस्य तालस्य स च गुर्वक्षरे स्मृतः ॥31॥

यथाक्षरकृतैः पातैस्तालो ज्ञेयो यथाक्षरः।
गुर्वक्षरैश्च विश्लिष्टैः स एव द्विकलो भवेत् ॥32॥

त्र्यश्र ताल छः प्रकार का है–त्रिकल, षट्कल, द्वादशकल, चतुर्विंशतिकल (24 कलाओं वाला), अष्टचत्वारिंशत्कल (अड़तालीस कलाओं वाला) तथा षण्णवतिकल (96 कलाओं वाला)। इस प्रकार तीन सामान्य भेद तथा उपयुक्त छः भेद मिलाकर त्र्यश्र ताल के 9 भेद हो जाते हैं (21, 22)।

निःशब्द ताल के चार भेद हैं–आवाप, निष्क्राम, विक्षेप और प्रवेश (23)।

सशब्द ताल भी चार प्रकार का है–शम्या, ताल, ध्रुव तथा सन्निपात (24)।

अब मैं इन तालों में हाथ और अंगुलियों की क्रियाएँ बताता हूँ। ऊपर उठी अंगुलियों को सिकोड़ना आवाप है (25)। नीचे झुकी अंगुलियों को फैलाना निष्क्राम है। इनको दाहिनी ओर ले जाना विक्षेप है (26)। नीचे मुख वाले हाथ को पीछे लौटाना प्रवेश है। जब चतुष्कल ताल के प्रयोग में यह विधि है–निष्क्राम और प्रवेश दो कलाओं वाले होते हैं तथा आवाप और निष्क्राम भी दो कलाओं वाले होते हैं (27, 28)।

इनके बीच में होने वाली ताली को 'पात' कहा गया है। इनमें से दाहिने हाथ को बायें पर पटक कर ताली देना शम्या है। इसके विपरीत ताल है और दोनों हाथों की एक साथ गति करके मिलाकर ताल देना सन्निपात है (29, 30)।

इस प्रकार शम्या, ताल और सन्निपात ये 'पात' के तीन भेद हैं।

उपर्युक्त तीन प्रकार की कला में पात का प्रयोग ध्रुव है (एक मात्रा पर विराम के लिए किया जाने वाला पात 'ध्रुव' है।) यथाक्षर ताल में ध्रुव गुरु अक्षर पर होता है। अक्षरों के अनुसार जिसमें पात हो वह यथाक्षर ताल है। (31)।

द्विर्भावाद् द्विकलस्यापि विज्ञेयो ऽथ चतुष्कलः।
त्र्यश्रश्च चतुरश्रश्च षट्कलो ऽष्टकलः स्मृतः ॥33॥

ध्रुवाणां च भवेत् तालस्तं च वक्ष्यामि तत्त्वतः।
कनिष्ठाङ्गुलिनिष्क्रामः शम्या चैव ततो भवेत् ॥34॥

कनिष्ठानामिकाभ्यां तु निष्क्रामो ऽतो विधीयते।
ततश्च तालः कर्तव्यः शम्या चैव तु पञ्चमी ॥35॥

प्रवेशो मध्यमाषष्ठः कर्तव्यस्तर्जनीकृतः।
निष्क्रामः सन्निपातो ऽन्ते नित्यमष्टकलो भवेत् ॥36॥

शम्यापातो द्वितीया च तृतीया ताल एव च।
शम्या ततश्चतुर्थी तु पञ्चमी तर्जनी क्रमात् ॥37॥

षष्ठश्च सन्निपातः स्यादेष वै षट्कलो विधिः।
एष त्र्यश्रे कलापातविकल्पो ऽङ्गुलिभिः कृतः ॥38॥

अष्टौ तालस्तु षट् शम्याः सन्निपातास्त्रयस्तथा।
आसारिते विधिर्ह्येष एकैकं परिकीर्तितम् ॥39॥

आसारितानां संयोगो वर्धमानकमुच्यते।
उत्पत्तिं लक्षणं चास्य गदतो मे निबोधत ॥40॥

अतालं च सतालं च वर्धमानं द्विधा स्मृतम्।
चतस्रः कण्डिकाश्चैवं तावन्त्यासारितानि तु ॥41॥

ध्रुवकेण कलाभिश्च कण्डिका देवकल्पिताः।
वर्धमानशरीरे तु क्रियते मार्गयोजना ॥42॥

आद्या नवकला तु स्यादष्टाभिस्तत्परा स्मृता।
दश षट् च तथा चैव तृतीया कण्डिकेष्यते ॥43॥

चतुर्थी कण्डिका चैव द्वात्रिंशत् तु कलाः स्मृताः।
कलाभिरेवं निर्दिष्टाः कण्डिका वर्धमानके॥
केवलं मार्गसम्भूतास्तालयोगाङ्गवर्जिताः ॥44॥

❑

जब इसमें दो गुरु अक्षर अलग-अलग हों, तो यही द्विकल तथा द्विकल का दो बार प्रयोग हो तो यही चतुष्कल होता है (32-33)।

अब मैं ध्रुवाओं में त्र्यश्र तथा चतुरश्र ताल के जो षट्कल और अष्टकल भेद होते हैं उन्हें समझाता हूँ। (अष्टकल ताल में) कनिष्ठिका अंगुलि से निष्क्राम और शम्या, कनिष्ठिका और अनामिका अंगुलियों से निष्क्राम, ताल और शम्या, मध्यमा अंगुलि से प्रवेश और अँगूठे तथा तर्जनी से निष्क्राम और सन्निपात को प्रदर्शित करना चाहिए (34-36)।

त्र्यश्र में अंगुलियों के द्वारा कलापात विभाग को प्रदर्शित करने की विधि यह है—(षट्कल ताल की) प्रथम कला में कनिष्ठा अंगुलि के द्वारा निष्क्राम, दूसरी में शम्या, तीसरी में ताल, चौथी में शम्या और पाँचवीं में तर्जनी से शम्या और सन्निपात का प्रदर्शन किया जाय (37-38)।

आठ ताल, छः शम्या और तीन सन्निपात मिलकर आसारित बनता है। आसारितों का संयोग वर्धमान है। इसकी उत्पत्ति और लक्षण मैं बताता हूँ। (39-40)। वर्धमान दो प्रकार का है—ताल रहित और तालयुक्त। इसमें चार भाग होते हैं और उनके अनुसार चार ही आसारित हैं (41)। देवों ने ध्रुवाओं के अनुसार इसके प्रत्येक भाग की कलाओं को निर्मित किया। इस वर्धमान के स्वरूप में मार्गों की भी योजना की जाती है। प्रथम कंडिका या प्रथम भाग में नौ, दूसरे में आठ, तीसरे में सोलह और चौथे में बत्तीस कलाएँ होती हैं। इस प्रकार वर्धमान के प्रत्येक भाग में कलाओं की योजना की जाती है, जो मार्ग से उत्पन्न हों तथा आसारित के [मुख, प्रतिमुख, देहसंहरण विभाग आदि] अंगों तथा आसारित के ताल से रहित हों (42-43)।

❑

॥ अथ त्रिंशोऽध्यायः ॥

या ऋचः पाणिका गाथाः सप्तरूपाङ्ग एव च।
सप्तरूपप्रमाणं हि तत् ध्रुवेत्यभिसंज्ञितम् ॥1॥

एभ्यस्त्वङ्गान्यथोद्धृत्य नानाच्छन्दः कृतानि तु।
ध्रुवात्वं यानि गच्छन्ति तानि वक्ष्याम्यहं पुनः ॥2॥

मुखं प्रतिमुखं चैव वैहायसिकमेव तु।
स्थितप्रवृत्ते वज्रं च सन्धिः संहरणं तथा ॥3॥

प्रस्तारो माषघातः स्यादुपवर्तनमेव च।
उपपातः प्रवेणी च चतुरश्रं सशीर्षकम् ॥4॥

सम्पिष्टमन्ताहरणं माहाजनिकमेव च।
ध्रुवाणामङ्गसंज्ञानि पञ्चानामपि नित्यशः ॥5॥

एकवस्तु ध्रुवा ज्ञेया द्विवस्तु परिगीतिका।
त्रिवस्तु मद्रकं ज्ञेयं चतुर्वस्तु चतुष्पदा ॥6॥

ध्रुवा वर्णास्त्वलङ्कारा यतयः पाणयो लयाः।
ध्रुवमन्योन्यसम्बद्धा यस्मात् तस्माद् ध्रुवाः स्मृताः ॥7॥

उपवृत्तं प्रवृत्तं च प्रावेशिक्यां प्रकीर्त्यते।
वज्रं च शीर्षकं चैव शीर्षिकायां विनिर्दिशेत् ॥8॥

प्रस्वारो माषघातश्च माहाजनिकमेव च।
प्रवेणी ह्युपघातश्च अड्डितायामथापि च ॥9॥

॥ तीसवाँ अध्याय ॥

ध्रुवा-विचार

जो ऋक्, पाणिका तथा सप्त गीतांग और वर्णांग त्र्यश्र, चतुरश्र, आदि सप्त रूप प्रमाणों वाले हैं, वे मिलकर ध्रुवा कहलाते हैं। इन अंगों से विभिन्न छन्दों के अनुसार ध्रुवाएँ बनती हैं, जिन्हें मैं बताता हूँ (1, 2)।

पाँचों प्रकार की ध्रुवाओं के अंग हैं–मुख, प्रतिमुख, वैहायसिक, स्थित, प्रवृत्त, वज्र, संधि, संहरण, प्रस्तार, उपवर्तन, माषधात, चतुरश्र, उपपात, प्रवेणी, शीर्षक, संपिष्टक, अंताहरण और महाजनिक (3-5)।

एक वस्तु में निबद्ध गीत ध्रुवा है, दो वस्तु में निबद्ध गीत परिगीतिका, तीन में निबद्ध मद्रक, तथा चार वस्तु में निबद्ध गीत चतुष्पदा है (6)

ध्रुवा, वर्ण, अलंकार, यति पाणि तथा लय–ये ध्रुव (निश्चित) रूप से एक दूसरे से संबद्ध हैं अतः इन्हें ध्रुवाएँ कहते हैं (7)।

उपवृत्त तथा प्रवृत्त प्रावेशिकी में; वज्र तथा शीर्षक शीर्षिका में; और प्रस्तार, माषघात, महाजनिक, प्रवेणी तथा उपाघात अड्डिता में होते हैं (8, 9)।

मुखप्रतिमुखोपेता ह्यवकृष्टा विधीयते।
वैहायसान्तहरणे स्थितायां सम्प्रकीर्त्यते ॥10॥

संहारश्चतुरश्रश्च नकुटे खञ्जके तथा।
सन्धिः प्रस्वारसंयुक्ता अन्तरायां स्मृता तथा ॥11॥

यान्यङ्गानि कलाश्चैव गीतकान्तर्गतानि तु।
तानि छन्दोगतैर्वृत्तैर्विभाव्यन्ते ध्रुवास्वथ ॥12॥

त्र्यश्रश्च चतुरश्रश्च तालः कार्यो ध्रुवात्मकः।
षट्कलो ऽष्टकलश्चैव यस्तु पूर्वं प्रकीर्तितः ॥13॥

पूर्वेषामेव गीतानां यान्यङ्गानि स्मृतान्यथ।
तेषां वृत्तविधौ कार्यमेकको विवधो ऽथवा ॥14॥

एककं तु विदार्येका ते चोभे विवधः स्मृतः।
षट्परं त्र्यवरं वापि विदार्या वृत्तमिष्यते।
पदवर्णसमाप्तिस्तु विदारीत्यभिसंज्ञिता ॥15॥

एतेषां चापि वक्ष्यामि विधिं प्रकृति सम्भवम्।
ज्येष्ठानां वृत्तसंयुक्तं कुर्यादादौ तथैव च ॥
विवधं चैव मध्यानां नीचानामेककं तथा ॥16॥

त्र्यश्रं वा चतुरश्रं वा योगं ज्ञात्वा प्रयोगजम्।
तेन प्रमाणयोगेन ध्रुवा कार्या ऽवसानिकी ॥17॥

मध्यमोत्तमयोः कार्या चतुरश्रावसानिकी।
मध्याधमानां कर्तव्या त्र्यश्रा चैवावसानिकी ॥18॥

ध्रुवास्तु पञ्च विज्ञेया नाना वृत्तसमुद्भवाः।
यथास्थानरसोपेता ह्युत्तमाधममध्यमाः ॥19॥

कनीयसीग्रहा काचित् सन्निपातग्रहापरा।
तथाकाशग्रहा काचित् त्रिविधा तु ध्रुवा स्मृता ॥20॥

अवकृष्टा ध्रुवा मुख तथा प्रतिमुख के साथ प्रयुक्त होती है। स्थिता ध्रुवा में वैहायस और अंताहरण होते हैं (10)। नकुट तथा खंजक में सहार और चतुरश्र होते हैं। प्रस्तार से युक्त संधि अंतरा ध्रुवा में होती है (11)।

गीतक के अंतर्गत जो अंग और कलाएँ हैं, वे ध्रुवाओं में भी जाने जाते हैं। ध्रुवा के साथ त्र्यश्र या चतुरश्र ताल का प्रयोग होता है जिसमें छः या आठ कलाएँ होती हैं, जिनका निर्देश पहले किया गया है (12, 13)

गीतों के जो अंग बताए हैं उनकी वृत्तविधि (छंदोविधान) में एकक और विविध प्रयोग होता है (14)। एकक एक विदारी से होता है, दो विदारियों से विवध बनता है। छः से अधिक या तीन से कम विदारियों से वृत्त बनता है। पद और वर्ण की समाप्ति विदारी है (15)।

नाट्य प्रयोग में विभिन्न भूमिकाओं के अनुसार मैं अब इनकी प्रयोग विधि बताता हूँ। उत्तम पात्रों के गीत या ध्रुवा में वृत्त, मध्यम पात्रों की ध्रुवा में विवध तथा नीच पात्रों की ध्रुवा में एकक का प्रयोग होता है (16)। त्र्यश्र या चतुरश्र ताल का प्रयोग के अनुसार योग करके उसके प्रमाण से अवसानिकी ध्रुवा की जानी चाहिए (17)।

मध्यम और उत्तम पात्रों के लिए चतुरश्रा अवसानिकी ध्रुवा की जाय तथा अधम पात्रों के लिए त्र्यश्रा अवसानिकी (18)। विभिन्न छंदों में निर्मित उपयुक्त स्थान पर (यथावसर) रसों ये युक्त उत्तम मध्यम और अधम पात्रों की ध्रुवाएँ पाँच प्रकार की होती हैं (19)। ग्रह की दृष्टि से ध्रुवाओं के तीन वर्ग बनते हैं—कनीयसीग्रहा, सन्निपातग्रहा और आकाशग्रहा (20)।

प्रावेशिकी तु प्रथमा द्वितीया ऽ ऽ क्षेपिकी मता।
प्रासादिकी तृतीया च चतुर्थी चान्तरा ध्रुवा ॥
निष्क्रामिकी च विज्ञेया पञ्चमी वृत्तकर्मणि ॥21॥

गान्धर्वं यन्मया प्रोक्तं स्वरतालपदात्मकम्।
पदं तस्य भवेद् वस्तु स्वरतालानुभावकम् ॥22॥

यत् स्यादक्षरसम्बद्धं तत् सर्वं पदसंज्ञितम्।
निबद्धं चानिबद्धं च येन तेन द्विधा स्मृतम् ॥23॥

अतालं च सतालं च द्विप्रकारं तदुच्यते।
सतालं च ध्रुवार्थेषु निबद्धं सर्वसाधकम् ॥24॥

यत् तु वाक् करणोपेतं सर्वातोद्यानुरञ्जकम्।
अतालमनिबद्धं च पदतालं प्रकीर्तितम् ॥25॥

नियताक्षरसम्बद्धं छन्दो यतिसमन्वितम्।
निबद्धं तु पदं ज्ञेयं सतालपतनाक्षरम् ॥26॥

अनिबद्धाक्षराणि स्युर्यानि जातिकृतानि तु।
आतोद्यकरणैस्तेषां विधानमभिनिर्मितम् ॥27॥

पदानि त्वनिबद्धानि तालेन रहितानि तु।
आतोद्येषु नियुक्तानि तानि तानि तु रञ्जयेत् ॥28॥

यानि चैवं निबद्धानि छन्दोवृत्तविधानतः।
ध्रुवारूपाणि पूर्वाणि तानि वक्ष्यामि तत्त्वतः ॥29॥

अत्युक्तं च प्रतिष्ठं च मध्यं गायत्रमेव च।
एताः स्थितावकृष्टास्तु त्र्यस्रा ज्ञेयास्तु जातयः ॥30॥

उष्णिगनुष्टुप् बृहती पङ्क्तिश्चेतीह जातयः।
एताः प्रासादिकीनां तु त्र्यश्रा ज्ञेया यथाक्रमम् ॥31॥

वृत्त (छंदों) के अनुसार प्रावेशिकी, आक्षेपिकी, प्रासादिकी आंतरा और नैष्क्रामिकी—ये पाँच प्रकार की ध्रुवाएँ होती हैं (21)।

स्वर, ताल और पदों से निर्मित जिस गांधर्व को मैंने पहले बताया उसका स्वर और ताल को प्रकाशित करने वाला भाग पद या वस्तु है (22)। अक्षरों से निर्मित गेय वस्तु पद है। वह निबद्ध तथा अनिबद्ध—दो प्रकार का होता है। इसी के अताल और सताल दो भेद और बनते हैं। ध्रुवाओं के लिए निबद्ध सताल पद ही सर्वसाधक है। जो करणों (उपकरणों) से सबंद्ध हो, सभी वाद्यों का उपरंजक ही वह अताल और अनिबद्ध पद होता है (25)। निर्धारित अक्षरों से बना, छंद तथा यति से समन्वित, ताल पर अक्षरों की समाप्ति वाला पद निबद्ध है (26)। जाति के अनुसार पाए गए अक्षर अनिबद्ध पद बनाते हैं। आतोद्य के उपकरणों के अनुसार इनके गाने का विधान होता है (27)।

ताल रहित अनिबद्ध पद विभिन्न वाद्यों पर गाए जाएँ तो गायन में रंजकता आ जाती है (28)। छंदों के अनुसार जो ध्रुवा रूप निबद्ध पद हैं उनका स्वरूप अब मैं बताता हूँ (29)। अत्यक्त, प्रतिष्ठ तथा मध्यगायत्र—ये तीन स्थितावकृष्टा ध्रुवा में प्रयुक्त होते हैं (30)। उष्णिक्, अनुष्टुप्, बृहती तथा पंक्ति—इनकी जातियाँ प्रासादिकी ध्रुवा में गायी जाती हैं (31)।

अनुष्टुप् बृहती चैव जगत्यथ विलम्बिता।
द्रुता च चपला चैवमुद्गता कृतिरेव च।
ध्रुवाणां जातयो ह्येताः प्रयोगेषु प्रकीर्तिताः ॥32॥

प्रावेशिकीनां जातीनामुद्धतानां निबोधत।
पङ्क्तिस्त्रिष्टुप् सजगती तथा ऽतिजगती पुनः।
शक्करी चेति निर्दिष्टा उद्धतानां तु जातयः ॥33॥

सर्वासामेव जातीनां त्रिविधं वृत्तमुच्यते।
गुरुप्रायं लघुप्रायं गुरुलघ्वक्षरं तथा ॥34॥

गुरुप्रायावकृष्टा स्याल्लघुप्राया द्रुता तथा।
गुरुलघ्वक्षरप्रायाः शेषाः कार्या ध्रुवास्तथा ॥35॥

वृत्तान्योजःकृतानि स्युर्दुःखे यानि भवन्ति हि।
तानि द्रुतासु योज्यानि लघुयुग्मकृतानि तु ॥36॥

यानि चाल्पाक्षराणि स्युरल्पच्छन्दःकृतानि तु।
तानि स्थितावकृष्टासु कार्याण्याक्षेपिकीषु च ॥37॥

प्रवेशाक्षेपनिष्क्रामप्रासादिकमथान्तरम्।
गानं पञ्चविधं विद्याद् ध्रुवायोगसमन्वितम् ॥38॥

नानारसार्थयुक्ता नृणां या गीतये प्रवेशे तु।
प्रावेशिकी तु नाम्ना विज्ञेया सा ध्रुवा तज्ज्ञैः ॥39॥

अङ्कान्ते निष्क्रमणे पात्राणां गीयते प्रयोगेषु।
निष्क्रामोपगतगुणां विद्यान्नैष्क्रामिकीं तां तु ॥40॥

क्रममुल्लङ्घ्य विधिज्ञैः क्रियते या द्रुतलयेन नाट्यविधौ।
आक्षेपिकी ध्रुवासौ द्रुता स्थिता वापि विज्ञेया ॥41॥

या च रसान्तरमुपगतमाक्षेपवशात् कृतं प्रसादयति।
रागप्रसादजननीं विद्यात् प्रासादिकीं तां तु ॥42॥

द्रुता ध्रुवा में प्रयुक्त होने वाले छंदों की जातियाँ अनुष्टुप्, बृहती, जगती, विलंबिता, द्रुता तथा चपला, उद्गता तथा कृति हैं (32)।

उद्धता (उद्धत पात्रों के लिए गायी जाने वाली) प्रावेशिकी ध्रुवा में छंदों की निम्नलिखित जातियाँ प्रयुक्त होती हैं—पंक्ति, त्रिष्टुप्, जगती, अतिजगती तथा शक्करी (33)। सभी जातियों में तीन प्रकार का वृत्त काम में आता है—गुरुप्राय, लघुप्राय तथा गुरु और लघु दोनों प्रकार के अक्षरों वाला (34)। अवकृष्टा ध्रुवा गुरु प्राय होती है, द्रुता लघुप्राय तथा शेष ध्रुवाएँ गुरु-लघु दोनों प्रकार के अक्षरों वाली होती हैं (35)। ओजस् गुण वाले वृत्त जो दुःख के प्रसंग में गाए जाते हैं, उनका प्रयोग लघु अक्षरों के युग्म के साथ द्रुता ध्रुवा में होता है (36)। जो कम अक्षर और छोटे छंदों में हों, वे स्थितावकृष्टा तथा आक्षेपिकी ध्रुवाओं में काम में आते हैं (37)।

उपर्युक्त पाँच प्रकार की ध्रुवाएँ इन पाँच अवसरों पर क्रमशः गायी जाती हैं—(पात्र का) प्रवेश, आक्षेप निष्क्राम, (पात्र का निर्गमन), प्रसाद (प्रसन्न करना) तथा अंतर (बीच का अंतराल) (38)।

विभिन्न रसों के अर्थ से युक्त, जो पात्रों के प्रवेश के समय गायी जाय वह प्रावेशिकी है (39)।

अंक के अंत में, पात्रों के निष्क्रमण के अवसर पर गायी जाने वाली निष्क्रमण के भाव को बताने वाली ध्रुवा नैष्क्रामिकी है (40)।

क्रम का उल्लंघन कर नाट्यविधि में द्रुत लय में प्रयोग के जानकार जिस ध्रुवा का प्रयोग करते हैं, वह आक्षेपिकी या स्थिता कहलाती है (41)।

आक्षेपवश आए अन्य रस (अंगभूत या अप्रधान रस) के प्रसंग को हटाकर जो प्रेक्षकों के चित्त को प्रसन्न करे, वह प्रासादिकी ध्रुवा है (42)।

विषण्णे मूर्च्छिते भ्रान्ते वस्त्राभरणसंयमे।
दोषप्रच्छादने या च गीयते सान्तरा ध्रुवा ॥43॥

शीर्षका चोद्धता चैव ह्यनुबद्धा विलम्बिता।
अड्डिता चापकृष्टा च षट्प्रकारा ध्रुवाः स्मृता ॥44॥

शिरःस्थानीयमेतद्धि यस्मात् तस्मात् तु शीर्षका।
उद्धता तूद्धता यस्मात् तस्मात् ज्ञेया ध्रुवा बुधैः ॥45॥

यतिं लयं वाद्यगतिं पदं वर्णान् स्वराक्षरम्।
अनुबध्नाति यत्रैवमनुबद्धा भवेत् तु सा ॥46॥

नाति त्वरितसञ्चारा नाट्यधर्ममनुव्रता।
सविलम्बितसञ्चारा भवेदथ विलम्बिता ॥47॥

अड्डिता तूत्कटगुणा शृङ्गाररससम्भवा।
यस्मात् सा स्थाने प्रसन्ना च तस्मादेषाड्डिता स्मृता ॥48॥

अन्य भावेषु कृष्टा च कृष्टहेतुषु गीयते।
यस्मात् कारुण्यसंयुक्ता ह्यवकृष्टा भवेत् ततः ॥49॥

❑

पात्र के विषादग्रस्त होने, मूर्च्छित या भ्रांत होने, वस्त्र और आभरण पहनते समय, दोषों (मंच पर कार्यव्यापार के दोष) को ढकने के लिए जो गायी जाय, वह आंतरा ध्रुवा है (43)।

ध्रुवाओं के छः अन्य प्रकार और हैं–शीर्षका, उद्धता, अनुबद्धा, विलंबिता, अड्डिता तथा अपकृष्टा (44)। ध्रुवाओं में शीर्षस्थानीय ध्रुवा शीर्षका है। उद्धत भावों वाली ध्रुवा उद्धता है (45) जिसमें यति, लय, वाद्यगति, पद, वर्ण, स्वर, अक्षर–सभी अनुबद्ध हों, वह अनुबद्धा है (46)।

जो अत्यंत त्वरित गति वाली न हो, नाट्यधर्म का अनुसरण करने वाली हो और जिसमें पात्रों का संचार विलंबित (धीरे-धीरे) हो वह विलंबिता ध्रुवा है (47)। शृंगार रस से उद्भूत किंतु उत्कट गुण वाली और उचित अवसर पर प्रसन्न करने वाली ध्रुवा अड्डिता है (48)। अन्य भावों से आकृष्ट या कृष्ट हेतुओं में गायी जाने वाली कारुण्य से संयुक्त ध्रुवा अवकृष्टा है (49)।

❑

॥ अथ एकत्रिंशोऽध्यायः ॥

यावन्ति चर्मनद्धानि ह्यातोद्यानि द्विजोत्तमाः।
तानि त्रिपुष्करकाद्यानि ह्यवनद्धमिति स्मृतम् ॥1॥

वाय्वात्मको भवेच्छब्दः स चापि द्विविधो मतः।
स्वरवांश्चैव विज्ञेयस्तथा चैवाभिधानवान् ॥2॥

तत्राभिधानवान् नाम नाना भाषासमाश्रयः।
स्वरवानपि विज्ञेयो नानातोद्यसमाश्रयः ॥3॥

शारीर्यामेव वीणायां स्वराः सप्तप्रकीर्तिताः।
तेभ्यो विनिःसृताश्चैवमातोद्येषु द्विजोत्तमाः ॥4॥

पूर्वं शरीरादुद्भूतास्ततो गच्छन्ति दारवीम्।
ततः पुष्करजं चैवमनुयान्ति ध्वनिं युताः ॥5॥

तेषां वाक्करणैर्ज्ञेयाः प्रहारा वचनाश्रयाः।
झण्टुं झाँझेति संयुक्ता वीणावाद्यप्रयोगिनः ॥6॥

षोडशाक्षरसम्पन्नं चतुर्मार्गं तथैव च।
द्विलेपनं षट्करणं त्रियति त्रिलयं तथा ॥7॥

त्रिगतं त्रिप्रचारं च त्रिसंयोगं त्रिपाणिकम्।
दशार्धपाणिप्रहतं त्रिप्रहारं त्रिमार्जनम् ॥8॥

विंशत्यलङ्कारयुतं तथाष्टादशजातिकम्।
एभिः प्रकारैः सम्पन्नं वाद्यं पुष्करजं भवेत् ॥9॥

॥ इकतीसवाँ अध्याय ॥

अवनद्ध-विधान

जितने भी चमड़े से मढ़े त्रिपुष्कर आदि वाद्य हैं, वे अवनद्ध के अंतर्गत आते हैं (1)। अवनद्ध में शब्द वायु के कारण होता है। वह दो प्रकार का होता है—स्वरवान् तथा अभिधानवान् (2)। अभिधानवान् में विभिन्न भाषाओं का आश्रय (सार्थक शब्द समूह) होता है, जबकि स्वरवान् विभिन्न वाद्यों के अपने शब्दों पर आश्रित है (3)। शारीरी वीणा (कंठ संगीत) में सात स्वर होते हैं। उन्हीं का आश्रय विभिन्न वाद्यों में लिया जाता है (4)। पहले शरीर से उत्पन्न हुए, फिर दारुवीणा में प्रयुक्त हुए, फिर ये स्वर ध्वनियुक्त होकर पुष्कर-वाद्यों में अनुगत होते हैं (5)।

इन अवनद्ध वाद्यों पर झंटु झाँझ आदि बोल बोलते हुए ताल बजायी जाती है और वीणा आदि वाद्यों के साथ इनका प्रयोग होता है (6)।

सोलह अक्षरों से संपन्न, चार मार्गों वाला, दो लेपन वाला, छः करण वाला, तीन यतियों और तीन लयों वाला, तीन गतियों और तीन प्रचार वाला, त्रिसंयोग त्रिपाणि, पंचपाणि के प्रहार से युक्त या त्रिप्रहार, तीन मार्जना वाला और बीस अलंकारों से युक्त तथा अठारह जाति वाला—इस प्रकार से संपन्न पुष्कर वाद्य होता है (7-9)।

कखगघटठडढतथदधमरलह इति षोडशाक्षराणीह।
नियतं पुष्करवाद्ये वाक्करणैः संविधेयानि ॥10॥

आलिप्ताङ्कितगोमुखवितस्ताश्चत्वारो मार्गाः द्विलेपं नाम वामोर्ध्वकप्रलेपात्। षट्करणं नाम रूपं कृतप्रतिकृतं प्रतिभेदो रूपशेषमोघः प्रतिशुल्का चेति। त्रियतिर्नाम समा स्रोतोगता गोपुच्छा चेत्यन्वयात्। त्रिलयं नाम द्रुतमध्यविलम्बितयोगात्। त्रिगतं नाम तत्त्वमनुगतमोघश्चेति। त्रिप्रचारं नाम समप्रचारो विषमप्रचारो समविषमप्रचारश्चेति। त्रिसंयोगं नाम। गुरुसंयोगो लघुसंयोगे गुरुलघुसंयोगश्चेति। त्रिपाणिकं नाम समपाणि-रवपाणिरूपरिपाणिश्चेति। पञ्चपाणिप्रहतं नाम समपाणिरर्धसमपाणिरर्धार्धस-मपाणिः पार्श्वपाणिः प्रदेशिनी चेति।

त्रिप्रहारं नाम निगृहीतोऽर्धनिगृहीतो मुक्तश्चेति।
त्रिमार्जनं नाम-मायूर्यर्धमायूरी कार्मारवी चेति ॥11॥

शृङ्गारहास्ययोगे वाद्यं योज्यं तथाङ्डिते मार्गे।
वीराद्भुतरौद्राणी विततस्तमार्गेण वाद्र्यं तु ॥12॥
करुणे रसेऽपि हि वाद्यं योज्यं ह्यालिप्तकरणमार्गे तु।
बीभत्सभयानकयोस्तथैव नित्यं हि गोमुख्याम् ॥13॥

तत्रोपविष्टे प्राङ्मुखे रङ्गे कुतप एव विन्यासः कर्तव्यः। तत्र पूर्वोक्तयोर्नेपथ्यगृहद्वारयोर्मध्ये कुतपविन्यासः कार्यः। तत्र रङ्गाभिमुखो मौरजिकस्तस्य पाणविकदर्दरिकौ वामतः। एष प्रथममवनद्धकेन तस्य ततः कुतपविन्यास उक्तः तत्रोत्तराभिमुखो गायकः। गायकस्य तु वामपार्श्वे वैणिकः। वैणिकस्य दक्षिणेन वंशवादकौ। गातुरभिमुखं गायिका। इति कुतप विन्यासः ॥14॥

❑

क, ख, ग, घ, ट, ठ, ड, ढ, त, थ, द, ध, म, र, ल, ह—ये इसके सोलह अक्षर हैं, जिनका प्रयोग ताल के बोल बोलने में होता है (10)। आलिप्त, अंकित, गोमुख और वितस्त ये चार मार्ग हैं। बायीं ओर और ऊपर की ओर—इस प्रकार दो प्रकार का लेप होता है। रूप, कृतप्रतिकृत, प्रतिभेद, रूपशेष, ओघ और प्रतिशुल्का—ये छः कारण हैं। समा, स्रोतोगता और गोपुच्छा—ये तीन यतियाँ हैं। द्रुत, मध्य और विलंबित—ये तीन लय हैं। तत्व अनुगत और ओघ—यह त्रिगत है। समप्रचार, विषम प्रचार और समविषम प्रचार—यह तीन प्रकार का प्रचार है। गुरु संयोग, लघु संयोग और गुरु-लघुसंयोग—यह तीन प्रकार का संयोग है। समपाणि, अवपाणि और उपरिपाणि—यह तीन प्रकार का पाणि है। समपाणि, अर्धसमपाणि, अर्धार्ध समपाणि, पार्श्वपाणि और प्रदेशिनी—यह पंचपाणिप्रहृत है। निगृहीत अर्धनिगृहीत और मुक्त—यह त्रिप्रहार है। मयूरी, अर्धमायूरी और कार्मारवी—ये तीन मार्जनाएँ हैं (11)।

शृंगार और हास्य के योग में वाद्य को अड्डित मार्ग में योजित करना चाहिए। वीर, अद्भुत और रौद्र में वितस्त मार्ग में (12)। करुण रस में आलिप्त करण मार्ग में वाद्य योजित करना चाहिए तथा वीभत्स और भयानक में नित्य गोमुखी में (13)।

पूर्व की ओर मुख रखते हुए रंगमंच पर कुतप का विन्यास इस प्रकार करना चाहिए। यह कुतप विन्यास नेपथ्यगृह के पूर्वोक्त दोनों द्वारों के बीच होता है। प्रेक्षकों के सामने मुरज बजाने वाला बैठता है, पणव और दर्दर बजाने वाले उसके बाएँ बैठते हैं। यह अवनद्ध कुतप का विन्यास बताया। उत्तर की ओर मुख करके गायक बैठता है, उसके बायीं ओर वीणा बजाने वाला, वीणावादक के दाहिनी ओर बाँसुरी बजाने वाला। गायक के सामने मुख करके गायिका बैठती है (14)।

❑

॥ अथ द्वात्रिंशोऽध्यायः ॥

आचार्यः पात्रजांश्चैव गुणान् ज्ञात्वा स्वभावजान्।
ततः कुर्याद् यथायोगं नृणां भूमिनिवेशनम् ॥1॥
अङ्गप्रत्यङ्गसंयुक्तमहीनाङ्गं वयोन्वितम्।
न स्थूलं न कृशं चैव न दीर्घं न च मन्थरम् ॥2॥
श्लिष्टाङ्गं द्युतिमन्तं च सुस्वरं प्रियदर्शनम्।
एतैर्गुणैश्च संयुक्तं देवभूमिषु योजयेत् ॥3॥
स्थूलं प्राशुं बृहद्देहं मेघगम्भीरनिः स्वनम्।
रौद्रस्वभावनेत्रं च स्वभावभ्रुकुटीमुखम् ॥
रक्षो दानवदैत्यानां भूमिकासु प्रयोजयेत्। ॥4॥
यदि वा नेदृशाः सन्ति प्रकृत्या पुरुषा द्विजाः।
आचार्यबुद्ध्या योज्यास्तु भावचेष्टास्वभावतः ॥5॥
या यस्य सदृशी चेष्टा ह्युत्तमाधममध्यमा।
सा तथा ऽऽचार्ययोगेन नियम्या भावभाविनी ॥6॥
भरताश्रयाश्च भरतो विदूषकस्तौरिकस्तथा नान्दी।
[तौरिको नटो वादी।]
नान्दी ससूत्रधारो नाट्यकरो नायकश्चैव ॥7॥
मुकुटाभरणविकल्पैर्विज्ञेया माल्यवस्तुविविधैश्च।
कारुककुशीलवाद्या विज्ञेया नामतश्चैव ॥8॥

❑

॥ बत्तीसवाँ अध्याय ॥

आचार्य नाटक के पात्रों के स्वभावगत गुणों को पहचान कर जो जिस अभिनेता के अनुरूप हो, वैसी भूमिका उसे दे (1)। जिसके अंग-प्रत्यंग ठीक हो, कोई अंग कम न हो, उचित आयु हो, जो न बहुत मोटा हो, न दुर्बल, न बहुत लंबा हो, न बौना, जो संश्लिष्ट अंगों वाला, कांति से युक्त, अच्छे स्वर वाला, देखने में प्रिय लगने वाला हो—ऐसे नट को देवता की भूमिका दे (2-3)।

जो मोटा, लंबा, विशालकाय, मेघ के समान गंभीर स्वर वाला, रौद्र स्वभाव और रौद्र नेत्रों वाला, स्वभावतः टेढ़ी भौंहों वाला हो—ऐसे नट को राक्षसों की भूमिका दे (4)।

यदि भूमिका के अनुरूप पुरुष न मिले तो आचार्य अपनी बुद्धि से भाव, चेष्टा और स्वभाव देखकर अन्य नटों को ये भूमिकाएँ दे (5)। उत्तम, मध्यम और अधम (पात्रों के अनुरूप) जिस नट की जैसी चेष्टा हो, उसे आचार्य की भूमिका के भाव को समझकर नियंत्रित करे (6)।

प्रत्येक नाट्य दल में निम्नलिखित नट होते हैं—भरत के आश्रित नट, भरत, विदूषक, तूर्य बजाने वाला, नट, वादी, नंदी, सूत्रधार, नाट्यकर, नायक मुकुट और आभरण बनाने वाले, मालाएँ और अन्य वस्तुएँ बनाने वाले, बढ़ई या शिल्पी तथा कुशीलव आदि (7-8)।

❑

॥ अथ त्रयस्त्रिंशोऽध्यायः ॥

नाम्बरग्रहणं रङ्गे न स्नानं न विलेपनम्।
नाञ्जनं नाङ्गरागश्च केशसंयमनं तथा ॥1॥

नाप्रावृता नैकवस्त्रा न रागमधरस्य तु।
उत्तमा मध्यमा वापि कुर्वीत प्रमदा क्वचित् ॥2॥

अधमानां भवेदेष सर्व एव विधिः सदा।
कारणान्तरमासाद्य तस्मादपि न कारयेत् ॥3॥

न कार्यं शयनं रङ्गे नाट्यधर्मं विजानता।
केनचिद् वचनार्थेन अङ्कच्छेदो विधीयते ॥4॥

यद्वा शयीतार्थवशादेकाकी सहितो ऽपि वा।
चुम्बनालिङ्गनं चैव तथा गुह्यं च यद्भवेत् ॥5॥

दन्तच्छेद्यं नखच्छेद्यं नीवीस्रंसनमेव च।
स्तनान्तरविमर्दं च रङ्गमध्ये न कारयेत् ॥6॥

भोजनं सलिलक्रीडा तथा लज्जाकरं च यत्।
एवंविधं भवेद्यत्तत्तद्रङ्गे न कारयेत् ॥7॥

पितापुत्रस्नुषाश्वश्रूदृश्यं यस्मात् तु नाटकम्।
तस्मादेतानि सर्वाणि वर्जनीयानि तत्त्वतः ॥8॥

❑

॥ तैंतीसवाँ अध्याय ॥

निषिद्ध-दृश्य

रंगमंच पर उत्तमा या मध्यमा प्रकृति की स्त्रीपात्र—वस्त्र धारण करना, स्नान, लेप और अंजन लगाना, अंगराग लगाना, केश बाँधना—ऐसे काम करती हुई न दिखाई जाए (1)। वह खुले बदन या एक कपड़ा पहने हुए प्रवेश न करे। ओठ रंगती हुई भी वह न दिखाई जाए (2)। अधम कोटि के स्त्रीपात्र ये कार्य करते दिखाए जा सकते हैं, अथवा अन्य किसी माध्यम से इन कार्यों को सूचित करवा कर अधम पात्रों में भी इनको न दिखाए (3)।

नाटक में किसी पात्र को सोता हुआ न दिखाया जाय। जहाँ ऐसा प्रसंग हो, वहाँ अंक समाप्त कर दिया जाता है (और ऐसे अप्रदर्श्य व्यापारों की सूचना अगले अंक में प्रवेशक या विष्कंभक के द्वारा दी जा सकती है) (4)। यदि नाटक में किसी प्रयोजन से पात्र को एकाकी या किसी के साथ सोता हुआ दिखाया भी जाए तो चुम्बन, आलिंगन, दंतक्षत, नखक्षत नीवी (वस्त्रों की गाँठ) खोलना, स्तनविमर्द आदि गोपनीय कार्य रंग के बीच न कराए जाएँ (5-6)। इसी प्रकार भोजन, जलक्रीड़ा या और भी इस तरह के लज्जाजनक कार्य जो हैं, उन्हें रंगमच पर प्रदर्शित न कराया जाए (7)।

नाटक पिता, पुत्र, बहू, सास सबके द्वारा मिलकर देखने के लिए है; अतः ये वर्जनीय कार्य इसमें प्रदर्शित न किए जाएँ (8)।

❑

॥ अथ चतुस्त्रिंशोऽध्यायः ॥

आकाशवचनानीह वक्ष्याम्यात्मगतानि च।
अपवारितकं चैव जनान्तिकमथापि च ॥1॥
दूरस्थाभाषणं यत् स्यादशरीरनिवेदनम्।
परोक्षान्तरितं वाक्यमाकाशवचनं तु तत् ॥2॥
तत्रोत्तरकृतैर्वाक्यैः संलापं सम्प्रयोजयेत्।
नानाकारणसंयुक्तैः काव्यभावसमुत्थितैः ॥3॥
हृदयस्य वचो यत् तु तदात्मगतमिष्यते।
सवितर्कं च तद् योज्यं प्रायशो नाटकादिषु ॥4॥
निगूढभावसंयुक्तमपवारितकं स्मृतम्।
कार्यवशादश्रवणं पार्श्वगतैर्यज्जनान्तिकं तत् स्यात् ॥5॥
हृदयस्थं सविकल्पं भावस्थं चात्मगतमेव।
इति गूढार्थयुक्तानि वचनानीह नाटके ॥6॥
जनान्तिकानि कर्णे तु तानि योज्यानि योक्तृभिः।
पूर्ववृत्तं तु यत्कार्यं भूयः कथ्यं तु कारणात्।
कर्णप्रदेशे तद्वाच्यं मागात् तत् पुनरुक्तताम् ॥7॥
अव्यभिचारेण पठेदाकाशजनान्तिकात्मगतपाठ्यम्।
प्रत्यक्षपरोक्षकृतानात्मसमुत्थान् परकृतांश्च ॥8॥
हस्तमन्तरितं कृत्वा त्रिपताकं प्रयोक्तृभिः।
जनान्तिकं प्रयोक्तव्यमपवारितकं तथा ॥9॥

❑

॥ चौंतीसवाँ अध्याय ॥

संवादयुक्तियाँ

अब मैं आकाशभाषित तथा आत्मगत कथन; अपवारित और जनांतिक की व्याख्या करता हूँ (1)। दूर स्थित पात्र से जो शरीर के दर्शकों को प्रत्यक्ष न दिखाई देता हो; तथा मंच पर स्थित पात्र के लिए भी परोक्ष तथा अन्तरित (छिपा हुआ) हो—बात करना आकाशभाषित है (2)। इसमें उत्तर की कल्पना करके विभिन्न कारणों या काव्यगत भावों के द्वारा वार्तालाप आगे बढ़ाया जाता है (3)। किसी पात्र के हृदय की बात आत्मगत या स्वगत है। इसका अभिनय नाटक में वितर्क के भाव को व्यक्त करते हुए करना चाहिए (4)। निगूढ़ भावों से संयुक्त कथन अपवारित है तथा नाटक के अभिप्राय से पार्श्व में खड़े पात्रों का भी (एक पात्र का दूसरे पात्र से कहा संवाद) न सुनना जनांतिक है (5)। हृदय में चलने वाले तर्क-वितर्क या मनोभाव—इनके गूढ़ अर्थ को प्रकट करने वाले जनांतिक होते हैं; उन्हें एक पात्र दूसरे पात्र के कान में कहे (6)। इसी प्रकार पहले हो चुकी बात (जो दर्शकों को ज्ञात हो) कारणवश फिर से बताना हो, तो एक पात्र के कान में 'ऐसा है' कहकर कहता हुआ प्रदर्शित कर दिया जाय, जिससे पुनरुक्ति न हो (7)। आकाश भाषित; जनांतिक तथा अपवारित में (इसके विपरीत) पाठ (संवाद) तो पूरा-पूरा कहा जाता है। यह संवाद किसी प्रत्यक्ष या परोक्ष व्यक्ति से; (बोलने वाले पात्र के) स्वयं के या दूसरे के कार्य से संबंधित होते हैं। त्रिपताक हस्त बनाकर छिपाने का भाव बताते हुए जनांतिक और अपवारित का प्रयोग करना चाहिए।

❑

॥ अथ पञ्चत्रिंशोऽध्यायः ॥

प्रयोगो द्विविधश्चैव विज्ञेयो नाटकाश्रयः।
सुकुमारस्तथाविद्धो नानाभावरसाश्रयः ॥1॥

नाटकं सप्रकरणं भाणो वीथ्यङ्क एव च।
ज्ञेयानि सुकुमाराणि मानुषैराश्रितानि तु ॥2॥

सुकुमारप्रयोगोऽयं राज्ञामामोदकारकः।
शृङ्गाररसमासाद्य स्त्रीणां तत् तु प्रयोजयेत् ॥3॥

युद्धोद्धताविद्धकृता संरंभारभटाश्च ये।
न ते स्त्रीणां प्रकर्तव्या कर्तव्याः पुरुषैर्हि ते ॥4॥

यथाविद्धाङ्गहारं तुच्छेद्यभेद्याहवात्मकम्।
मायेन्द्रजालबहुलं पुस्तनैपथ्यदीपितम् ॥5॥

पुरुषप्रायसञ्चारमल्पस्त्रीकमथोद्धतम्।
सात्त्वत्यारभटीयुक्तं नाट्यमाविद्धसंज्ञितम् ॥6॥

डिमः समवकारश्च व्यायोगेहामृगौ तथा।
एतान्याविद्धसंज्ञानि विज्ञेयानि प्रयोक्तृभिः ॥7॥

❑

॥ पैंतीसवाँ अध्याय ॥

प्रयोग-स्वरूप

विभिन्न भावों और रसों से आश्रित नाट्य प्रयोग के दो प्रकार जानना चाहिए—सुकुमार तथा आविद्ध (1)। नाटक, प्रकरण, भाषा, वीथी तथा अंक—ये पाँच प्रकार के रूपक सुकुमार हैं। इनमें मनुष्य पात्र होते हैं। इनका सुकुमार प्रयोग राजाओं को प्रसन्न करनेवाला तथा शृंगार रस से परिपूर्ण होता है, इसका अभिनय स्त्रियों द्वारा कराना चाहिए (2, 3)।

युद्ध के उद्धत, कठोर, संरंभ से भरे शौर्यपूर्ण भावों का अभिनय स्त्रियों से न करा कर पुरुषों से ही कराना चाहिए (4)। आविद्ध अंगहारों, मार-काट और युद्ध से भरपूर, माया और इंद्रजाल की बहुलता वाला, पुस्त और नेपथ्य की विधियों से प्रकाशित, प्रायः पुरुष पात्रों वाला, कम स्त्री पात्रों वाला, उद्धत तथा सात्त्वती, आरभटी, वृत्तियों से युक्त नाट्य प्रयोग आविद्ध संज्ञक होता है (5-6)। डिम, समवकार, व्यायोग, ईहामृग—ये रूपक प्रकार आविद्ध जानने चाहिए (7)।

❑

॥ अथ षट्त्रिंशोऽध्यायः ॥

ममैते तनयाः सर्वे नाट्यवेदसमन्विताः।
सर्वलोकं प्रहसनैर्बाधन्ते नाट्यसंश्रयैः ॥1॥

कस्यचित्त्वथ कालस्य शिल्पकं ग्राम्यधर्मकम्।
ऋषीणां व्यङ्ग्यकरणं कुर्वद्भिर्गणसंश्रयम् ॥2॥

अश्राव्यं तद् दुराचारं ग्राम्यधर्मप्रवर्तितम्।
निष्ठुरं चाप्रस्तुतं च काव्यं संसदि योजितम् ॥3॥

तच्छ्रुत्वा मुनयः सर्वे भीमरोषप्रकम्पिताः।
ऊचुस्तान् भरतान् क्रुद्धा निर्दहन्त इवाग्नयः ॥4॥

मा तावद् भो द्विजा युक्तमिदमस्मद्विडम्बनम्।
को नामायं परिभवः किञ्च नास्मासु सम्मतम् ॥5॥

यस्माज्ज्ञानमदोन्मत्ता न विद्धा न विनयाश्रिताः।
तस्मादेतद्धि भवतां कुज्ञानं नाशमेष्यति ॥6॥

ऋषीणां ब्राह्मणानां च समवायसमागताः।
निराहुता विना होमैः शूद्राचारा भविष्यथ ॥7॥

एतच्छ्रुत्वा तु वचनं मुनीनामुग्रतेजसाम्।
विषण्णास्ते ततः सर्वे श्रुत्वा मां समुपस्थिताः ॥8॥

प्रोक्तवन्तश्च मां पुत्रास्त्वयाहो नाशिता वयम्।
अनेन नाट्यदोषेण शूद्राचारा हि यत् कृताः ॥9॥

॥ छत्तीसवाँ अध्याय ॥

नाट्यावतरण

मेरे ये (सौ) पुत्र नाट्यवेद सीखकर अपने प्रहसनों के प्रयोग से लोक को व्यथित करने लगे (1)। कुछ समय बाद उन्होंने ग्राम्य धर्म से युक्त शिल्पक का प्रयोग किया जिसमें ऋषियों पर सामूहिक रूप से व्यंग्य था। उन्होंने वह अश्राव्य, दुराचार से युक्त, ग्राम्यधर्म से प्रवर्तित, निष्ठुर और अप्रासंगिक काव्य समाज के आगे प्रस्तुत कर दिया (2, 3)। उसे सुन भयंकर रोष से काँपते हुए आग की भाँति जलते हुए मुनियों ने क्रुद्ध होकर उन भरत पुत्रों से कहा—हे द्विजो, तुम लोगों ने हमारी यह हास्यास्पद नकल करके ठीक नहीं किया। यह अपमान हमें स्वीकार नहीं है (4, 5)। चूँकि तुम लोग ज्ञान के मद से मतवाले होकर ढीठ हो गए हो अतः तुम लोगों का यह कुज्ञान नष्ट जो जाएगा (6)। ऋषियों और ब्राह्मणों के समवाय में तुम लोगों के लिए आहुति नहीं दी जाएगी तथा तुम लोग शूद्रों के समान आचार वाले हो जाओगे (7)। उग्र तेज वाले मुनियों के ये वचन सुनकर दुःखी होकर वे लोग मेरे पास आये और मुझसे बोले—आपने तो हमारा नाश करवा दिया। इस नाट्यदोष के कारण हम शूद्रों के समान आचार वाले हो गए हैं (9)।

मयापि सान्त्वयित्वोक्ता मा क्रोधं व्रजतानघाः।
कृतान्तविहितोऽस्माकं नूनमेष विधिः सुताः ॥10॥

मुनीनां न मृषा वाक्यं भविष्यति कदाचन।
निधने च मनो मा भूद् युष्माकमिति सान्विताः ॥11॥

जानीध्वं तत् तथा नाट्यं ब्रह्मणा सम्प्रवर्तिततम्।
शिष्येभ्यश्च तदन्येभ्यः प्रयच्छामः प्रयोगतः ॥12॥

मा वै प्रणश्यतामेतन्नाट्यं दुःखप्रवर्तितम्।
महाश्रयं महापुण्यं वेदाङ्गोपाङ्गसम्भवम् ॥13॥

कस्यचित्त्वथ कालस्य नहुषो नाम पार्थिवः।
प्राप्तवान् देवराज्यं हि नयबुद्धिपराक्रमैः ॥14॥

प्रशशास तदा राज्यं दैवैर्व्युष्टिमवाप्नुवन्।
गान्धर्वं चैव नाट्यं च दृष्ट्वा चिन्तामुपागतम् ॥15॥

कृताञ्जलिः प्रयोगार्थं प्रोक्तवांस्तु सुरान् नृपः।
अप्सरोभिरिदं सार्धं नाट्यं भवतु मे गृहे ॥16॥

प्रत्युक्तश्च ततो देवैर्बृहस्पतिपुरोगमैः।
दिव्याङ्गनानां नैवेह मानुषै सह सङ्गतिः ॥17॥

हितं पथ्यं च वक्तव्यो भवान् स्वर्गाधिपो हि यत्।
आचार्यस्तत्र गच्छन्तु गत्वा कुर्वन्तु ते प्रियम् ॥18॥

प्रोक्तवांस्ततो मां तु नृपतिः स कृताञ्जलिः।
इदमिच्छामि भगवन् नाट्यमुर्व्यां प्रतिष्ठितम् ॥19॥

पितामहगृहे ऽ स्माभिरेतदन्तःपुरे जने।
पितामहक्रियायुक्तमुर्वश्यां सम्प्रवर्तितम् ॥20॥

प्रकाशमेतदिच्छामो भूयस्तत् सम्प्रयोजितम्।
तिथियज्ञक्रियास्वेतद् यथा स्यान्मङ्गलैः शुभैः ॥21॥

मैंने भी सांत्वना देकर उनसे कहा—हे निष्पाप पुत्रो, क्रोध मत करो। हमारे लिए यही विधि का विधान था (10)। मुनियों का वचन कभी झूठा नहीं होगा। उसके कारण तुम लोग विनाश के लिए मन मत बनाओ। हमें ब्रह्मा के द्वारा प्रवर्तित इस नाट्य का ज्ञान शिष्यों तथा अन्य लोगों को प्रयोग के द्वारा देना है। यह नाट्य बड़ी कठिनाई से प्रवर्तित हुआ है। इसका नाश नहीं होना चाहिए। यह महान् आश्रय वाला, महान् पुण्य वाला (पवित्र) तथा वेद के अंगों और उपांगों से जनमा है (11-13)।

कुछ समय पश्चात् नहुष नामक राजा ने अपनी नीति, बुद्धि और पराक्रम से स्वर्ग का राज्य प्राप्त कर लिया। देवों से सम्पत्ति प्राप्त करते हुए वह (उन पर) राज्य करने लगा। (स्वर्ग में) गांधर्व (संगीत, नृत्य) तथा नाट्य को देखकर वह इन विद्याओं को पृथ्वी पर लाने के लिए चिन्तित हुआ (14-15)। उस राजा ने देवताओं से अंजलि बाँधकर नाट्य प्रयोग के लिए कहा—अप्सराओं के साथ मेरे घर में भी नाट्य हो (16)। तब बृहस्पति को आगे करके देवों ने उसे उत्तर दिया—अप्सराओं का मनुष्यों से मेल संभव नहीं है (17)। पर आप स्वर्ग के शासक हैं अतः हम हितकारक और उचित उपाय बताते हैं। यहाँ से (नाट्य के) आचार्य पृथ्वी पर जाकर आपका (नाट्य प्रयोग सिखाने का) प्रिय कार्य करें (18)।

तब नहुष ने हाथ जोड़कर मुझसे कहा—हे भगवन् मैं इस नाट्य को पृथ्वी पर प्रतिष्ठित देखना चाहता हूँ (19)। मेरे पितामह (पुरूरवा) के घर उस समय यह अंतःपुर के लोगों में पितामह की प्रेरणा से उर्वशी के द्वारा प्रचारित किया गया था। (अब यह लुप्त हो गया अतः) हम चाहते हैं कि यह फिर से प्रकाशित हो और फिर से इसका प्रयोग पृथ्वी पर किया जाय। शुभ अवसर, यज्ञ की क्रिया आदि में मंगल के रूप में इस नाट्य का प्रयोग हो (20-21)।

तथास्त्विति मया प्रोक्तो नहुषः पार्थिवस्तदा।
सुताश्चाहूय सम्प्रोक्ता सामपूर्वं सुरैः सह ॥22॥

अयं हि नहुषो राजा याचते नः कृताञ्जलिः।
गम्यतां सहितैर्भूमिं प्रयोक्तुं नाट्यमेव च ॥23॥

करिष्यामश्च शापान्तमस्मिन् सम्यक् प्रयोजिते।
ब्राह्मणानां नृपाणां च भविष्यथ न कुत्सिताः ॥24॥

अस्माकं चैव सर्वेषां नहुषस्य महात्मनः।
आप्तोपदेशसिद्धं हि नाट्यं प्रोक्तं स्वयं भुवा ॥25॥

शेषमुत्तरतन्त्रेण कोहलस्तु करिष्यति।
प्रयोगान् कारिकाश्चैव निरुक्तानि तथैव च ॥26॥

ततश्च वसुधां गत्वा नहुषस्य गृहे द्विजाः।
स्त्रीणां प्रयोगं बहुधा बद्धवन्तो यथाक्रमम् ॥27॥

एवमुर्वीतले नाट्यं शिष्यैः समवतारितम्।
भरतानां च वंशोऽयं भविष्यं च प्रदर्शितः ॥28॥

□

मैंने राजा नहुष से कहा—ऐसा ही होगा, फिर अपने पुत्रों को बुलाकर देवों सहित सांत्वनापूर्वक उनसे कहा (22)। ये राजा नहुष हाथ जोड़कर हमसे प्रार्थना कर रहे हैं। तुम लोग नाट्य के प्रयोग के लिए धरती पर जाओ (23)।

इसका समुचित प्रयोग करके हम ऋषियों के शाप का अंत कर देंगे और ब्राह्मणों तथा राजाओं की निंदा के पात्र न रहेंगे (24)।

हम सबके तथा महात्मा नहुष के लिए ब्रह्मा ने आप्तोपदेश से सिद्ध होने वाला यह नाट्य बताया है (25)। इस नाट्यशास्त्र में जो बातें छूट गई हैं उन्हें प्रयोग निर्देश के साथ कारिकाओं और निरुक्त के द्वारा (मेरे शिष्य) कोहल अपने उत्तरतंत्र (कोहलीय नाट्यशास्त्र) में बताएँगे (26)। तब वे भरतपुत्र पृथ्वी पर नहुष के घर जाकर क्रमानुसार अनेक प्रकार से (अंतःपुर की) स्त्रियों से प्रयोग कराने लगे (27)। इस तरह मेरे शिष्यों ने पृथ्वी पर इस नाट्य को उतारा और इस भरतवंश और इसके भविष्य को बचाया (28)।

❑

❑❑❑